一本新、细、全的女性理财书

21 世纪的女性，随着生活品质和生活品位的提高，不但对生活的要求越来越高，在理财方面的意识也在提高。女性如果想要拥有舒适自由的生活，就必须懂得理财，甚至可以将理财作为一项长期的事业来打理。

本书为女性通俗理财读物，注重实用性和操作性。本书全面、系统地介绍了女性在投资理财中会遇到的主要问题、关键细节以及操作方法和技巧等，希望本书能帮助广大理财者开阔视野、拓宽财路。

■ 本书特色

本书主要有以下特色。

(1) 结构安排。

本书的第 1~6 章为投资入门篇，第 7~14 章为理财产品篇，第 15~18 章为生活实业篇。全书细致、有针对性地向女性读者介绍了各种理财方法。

(2) 18 个专题内容。

内容包括：管理财产、轻松淘宝、职场理财、单身理财、恋爱理财、家庭理财、信用卡理财、股票理财、基金投资、黄金投资、债券投资、保险投资、宝类理财、P2P 理财、房车理财、生活理财、自主创业、健康财产等 18 个专题内容，助力女性征战投资理财领域。

(3) 190 多张清晰彩插放送。

全书采用图文结合的方式将 190 多张图片嵌入所讲内容之中，增强读者对各种投资的领悟，成就女性财富梦想。

(4) 468 招，招招精辟入里。

本书最大的特色就是通过 468 招，向女性读者展现理财的精华内容，内容不仅全面，而且深刻富有内涵，让女性读者华丽转身、完美绽放。

■ 作者信息

本书由张洁组织编写，参与编写的人员还有苏紫荣、刘胜璋、刘向东、刘松昇、刘伟、卢博、周旭阳、袁淑敏、谭中阳、杨端阳、李四华、王力建、柏承能、刘桂花、柏松、谭贤、谭俊杰、徐茜、刘嫔、苏高、柏慧等人，在此一并表示感谢。由于作者知识水平有限，书中难免有疏漏之处，恳请广大读者批评、指正。联系微信号：157075539。

编　者

新手理财系列

优雅女人的投资理财术

（入门与实战468招）

张洁◎编著

清华大学出版社
北京

内 容 简 介

本书通过 8 个最受追捧的理财产品＋18 章专题内容＋190 多张清晰图片＋468 招理财技巧，向女性读者深度传递了投资理财的技巧，让广大女性读者彻底看懂、玩转投资理财，从菜鸟成为达人，从新手成为投资理财高手！

全书分为 3 个部分，共有 18 章内容：投资入门篇+理财产品篇+生活实业篇。具体为：管理财产，钱财胜于身材；轻松淘宝，做个时尚女人；职场理财，做个高薪白领；单身理财，做个精致女人；恋爱理财，经营美好未来；家庭理财，做个幸福女人；信用卡理财，做个聪明女人更要做"卡神"；股票理财，做运筹帷幄的资金操盘师；基金投资，给女性提供稳稳的幸福；黄金投资，做名副其实的"黄金美人"；债券投资，选择属于自己的稳定幸福；保险投资，给女人的人生之旅保驾护航；宝类理财，女性轻松玩转互联网金融；P2P 理财，女性必会的金融领域的新潮流；房车理财，创造属于女人自己的安稳；生活理财，做奋斗的女人更要做悠闲的女人；自主创业，做温婉的小女人更要做实力女强人；健康财产，健康的身体才是女人最大的财富。

本书结构清晰、语言简洁、图表丰富，适合投资理财行业的女性从业者、对投资理财感兴趣的女性读者阅读，也适合相关领域的机关和事业单位作为内部培训的教材。

图书在版编目(CIP)数据

优雅女人的投资理财术(入门与实战 468 招)/张洁编著. —北京：清华大学出版社，2017
(新手理财系列)

ISBN 978-7-302-47360-2

Ⅰ．①优…　Ⅱ．①张…　Ⅲ．①投资—基本知识　Ⅳ．①F830.59

中国版本图书馆 CIP 数据核字(2017)第 124195 号

责任编辑：杨作梅
装帧设计：杨玉兰
责任校对：周剑云
责任印制：沈　露
出版发行：清华大学出版社
　　　　　网　　　址：http://www.tup.com.cn, http://www.wqbook.com
　　　　　地　　　址：北京清华大学学研大厦 A 座　　邮　　编：100084
　　　　　社 总 机：010-62770175　　　　　　　　　邮　　购：010-62786544
　　　　　投稿与读者服务：010-62776969, c-service@tup.tsinghua.edu.cn
　　　　　质量反馈：010-62772015, zhiliang@tup.tsinghua.edu.cn
印 刷 者：北京鑫丰华彩印有限公司
装 订 者：三河市溧源装订厂
经　　销：全国新华书店
开　　本：170mm×240mm　　印 张：18　　　字　　数：288 千字
版　　次：2017 年 7 月第 1 版　　　　　　　印　　次：2017 年 7 月第 1 次印刷
印　　数：1～3000
定　　价：45.00 元

产品编号：072574-01

目录

第1章
管理财产：钱财胜于身材

学前提示

学会管理自己的钱财是女性进行投资理财的第一步，一个经济独立的女人比一个依靠他人而活的女人更具有魅力。为了自己的美好生活，实现财务自由，女性要学会管理自己的财产。

要点提示

➢ 若要管好财产，须先理清自己的财务状况

➢ 节约支出，看看自己的钱都花在了哪儿

➢ 学会管钱，女人要养成良好的习惯

➢ 衣服要合体，理财方案要合理

➢ 不同年龄，有不同理财方案

1.1 管理财产第一步：理清你的财务状况

在这个日新月异、竞争激烈的时代，女人们不仅要整日奔波，丰富自己的"腰包"，还要"管好手中的钱"，通过清理自己的资产，来了解自己的财务状况。只有知根知底才能规划自己的财务，这是成为有钱人的第一步。

001 理财先理清财务性格

女人要想做好理财，首先要清楚自己是什么样的理财性格，因为只有明白了自己的理财性格才能有针对性地去培养自己的理财思维。女性的理财性格有图 1-1 所示的六种。

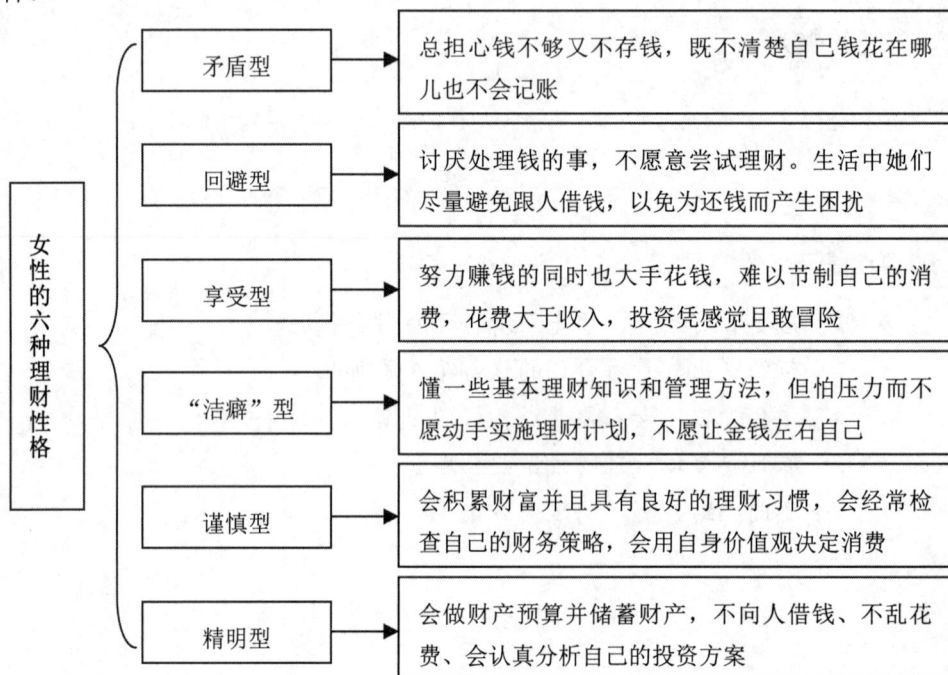

女性的六种理财性格		
	矛盾型	总担心钱不够又不存钱，既不清楚自己钱花在哪儿也不会记账
	回避型	讨厌处理钱的事，不愿意尝试理财。生活中她们尽量避免跟人借钱，以免为还钱而产生困扰
	享受型	努力赚钱的同时也大手花钱，难以节制自己的消费，花费大于收入，投资凭感觉且敢冒险
	"洁癖"型	懂一些基本理财知识和管理方法，但怕压力而不愿动手实施理财计划，不愿让金钱左右自己
	谨慎型	会积累财富并且具有良好的理财习惯，会经常检查自己的财务策略，会用自身价值观决定消费
	精明型	会做财产预算并储蓄财产，不向人借钱、不乱花费、会认真分析自己的投资方案

图 1-1　女性的六种理财性格

002 理财先理清资产状况

女性在检查自己的财务状况时，需要弄清楚自己的资产状况，需要对自己的财产有一个全面的统计。女性在统计自己的财产时，可以统计自己拥有的实物财产，如房产、贵重的金银、珠宝首饰、值钱的家居产品以及电器设备等，也可以统计自己的实际现金。

女性对自己的资产进行详细统计，不仅能够清楚自己所拥有的资产状况，而且能够为理财规划提供有用的数据。

003　理财先理清收入

女性弄清楚自己的收入状况是检查自己财务状况的一个重要部分。收入是指女性工作所获得的工资和投资所得。这两大类的几个种类具体内容如图 1-2 所示。

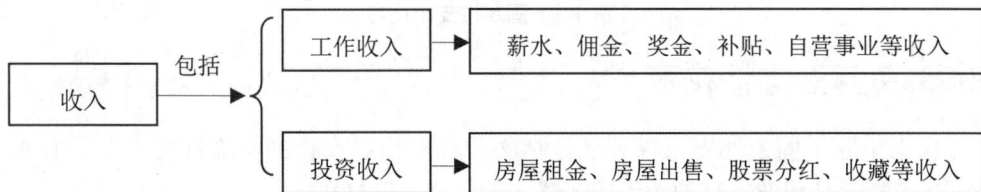

收入 —— 包括 —— 工作收入 → 薪水、佣金、奖金、补贴、自营事业等收入

投资收入 → 房屋租金、房屋出售、股票分红、收藏等收入

图 1-2　收入具体包括的种类

收入要是纯现金的，如果是不能直接使自己的现金数或者银行存款数量增加的都只能算作潜在收益，属于资产状况内的收入。

004　理财先理清支出

女性要想管理好自己的财产，弄清楚自己的支出是非常有必要的。支出状况管理是财产管理中非常繁杂的一步，也是最难坚持的一步。

支出不仅包括吃、穿、住、行等日常生活支出，还包括爱心捐赠、自身投资和理财投资等支出。

女性要想清清楚楚地了解自己的每一笔支出，可以借助一些记账软件进行记录。

1.2　管理财产第二步：理清钱财的花费

女性需要弄清楚自己的每一笔钱花在哪儿，这样才能有针对性地减少生活中那些不必要的花费，实现节约支出的目的。

005　每月固定性花费

女性要想了解自己的钱花在哪儿，就必须理清楚自己每个月的固定性支出。固定性支出指每个月都必须要支出的费用，它包括图 1-3 所示的内容。这些支出都是不可避免的，只有在扣除这部分支出之后，女性手中剩下的收入才是真正可以任意支配的收入。

```
┌─────────────────────────────┐
│          固定性支出          │
└─────────────────────────────┘
              │
            包　括
              │
   ┌──────┬──────┼──────┬──────┐
   ↓      ↓      ↓      ↓
```

| 房租支出 | 保险费支出 | 应交税费支出 | 其他费用支出 |

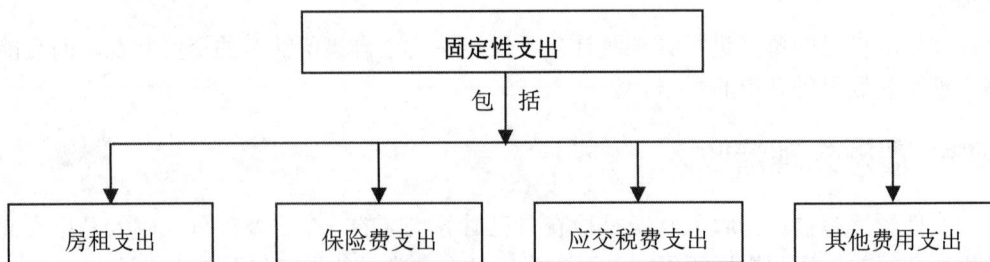

图 1-3　固定性支出内容

006　每月必需性花费

支出中除了固定性支出以外还包括必需性支出。女性的必需性支出主要有水电费、煤气费、通讯费、交通费、服装费、美容费、健身费等。

因为这些费用都是女性日常生活中必需的且在总支出中占有重要比例的支出，所以女性在管理日常支出方面要做到足够的认真仔细，详细地记录每一笔支出，这是女性进行理财的基础。

007　每月生活费花费

女性理清自己每月的生活费也是非常有必要的。生活费支出，主要指每个月的伙食费用和购买营养品的费用，而伙食费和营养费又是由一些其他费用组成的。因此女性生活费用的支出组成如图 1-4 所示。

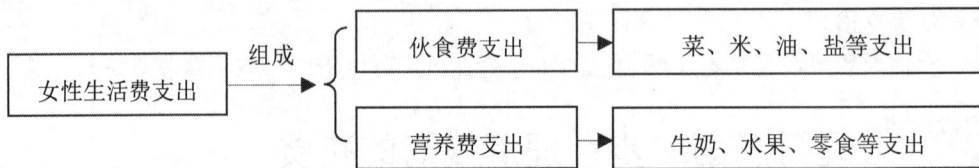

```
┌──────────┐        ┌──────────┐     ┌──────────────────┐
│女性生活费│─组成─┤ 伙食费支出│ →  │菜、米、油、盐等支出│
│   支出   │        └──────────┘     └──────────────────┘
└──────────┘        ┌──────────┐     ┌──────────────────┐
                    │ 营养费支出│ →  │牛奶、水果、零食等支出│
                    └──────────┘     └──────────────────┘
```

图 1-4　女性生活费支出的组成

008　每月学习花费

学习对人们来说很重要，因此教育费用是人们必不可少的一笔支出。教育费用主要分为女性自己学习所需要的费用支出和家庭其他成员学习所需要的费用支出。

近年来，教育费用在网络、媒体上被列为百姓生活费用的三座大山之一，由此可见教育费用在人们生活支出中所占的比重。因此，女性在清算自己的支出费用时一定要把教育费用计算在内。

009　每月疾病医疗花费

医疗费是百姓生活费用支出的一个重头。对每个女性来说，无论你是否为自己购买过医疗保险，你都应当按时记录好每次的医疗支出。

010　每月其他各项花费

女性的生活情况各不相同，很难详细地说清楚每个人的支出，但都离不开生活支出。因此，每个女性都一定要将这些支出记录得详细、清楚，让每一分钱都花得明明白白，只要坚持半年以上，必能养成"量入为出"的好习惯。

1.3　管理财产第三步：养成好的习惯

人养成一个坏习惯很容易，可想要戒掉一个坏习惯却非常困难。对于管理钱财的习惯来说也是一样的，因此每个女性都不能养成自己不管钱的坏习惯，要学会对自己的辛苦所得负责，认真管理好自己的每一分钱财。

011　对自己的资产做评估

在我们的生活中，很多女性会由于各种各样的原因对自己的资产从来不做详细的评估。这种行为是典型的对自己钱财不负责的坏习惯，有这种行为的女性一定要尽早改正，积极投入到理财的阵营中去。

女性要尽早地对自己的资产状况做一个详细的评估，在评估时可从图 1-5 所示的两个方面着手，因为这样能更加快速地评估自己的资产，开启你的理财之门。

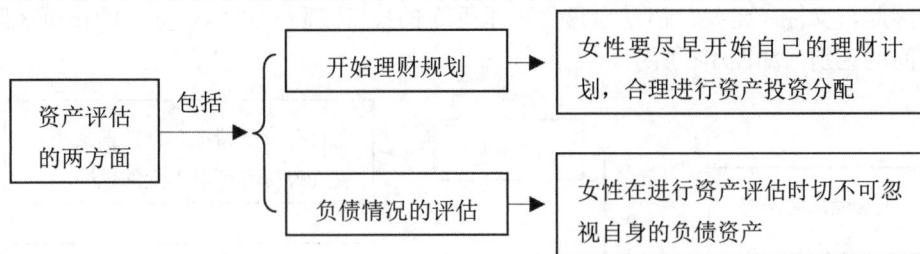

资产评估的两方面　包括　开始理财规划 → 女性要尽早开始自己的理财计划，合理进行资产投资分配

负债情况的评估 → 女性在进行资产评估时切不可忽视自身的负债资产

图 1-5　女性进行资产评估的两方面

012　把控好每个月的花费

随着信用卡消费的普及使得贷款购物成为一种新时尚，花"明天的钱，圆今天的梦"成为女性购物的一个响亮口号。这种提前消费的购物方式，在满足女性购物欲望的同时也给她们带来了不轻的负债压力。

要想减轻这种压力，女性应该适当控制自己的消费欲望，建立自己的每月支出计划，学会将自己的钱储蓄起来，这是帮助女性积累金钱的最有效方法。

因此，每个女性都应该谨记，将自己的月支出控制在月收入的一半左右，每个月都应该留出一部分钱储蓄起来。要根据自身的经济承受能力去消费，不盲目地乱花"明天的钱"。

013　学会各种盈利投资

女性理财应该做到开源节流。一方面是节流，即节省自己的开支，把每一分钱都花在该花的地方，不随便乱消费。

另一方面需要学会开源，即通过一定的投资使钱生钱。女性在进行投资时，应不局限于将自己的钱存入银行，还可以寻找各种可盈利的投资方案，使自己的资产发挥更大的价值，带来更多的收益。

女性进行的投资，表面看起来是将钱"花"了出去，实际则是在"花钱"的同时赚取了更多的钱财。

014　把控好投资的风险

女性在进行投资时，要注意控制投资风险。清楚自己的投资抗风险能力，是帮助自己做好控制投资风险的前提。因为只有清楚自己能承受多大的投资损失而不至于影响正常生活，才能找出自己的投资止损点。

女性在衡量自己的投资风险承受能力时要从资产状况、家庭情况、工作情况等方面去考虑，找出自己的风险最大承受点。

因此，女性一定要分清楚自己"可承受"的投资风险和"愿承受"的投资风险两者之间的区别，如图 1-6 所示。

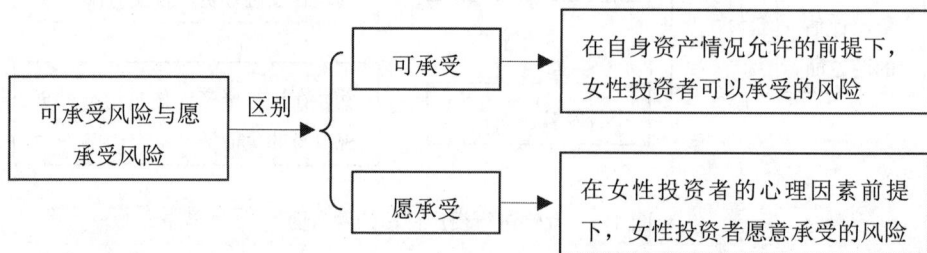

图 1-6　女性可承受风险与愿承受风险的区别

女性在进行投资时要想控制投资风险，那就应该选择稳妥、风险小的投资产品，例如债券、基金等产品，而不是将资金都投资在风险性大的股票型投资产品上。

015　按时缴纳各种贷款

女人要想管好自己的钱，按时偿付各类贷款也是很重要的一个方面。一定要记好自己的还贷期限，按时还贷。

现在越来越多的女性都会贷款购房、买车，如果拖欠或是延误还贷，会对自己在银行的信誉度造成一定的影响，甚至可能会因此进入"个人征信"黑名单，丧失贷款资格。

1.4　管理财产第四步：按收入制定理财方案

每个年龄段的女性拥有的财富不同，所以每个女性该学会的理财方法、理财重点也各有不同。

016　月入 2000 元女性如何理财

对于刚刚毕业参加工作的女性来说，她们的总体收入还较低，因此相对而言承受投资风险的能力也较差，这个阶段的理财方案应该以绝对稳健为主。

这一类女性在进行理财时，要注重平衡个人收入与个人支出，要将节省放在首要位置。此外，要注意多投资自己，多学学东西、长长见识，同时积累一些理财知识，为日后打下牢固的理论基础。对于月收入 2000 元的这一类女性来说，她们的主要理财方法如图 1-7 所示。

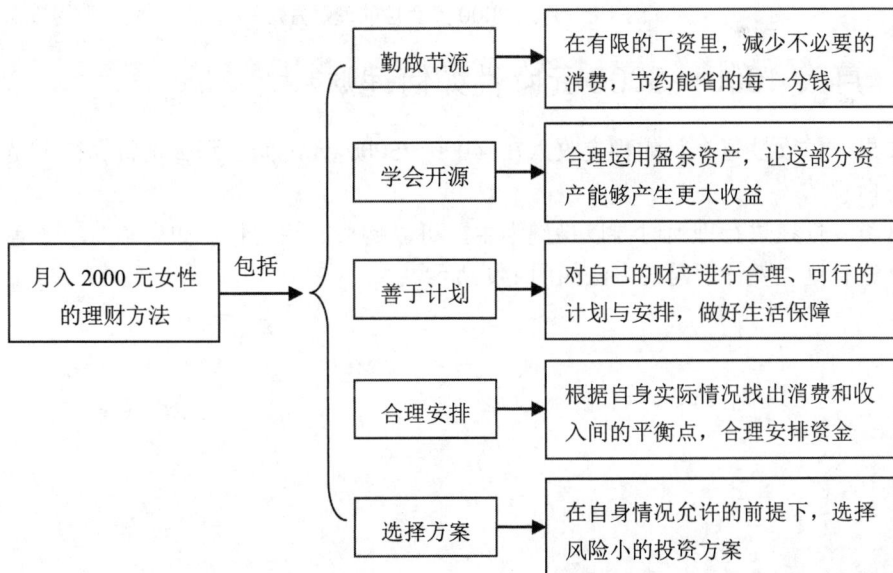

图 1-7　月入 2000 元女性的理财方法

017　月入 3000 元女性如何理财

对于已经工作了一段时间，拥有 3000 元左右稳定月收入的女性来说，她们通常每月的工资除去花销还能有一半多的结余且已经拥有小额存款，生活的基本保障不用担心。

因这类女性在日常生活中不用刻意节省每一笔钱，因此在进行理财的时候主要以求稳为主，适合她们的投资理财方法如图 1-8 所示。

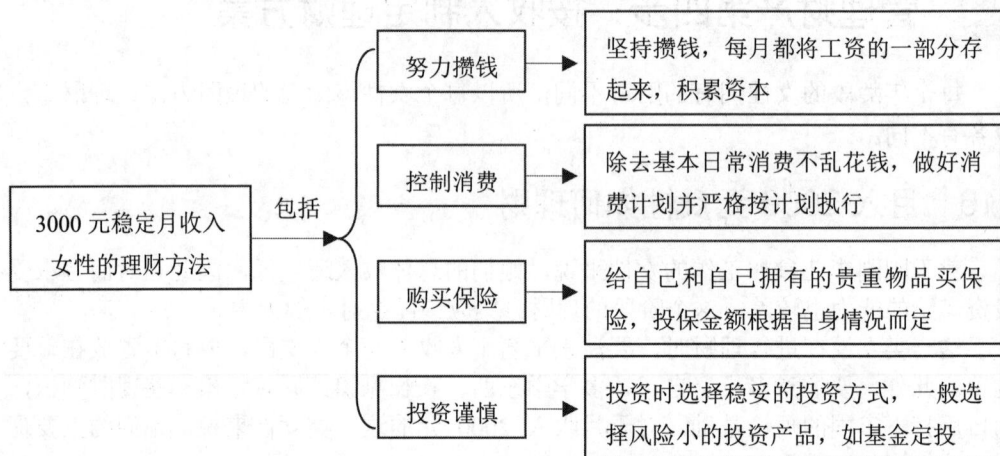

图 1-8　月入 3000 元女性的理财方法

018　月入 4000～5000 元女性如何理财

如果一位女性每个月的稳定收入在 4000～5000 元之间，那么她就算得上是一位中层小白领了。

这类女性在进行理财时要以稳健为主，可以购买一些实物，如房子、车子等进行投资。适合这类女性理财的方法如图 1-9 所示。

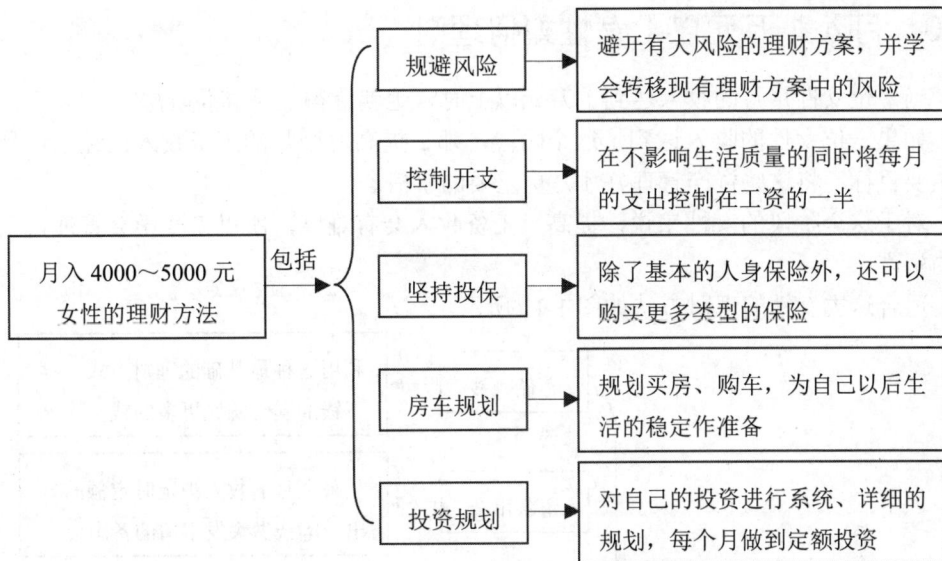

图1-9　月入4000～5000元女性的理财方法

019　月入8000元女性如何理财

当一位女性的月收入达到8000元左右，基本算是高工资了。这类女性只要不经常大手大脚花钱，那么她们就会积攒一笔可以任意支出的资金。这部分资金可以用来进行投资，在保证资金不随意挥霍的同时还能赚取更多的钱财。

对于这类女性而言，她们的理财方案可以多样化。因此适合她们的理财方法有以下5种，如图1-10所示。

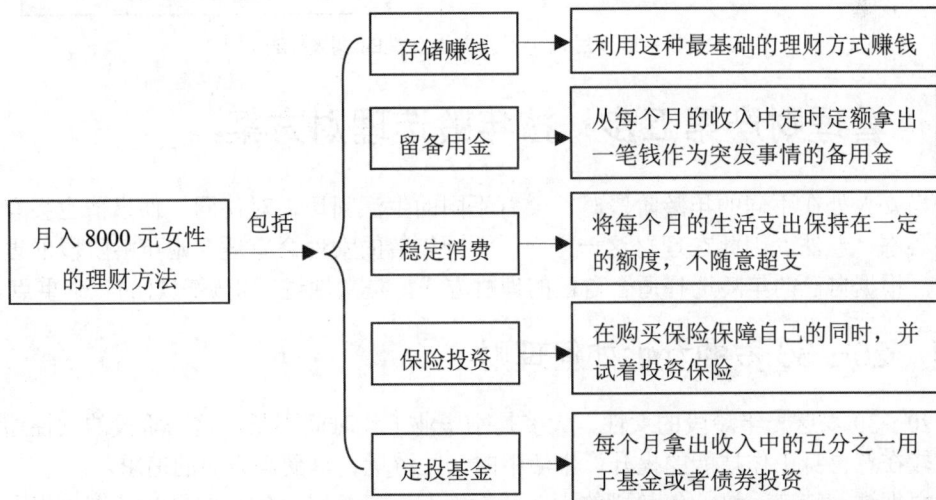

图1-10　月入8000元女性的理财方法

020　月入 1 万元以上女性如何理财

当一位女性每月的收入达到 1 万元以上时，她就称得上是高薪阶层了。

如果一位女性的收入达到了这个阶段，那么提高每个月的工资收入已经不再是她的主要目标，将这些资产管理好才是更重要的事情。

对于这个阶段的女性来说，提高月工资收入会有难度，所以需要学会管理自己现有的资产。

适合这类女性的理财方法如图 1-11 所示。

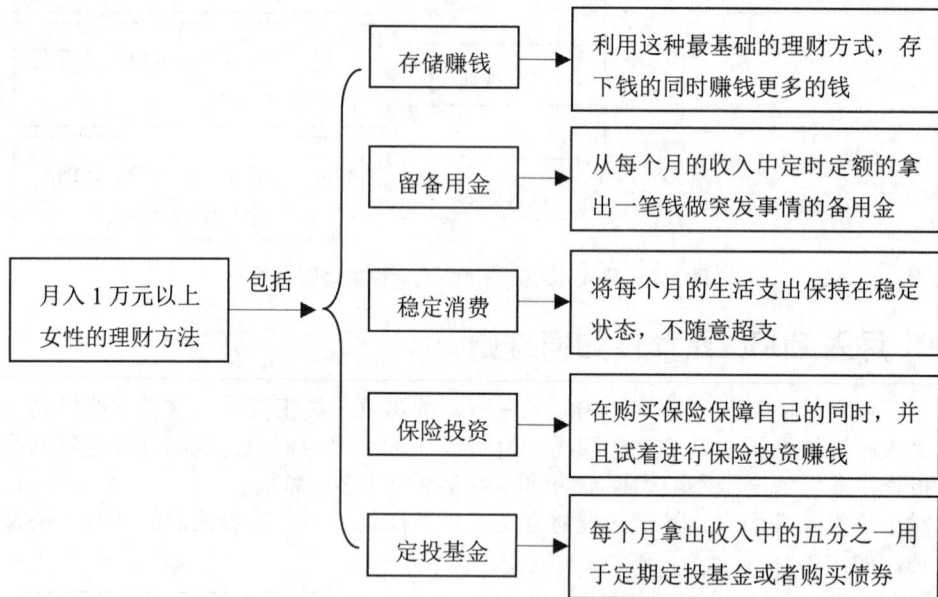

图 1-11　月入 1 万元以上女性的理财方法

1.5　管理财产第五步：按年龄选理财方案

当女人处在不同的年龄阶段时，会有不同的生活阅历，对待同一件事情也会有不同的心态、看法。因此在理财这一方面，不同年龄的女性会有适合她年龄阶段的理财方式。根据自己的年龄选择适合自己的理财方式，是女性进行正确理财的一个重点。

021　20～30 岁的女性如何理财

20～30 岁这一年龄段的女性，大多是刚毕业工作时间不长，这个阶段的女性通常会比较在意自身工作技能的提升、生活中的一些游玩、享受等方面的追求。

根据这一特点，这一年龄段的大多数女性在进行理财时的目的是为了筹集提升自我与学习、各地旅游与玩耍以及结婚经费等费用。相对来说，这一阶段的女性可自由支配的资金比较有限，所以综合考虑到这一年龄阶段女性的特点，如图 1-12 所示的 5 种理财方法比较适合她们。

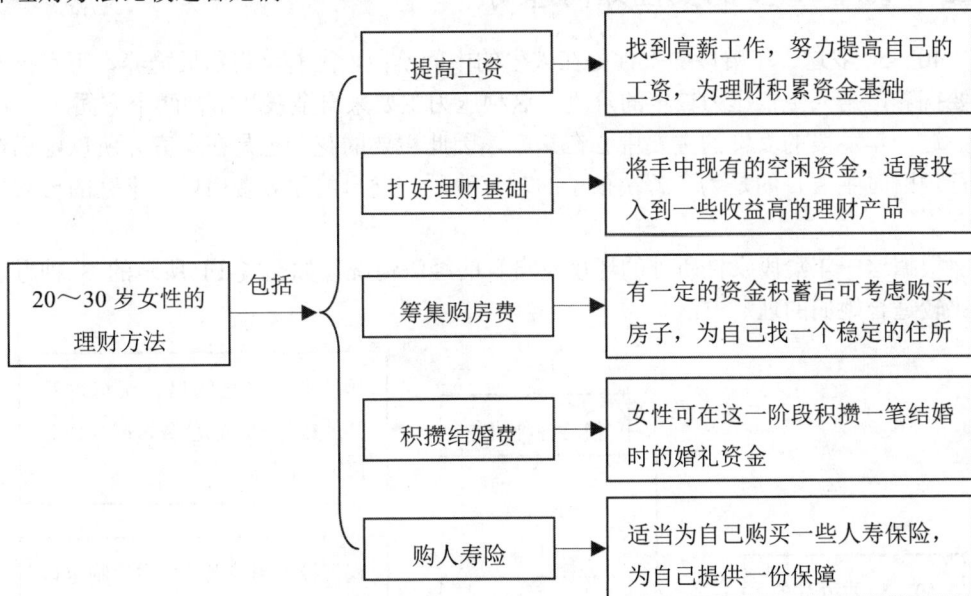

```
                        ┌─ 提高工资 ──→ 找到高薪工作，努力提高自己的
                        │               工资，为理财积累资金基础
                        │
                        ├─ 打好理财基础 → 将手中现有的空闲资金，适度投
                        │               入到一些收益高的理财产品
20～30 岁女性的          │
  理财方法    ─包括→     ├─ 筹集购房费 ──→ 有一定的资金积蓄后可考虑购买
                        │               房子，为自己找一个稳定的住所
                        │
                        ├─ 积攒结婚费 ──→ 女性可在这一阶段积攒一笔结婚
                        │               时的婚礼资金
                        │
                        └─ 购人寿险 ──→ 适当为自己购买一些人寿保险，
                                        为自己提供一份保障
```

图 1-12　20～30 岁女性的理财方法

022　30～40 岁的女性如何理财

随着女性年龄的增长和经过一段时间的财产积累，这一年龄段的女性有了一定数量的财富，生活质量逐步也有了提高。

这一年龄段的女性大多数都已成家，所以在日常生活中她们的主要开销是以小孩的教育费用、家庭支出为主。所以这一年龄段女性的理财目的就是以筹集孩子教育费、家庭各种开支费用为主要目的。

适合这一年龄段女性的理财方法有如图 1-13 所示的 3 种。

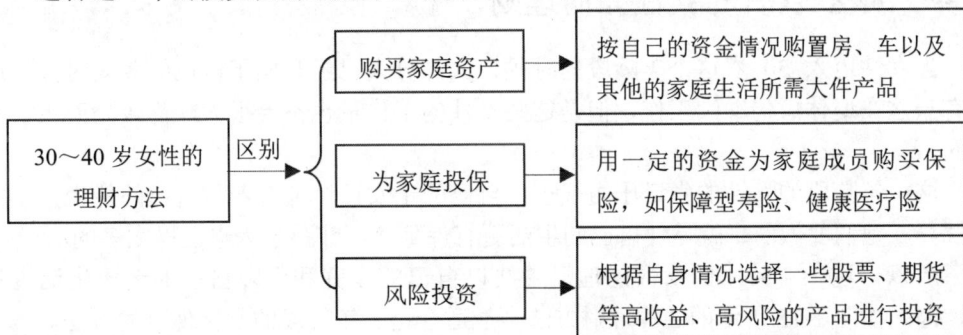

```
                        ┌─ 购买家庭资产 ─→ 按自己的资金情况购置房、车以及
                        │                其他的家庭生活所需大件产品
                        │
30～40 岁女性的          ├─ 为家庭投保 ──→ 用一定的资金为家庭成员购买保
  理财方法    ─区别→     │                险，如保障型寿险、健康医疗险
                        │
                        └─ 风险投资 ──→ 根据自身情况选择一些股票、期货
                                        等高收益、高风险的产品进行投资
```

图 1-13　30～40 岁女性的理财方法

023 40～50 岁的女性如何理财

40～50 岁这一年龄段的女性处在人生的中间阶段，上有父母需要赡养，下有孩子需要抚养，是人生中压力较重的阶段，这种压力主要来自金钱和精神两个方面。

这一年龄段的女性的主要中心在家庭，因此主要的花费也是在家庭。所以她们在进行理财时主要目的是为了解决孩子的教育费用、父母的赡养费用以及家庭的日常生活开支。

根据这一年龄段女性所处的环境及自身的经济情况，如图 1-14 所示的 3 种方法是比较适合她们的理财方法。

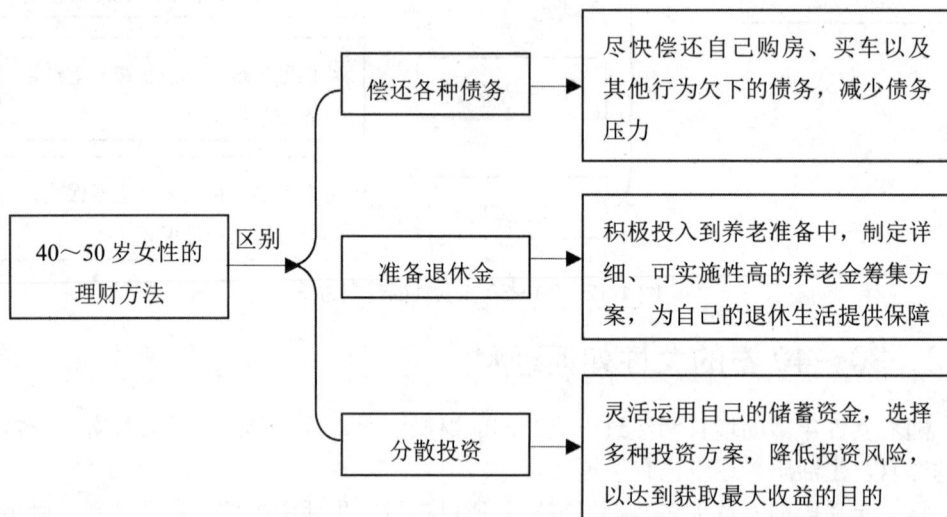

图 1-14 40～50 岁女性的理财方法

024 50 岁以后的女性如何理财

当女性迈入 50 岁这个年龄段的时候，大部分人已经开始了自己的养老时光，或者有一些在退休后仍继续工作，但是这些女性的工作量也不会很大，都较为简单、轻松的。

这一年龄段的女性的生活压力很小，自己的子女已经拥有养活自己的能力，不需要抚养。她们要做的事就是使自己的生活更有保障，不让孩子为自己操太多的心。

所以，这一年龄段的女性的理财主要以自己的家庭和保障自己的老年生活为目的，因此如图 1-15 所示的 3 种理财方法是最适合这一年龄段的女性理财的方法。

```
                                          ┌─────────────────────────┐
                    ┌───────────────┐     │ 为自己的退休生活做一个详细的 │
                    │  退休生活安排   │────▶│ 安排，筹备并且规划好自己的退 │
                    └───────────────┘     │ 休金额                    │
                                          └─────────────────────────┘

┌───────────────┐                         ┌─────────────────────────┐
│ 50 岁以后女性的 │  区别 ┌───────────────┐ │ 积极投入到养老准备中，制定详细、│
│   理财方法     │────▶ │  以购保险为主   │─▶│ 可实施性高的筹集养老金的方  │
└───────────────┘      └───────────────┘ │ 案，为自己的退休生活提供保障  │
                                          └─────────────────────────┘

                    ┌───────────────┐     ┌─────────────────────────┐
                    │   投资房产     │────▶│ 利用自己的空闲资金再购买房产 │
                    └───────────────┘     │ 进行房产投资，留给子女或者出 │
                                          │ 租赚取收益                 │
                                          └─────────────────────────┘
```

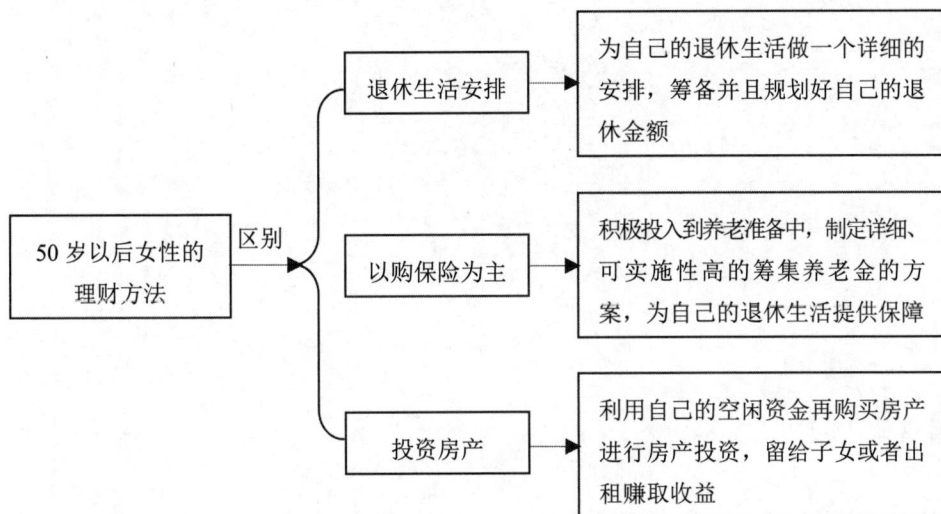

图 1-15　50 岁以后女性的理财方法

第2章

轻松淘宝：做个时尚女人

学前提示

购物是女人的天性，购物时只要学会一定的购物技巧，就能节省一笔钱财，让女性在享受购物乐趣的同时打理好自己的钱财。

要点提示

➢ 淘宝购物，化身时尚购物女郎

➢ 简简单单，众多好货任你来挑

➢ 选择技巧，帮助你轻松找到宝

➢ 扫货达人，更多能省钱的妙招

2.1　淘宝购物，化身时尚购物女郎

淘宝的兴起使得女性购物变得更简单、方便。女性无须到实体店，在家轻点鼠标就能买到商品。

女性在进行淘宝购物时，能以比实体店更低的价格获得商品，因此能够节省一大笔资金，这也是女性进行理财的一种方法。

025　秒杀活动，低价活动要参加

女性在进行淘宝购物时，同一件产品在网上的价格跟实体店的价格相比，会有很大的差距。例如一件大衣，实体店可能需要 280 元，而在淘宝上可能只需 200 元就能拿下，两者一对比就节省了 80 元，这能为女性节省一大笔支出。

淘宝上各类商品应有尽有，因此有"万能的淘宝"之称。女性如果想买喜欢的商品又想节省一定的资金，淘宝绝对是时尚女性购物的首选。

淘宝拥有数以万计的店铺，卖家竞争激烈，为将商品卖出，会采用低价销售的策略，因此经常还会有一些秒杀活动。

所谓的"秒杀"活动指的是淘宝卖家为了吸引广大客户，将店铺里的产品以低于正常价格几倍的价格或者干脆一元售出，而且这种秒杀活动都规定了产品出售的数量，让众多买家在同一时间抢购，先到先得，抢完为止。

这样的活动因为优惠力度巨大，且商品质量有保障而受到广大买家的青睐。女性在购物时只要抓住这样的机会就可以节省一大笔开支，如果抢到了还能带来一定的优胜感。

026　新开店铺，价格更低更实惠

淘宝上的卖家千千万万，因此商品的种类也是应有尽有。你可以买到自己身边的商品，也可以买到千里之外的商品，选择机会众多。那么广大女性怎样才能在众多的商品中找到自己想要且价格更优惠的商品呢？

找到价格更优惠的商品的方法其实很简单，女性只要在购买商品时将看中的商品的标题复制下来，然后粘贴到淘宝首页的搜索栏中，点击搜索就会出现所有带有这个标题关键字的商品，然后再在这些商品中找到符合自己预期价格的商品。

另一种方法是选择那些新开张的店铺。这种店铺因为客流量较少，同皇冠店铺比起来没有竞争优势，因此新开张的店铺通常都会选择降低价格吸引客户。新开店铺为了自己店铺的长久发展，拥有更多的客户，选择降价的商品质量一般也都不会差。

027   服务周到，中小店铺会更好

女性在网上购物时，可以选择那些等级较低的中小店铺，这种店铺不仅商品价格便宜，且其服务态度也很好。女性如果对自己想要买的东西有疑问，只需跟卖家联系，卖家会立刻为你解决疑惑，同时还会给你一些相关建议，让你更好地使用产品，服务快捷、周到。

028   特价活动，优惠宝贝天天见

在淘宝的首页中有一个如图 2-1 所示的天天特价专区，它被标榜为"优质好货特价专区"，是淘宝网用来帮助中小卖家的一个平台。在这个区域里，每天都会有大量比平常价格低的优质好货出售。

另外，在淘宝的首页中还有一个如图 2-2 所示的聚划算专区，它每天都会提供一些有质量保障的品牌产品进行低价售卖。而且，可以看见在聚划算的页面上还有一个"扫码领红包"的优惠活动，因此当女性在进行淘宝购物时，可以多多关注这些特惠活动，争取用更少的价格购买到自己所需的商品。

图 2-1   淘宝天天特价专区   图 2-2   聚划算专区

这一系列的购物活动，每次都能够节省一笔钱，长此以往将会为女性购物者省一大笔资金。这种购物行为本身就属于理财中的节流，而广大女性朋友还可以将节省下来的钱用于储蓄或者进行其他的投资活动，获得更大收益。

029   货到付款，验货满意才给钱

在网上购物时，如果卖家支持货到付款，买家在选择付款方式时就可以选择货到

付款。当快递员把货物送到时买家可以先验货，如果满意就可以将货款当面交由快递员，之后再由快递方将货款交给卖家。

但是，买家如果验货后，觉得商品不符合自己的要求或者存在质量问题，那么就可以当面拒收货物，让快递员将商品退回，并说明退回的理由。货到付款的购物流程如图 2-3 所示。

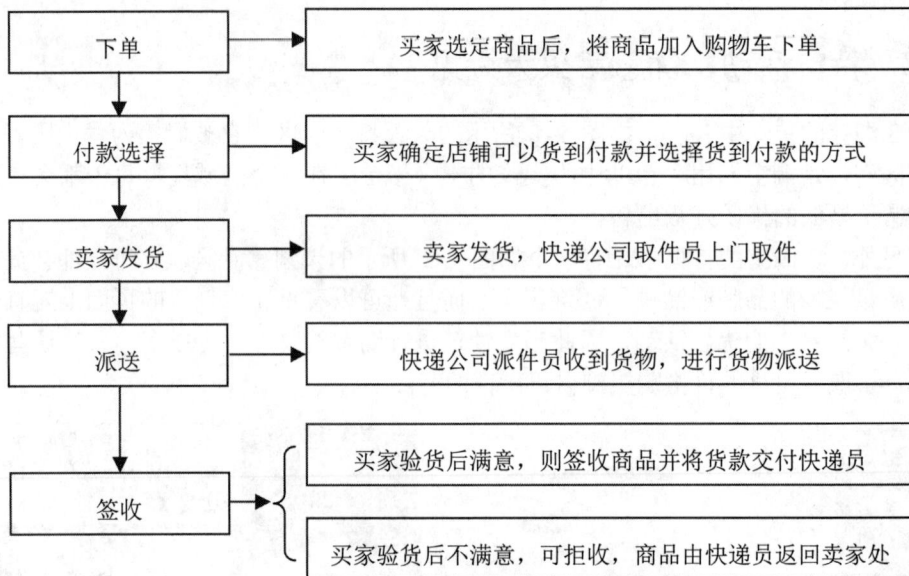

下单 → 买家选定商品后，将商品加入购物车卜单

付款选择 → 买家确定店铺可以货到付款并选择货到付款的方式

卖家发货 → 卖家发货，快递公司取件员上门取件

派送 → 快递公司派件员收到货物，进行货物派送

签收 →
买家验货后满意，则签收商品并将货款交付快递员
买家验货后不满意，可拒收，商品由快递员返回卖家处

图 2-3　买家货到付款购物流程

030　购物返利，花钱同时也省钱

当女性在商场购物时，如果商城里正在做活动，例如使用积分兑换商品、产品五折大甩卖等活动，女性会发现大部分商城的优惠活动不能同时使用两种优惠政策购买一件商品，也就是说不能在使用积分兑换商品的同时还享受该商品价格五折的优惠。然而，当你在网上购物时不仅能够享受到一定的折扣，还可以通过一些专门的返利网站获得一定的购物积分或者返还现金。

返利是随着电子商务的发展，而逐渐形成的网上购物消费方式，同时也是各大卖家为了增加销售量而采用的一种促销方式。

购物返利的兴起使得众多的返利网站应运而生，如返利网、米折网、卷皮网、淘粉吧返利网等专业的购物返利网站。这些返利网站上面的商品也是应有尽有，基本上涵盖了所有网上购物平台拥有的商品品种。

以如图 2-4 所示的返利网为例，它是网站名直接叫返利网的一个购物返利平台。

可以看见它上面包含了大部分主流购物平台，而且每个购物平台下都标明了通过返利
网购买该网站的商品可以获得的返利额度。

图 2-4　返利网首页

女性在购物时，可以通过这些返利网站购买产品，长期积累下来能为自己省下一
笔可观的费用。

2.2　简简单单，众多好货任你挑

网络购物已是人们日常生活中非常普遍的一种购物模式，其凭借自身商品种类的
齐全性、购物的快捷性等优点使得人人都热衷于它，这种热衷程度在广大女性购物者
身上表现得最为突出。

031　淘宝起步，网站会员须注册

广大女性要想使用淘宝平台进行购物，那么首先要有一个自己的淘宝账号。注册
一个淘宝账号很简单，只要 4 个步骤即可完成。下面介绍怎么在电脑上注册一个属于
自己的淘宝账号。

第一步：打开淘宝网，单击首页左上角的"免费注册"字样，如图 2-5 所示。

第二步：进入"淘宝网账户注册"页面，在栏里输入相应的账户信息，然后单击
"同意协议并注册"按钮，如图 2-6 所示。

第三步：进入"验证账户信息"页面，输入自己的电子邮箱，如图 2-7 所示，然
后单击"提交"按钮。用户也可以选择使用手机号码注册。

第四步：进入"邮箱"界面，接着打开相应的邮件，单击如图 2-8 所示的"完成
注册"按钮，即可完成整个注册流程。

图 2-5　单击"免费注册"字样

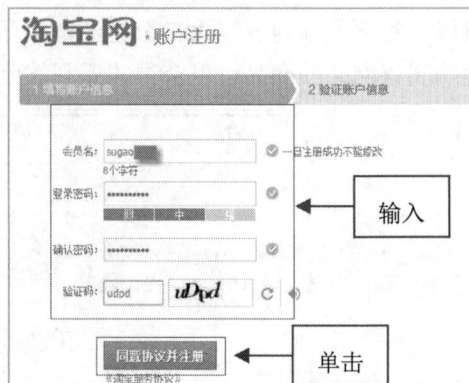

图 2-6　输入注册信息

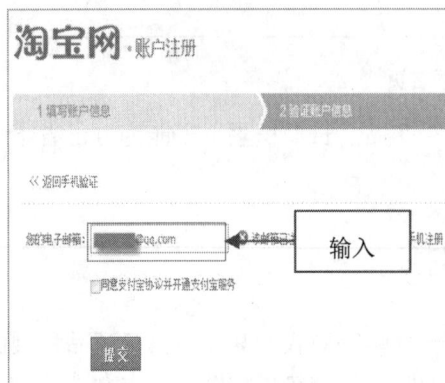

图 2-7　输入电子邮箱地址

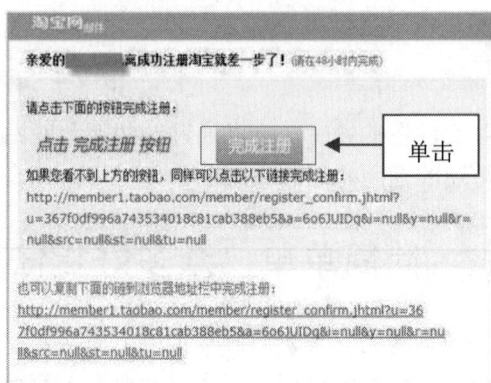

图 2-8　打开相应的邮件

032　多多比较，商品选择有技巧

用户完成账号注册后就是淘宝的会员了，登录自己的账号就可以购买自己想要的商品了。

女性在购买自己想要的商品时，如果能掌握一些选择商品的技巧就能够帮助自己快速、有效地购买到便宜又实惠的商品。买家需要掌握的选择商品的技巧有如图 2-9 所示的 4 点。

买家需要掌握的选择的商品技巧 —包括→

看购买量 → 购买量代表了该商品被购买的次数，购买次数多在一定程度上代表广大买家对该商品质量的认可

看保障 → 选择商品时要选择提供消费者权益保障的店铺里的商品，有提供这些保障的店铺会更靠谱

看评价 → 在选择商品时要注意看其他买家对该商品的评价，重点看中差评，辨别商品质量好坏

看图片 → 在选择商品时，要选图片是店主实拍的，不要选盗用他人产品图片的店主的商品

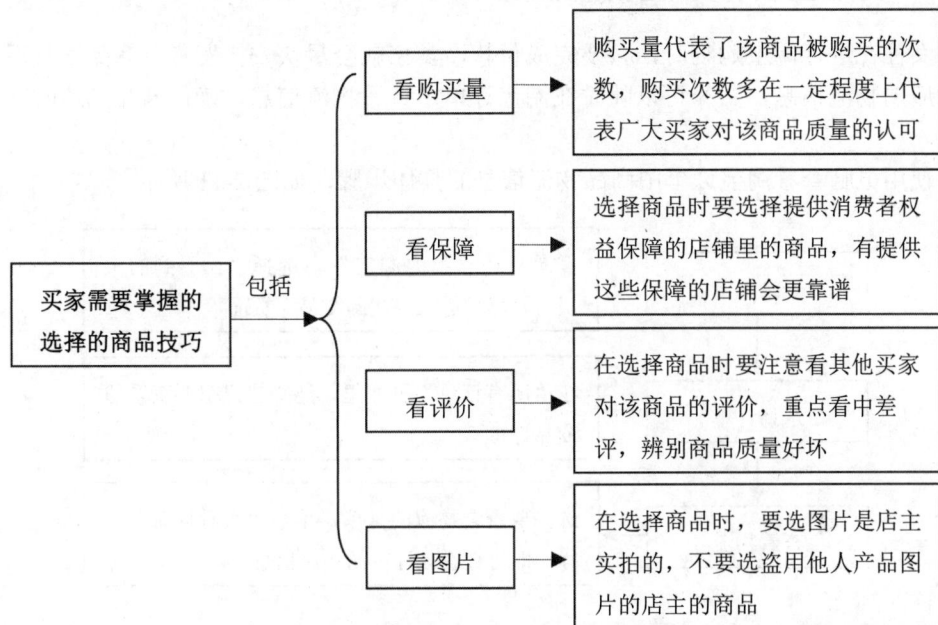

图 2-9　买家需要掌握的选择商品的技巧

033　轻松购物，淘宝流程要记好

女性在淘宝购物时，需要清楚具体的购物流程，这样购物才会更轻松。淘宝购物流程如图 2-10 所示。

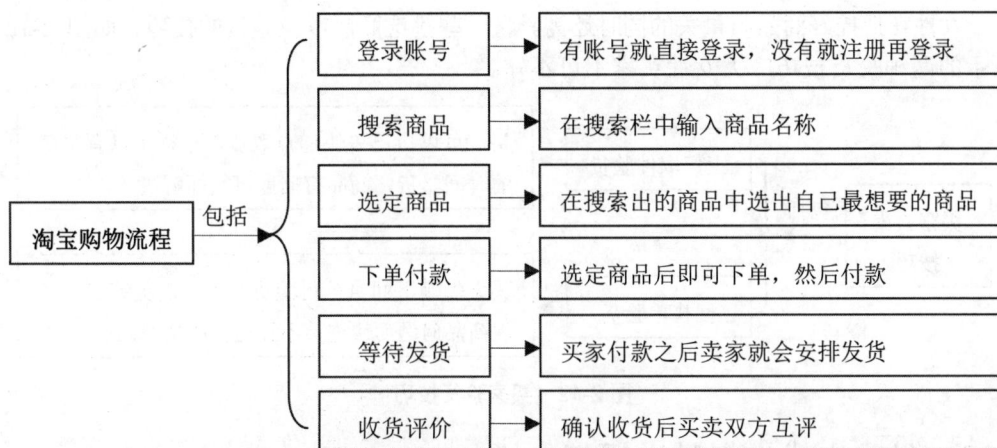

淘宝购物流程 —包括→

登录账号 → 有账号就直接登录，没有就注册再登录

搜索商品 → 在搜索栏中输入商品名称

选定商品 → 在搜索出的商品中选出自己最想要的商品

下单付款 → 选定商品后即可下单，然后付款

等待发货 → 买家付款之后卖家就会安排发货

收货评价 → 确认收货后买卖双方互评

图 2-10　淘宝购物流程

034   随时查看，掌握物流信息

女性在进行淘宝购物时，只要完成付款，卖家就会尽快安排发货。商品发货后会有相应的物流信息，买家可以随时在淘宝订单中查看物流信息，确保商品到达时有人收货。

使用电脑查看淘宝订单中商品物流信息的具体步骤，如图 2-11 所示。

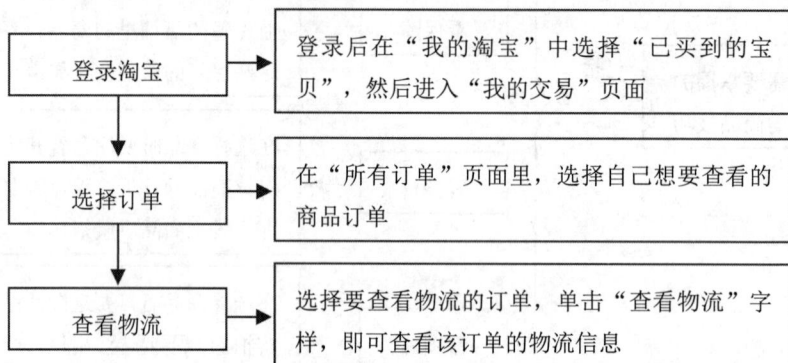

图 2-11   查看商品物流信息的流程

035   检验商品，做好验货

随着网络购物的快速发展，网络购物中存在的问题也慢慢显现出来，越来越多的不良商人将有质量问题的商品掺杂在众多商品中一起出售，使广大消费者的权益受到了侵犯，因此女性网络购物者必须严格把控自己购买的商品质量，维护自己的权益。

女性在把控好商品质量关的同时还需具备一些挑选商品以及验货的技巧。如图 2-12 所示的两种验货技巧广大女性买家不可不知。

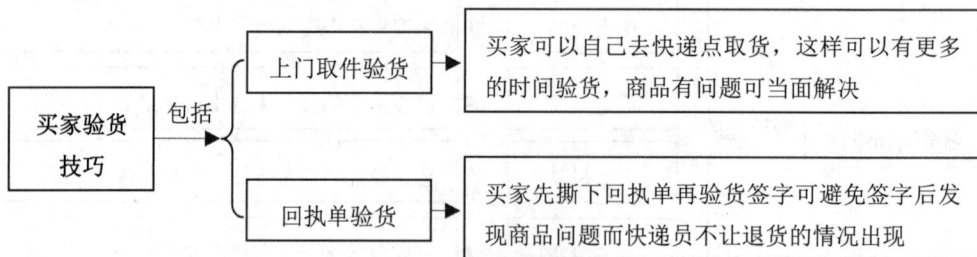

图 2-12   买家验货技巧

036   付款方式，多种选择任你挑

女性在淘宝上购物选定产品下单后就需要付款，选择一种让自己最满意的付款方

式很重要。淘宝购物支持的付款方式如图 2-13 所示，买家可以进行选择。

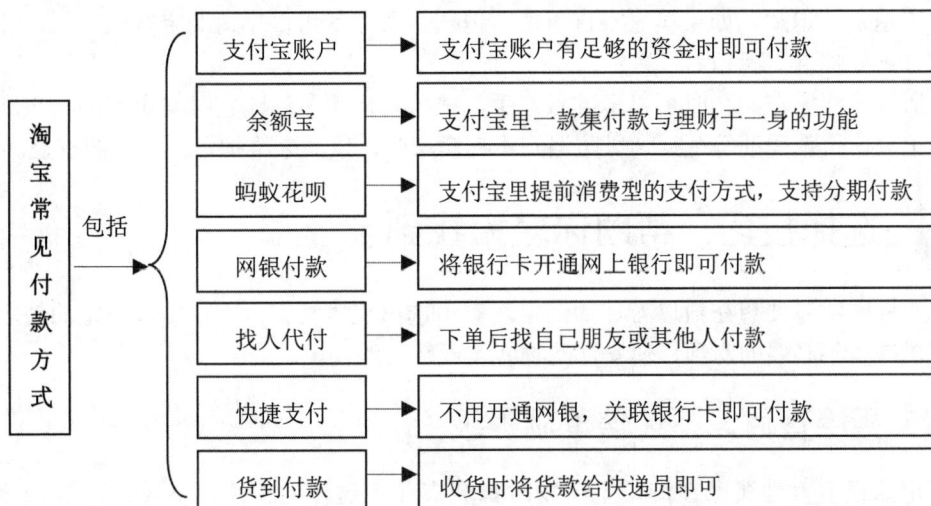

```
                    ┌─ 支付宝账户 ──→ 支付宝账户有足够的资金时即可付款
                    │
                    ├─ 余额宝 ────→ 支付宝里一款集付款与理财于一身的功能
淘                  │
宝                  ├─ 蚂蚁花呗 ───→ 支付宝里提前消费型的支付方式，支持分期付款
常                  │
见   ─包括→         ├─ 网银付款 ───→ 将银行卡开通网上银行即可付款
付                  │
款                  ├─ 找人代付 ───→ 下单后找自己朋友或其他人付款
方                  │
式                  ├─ 快捷支付 ───→ 不用开通网银，关联银行卡即可付款
                    │
                    └─ 货到付款 ───→ 收货时将货款给快递员即可
```

图 2-13 淘宝常见付款方式

037 阿里旺旺，买家卖家好交流

女性在淘宝上购物时，如果对产品不了解要咨询卖家时可以使用淘宝购物专业聊天软件阿里旺旺进行沟通。阿里旺旺的作用不仅限于给买卖双方提供交流渠道，它还是一款商家开展商务活动的软件。阿里旺旺具有如图 2-14 所示的 8 种功能，这些功能为广大用户购物、生意管理提供了便利。

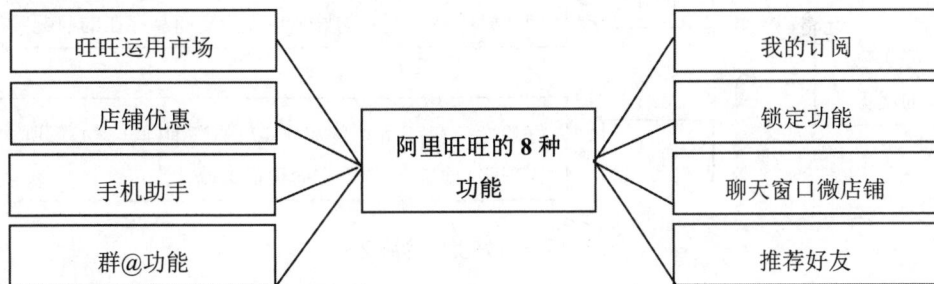

```
旺旺运用市场 ─┐                          ┌─ 我的订阅
店铺优惠 ─────┤      阿里旺旺的 8 种      ├─ 锁定功能
手机助手 ─────┤─────     功能      ─────┤─ 聊天窗口微店铺
群@功能 ──────┘                          └─ 推荐好友
```

图 2-14 阿里旺旺的 8 种功能

038 购物维权，维权证据早备好

当女性朋友在淘宝上购物遇到不良商家，使得自身权益受到侵害时，必须要懂得采用合理的手段去维护自己的权益。

女性朋友在进行维权前可先与卖家进行沟通，以求用最简单的办法解决问题。但

是如果买家遇到无法沟通、态度强硬的卖家，不肯承认是自己的过错，那么买家就可以申请退货、退款。如果卖家不肯退货、退款，买家就可以申请淘宝客服介入，让淘宝官方来处理这一问题。

所以，买家在购物时可以多准备一手，在购物后保留好购物时与卖家的阿里旺旺聊天记录、付款凭证等证据，以防遇到不良卖家时，以此来维护自己合法的权益。

2.3　选择技巧，帮助你轻松找到宝

女性购物者要想在数以万计的淘宝卖家中选出优质卖家，需要掌握一定的技巧。这可以减少不必要的麻烦，使女性购物者实现轻松购物。

039　拒绝盲目，不迷信黄冠等级

相信很多女性买家在淘宝上购物时都会有一个这样的想法：皇冠卖家等级这么高，那他家的东西质量肯定比一般卖家的好。其实这是一个不完全正确的想法。因为淘宝的卖家也清楚买家的这一心理，因此会有很多卖家刻意花大量的心思提升自己店铺的等级，刷商品的好评。所以，卖家等级不能完全作为评价卖家好坏的依据。

要想真正挑选出好的卖家，可以从他的服务进行判别。卖家的服务分为售前、售后两个阶段。好卖家与差卖家在这两个阶段的服务会有明显的差别，如图 2-15 所示是好卖家的服务体现，如图 2-16 所示是差卖家的服务体现。

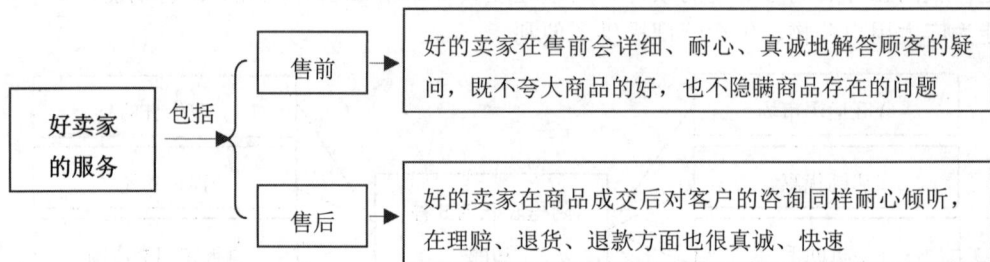

图 2-15　好卖家的服务

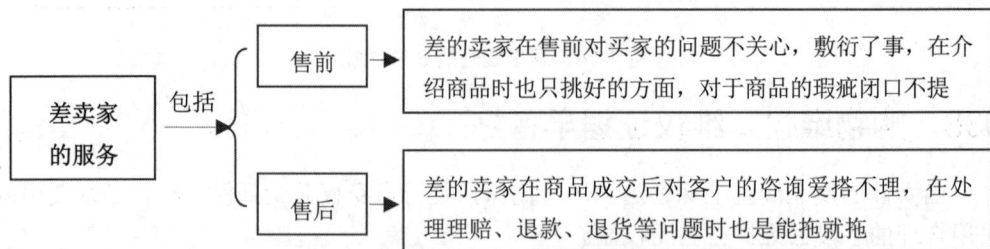

图 2-16　差卖家的服务

040　关注好评，相信众人的眼光

　　女性淘宝购物者在挑选卖家、商品时还可以从商品的评价着手。商品评价一般都是买过该商品的买家按自己对该商品的满意度写出来的，所以可信度比较高。当然，这些评论中也不乏职业淘宝评价师的"杰作"。

　　所以，女性买家在看商品评价时要学会辨别评价的真实性、可信度。如图 2-17 所示的 3 个方面是女性买家应学会的辨别商品评价的技巧。

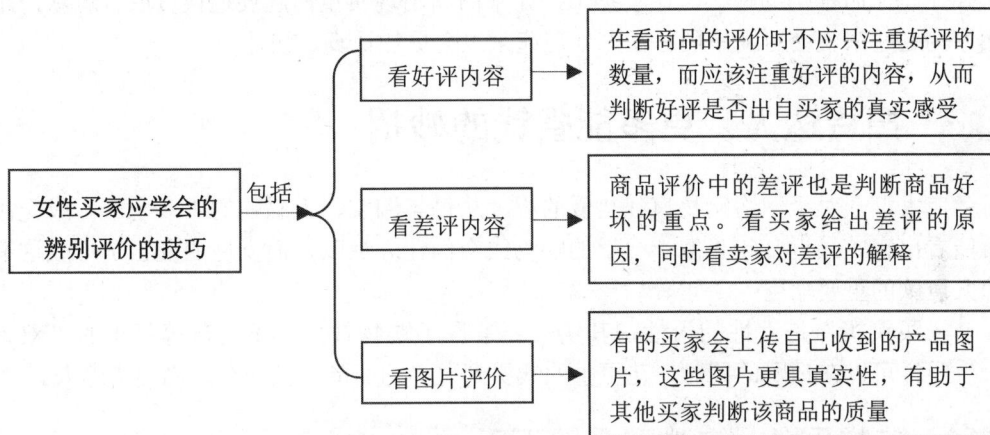

图 2-17　女性买家应学会的辨别评价的技巧

041　多多咨询，多收集用后感受

　　女性还可以通过给评价中的一些买家发送旺旺消息来咨询该商品的信息。大部分购买过该商品的买家都会将自己对该商品最真实的看法告诉你，同时你也可以问他们一些使用该商品后的感受以及对这个店铺卖家整体服务质量的感受。这样你对该店铺的商品以及商品质量就会有一个细致的了解。最后将这些买家的真实感受综合起来，就可以得出这个店铺的好坏程度。

042　本地卖家，同城交易更便利

　　女性在进行网上购物时，还可以选择那些跟你在同一个地区的卖家店铺购买产品，这样可以减少等待收货的时间。

　　而且，选择同区域的卖家还有一个好处，就是当发现商品质量问题时能够更好地解决，可以省下不少快递费。

043　收藏好店，下次购物更方便

　　女性在进行淘宝购物时可以将那些商品质量好、卖家服务好的店铺收藏起来，以

后有同类商品需求的时候就可以先去这些收藏的店铺中挑选。因为已经在这些店铺购买过，所以对店铺的大致情况都会比较了解，买家再次购买这类商品时就能节省很多时间。

同时，在一家店铺买的次数多了会得到一些折扣优惠，因为现在很多店铺都会有会员制度、积分制度。会员等级越高、积分越多，享受的折扣就会越大，长期下来能省不少钱，这也为女性的理财做出了一些贡献。收藏满意店铺还有一个好处，即由于长期在一家店铺购物跟卖家比较熟悉，如果商品出现质量问题要退换货或者退款，跟卖家沟通起来就会更简单而且卖家处理起来也会更加认真、快速。

2.4 扫货达人，更多能省钱的妙招

广大群众对于网络购物疯狂热爱的程度从每年淘宝、天猫购的"双十一"成交额就能看出来。最近几年"双十一"的购物成交额让人惊叹，而女性朋友正是形成这笔惊人巨款的重要功臣。

"买买买"是女性的天性，其实只要掌握了购物技巧，不用苦等每年的"双十一"照样可以在理财的同时，花更少的钱买到更多的商品，做一个时尚扫货达人。

044 购物平台，专挑熟悉的下手

随着电商的快速发展，国内目前拥有很多购物网站。广大女性最为了解的大型购物网站应该有：品种齐全的淘宝以及天猫、品质有保障的京东商城、以经营包包产品为主的麦包包、美妆商城聚美优品、当当网、美丽说、专门做品牌特卖的唯品会、亚马逊、网易旗下的考拉等，这些购物网站包含的商品种类齐全。

女性在进行网上购物时要想买到优惠、质量好的商品可以从中选择自己最为熟悉的平台去购物。

045 廉价好物，几个方法就找到

女性在进行网上购物时要想找到物美价廉的商品，就要掌握一定的购物技巧这样才能事倍功半，快速扫货。

举一个例子，如果女性想要购买一件品牌大衣但是实体店的价格太贵，那么你就可以先在实体店里试穿，挑出适合自己的型号、颜色然后将衣服的货号记下来，回家后去网上找出这个品牌的旗舰店或者代理店购买。

女性买家在网上购物时，要想找出"白菜价"的商品还需学会如图 2-18 所示的方法商品。

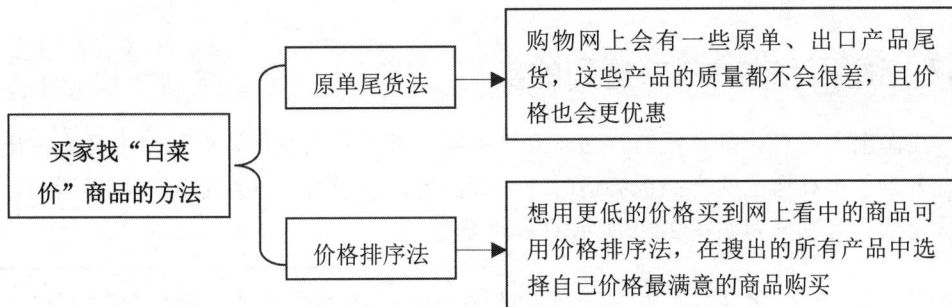

图 2-18　买家找"白菜价"商品的方法

买家在使用价格排序法选择商品的价格时需要学会排除价格中的陷阱，对于那些价格特别高、特别低的就不用去关注了。

因为价格太低，例如某一件大衣标价一元钱那就很有可能只是定金价或者商家故意设置用来吸引购买者进入店铺的手段，价格太高的话肯定当然不符合我们进行价格搜索的初衷，所以也就不用再看了。

需要注意的是，在进行价格搜索时要注意到卖家设置的商品价格是否包含了邮费，因为有的商品没加邮费之前是会低于你心中的预期价格，但是加上邮费后就会比你的预期高了。

046　购物砍价，女人必会的诀窍

相信很多女性买家在购物时都喜欢跟卖家砍价，砍价在为我们节省资金的同时也为自己带来了一点点胜利的喜悦。网上购物跟实体店购物一样，也是可以讲价的，接下来笔者给大家分享如图 2-19 所示的 3 种购物砍价技巧，让广大女性在不知不觉中省下更多的资金，达到节流的理财效果。

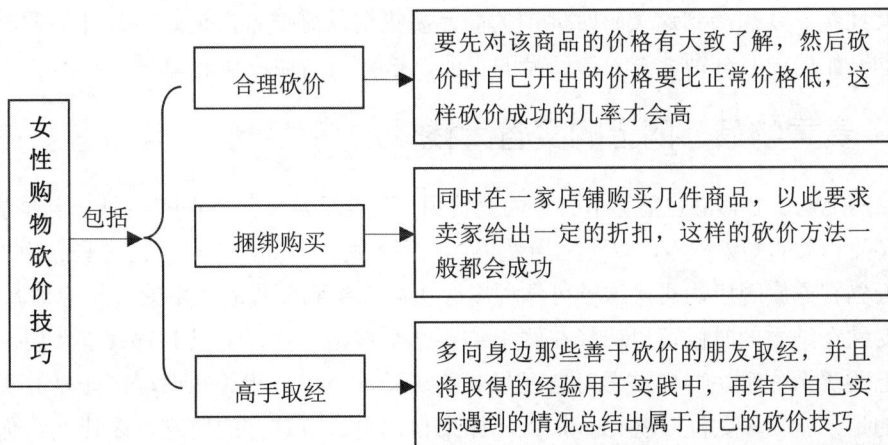

图 2-19　女性购物砍价技巧

047　试用活动，白白捡到的实惠

在淘宝上还有一些省钱的方法，女性购物者要善于去发现。例如很多商家在出新品或者为了提高自己的产品优势适时改进商品时，会进行一些商品试用优惠活动，这种试用活动可以分为如图 2-20 所示的两种类型。

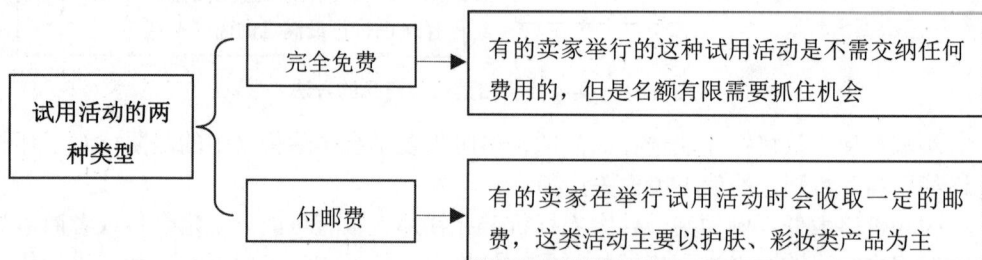

```
                    ┌──────────┐    ┌─────────────────────────────┐
                    │  完全免费  │──▶ │ 有的卖家举行的这种试用活动是不需交纳任何 │
┌──────────┐        └──────────┘    │ 费用的，但是名额有限需要抓住机会         │
│ 试用活动的两 │                      └─────────────────────────────┘
│ 种类型     │
└──────────┘        ┌──────────┐    ┌─────────────────────────────┐
                    │  付邮费    │──▶ │ 有的卖家在举行试用活动时会收取一定的邮   │
                    └──────────┘    │ 费，这类活动主要以护肤、彩妆类产品为主   │
                                    └─────────────────────────────┘
```

图 2-20　试用活动的两种类型

女性购物者在参加试用活动填写申请理由时一定要认真地对待，这样通过的几率才会大。如果得到了试用机会，在写商品试用心得的时候一定要详细、周全，因为这对你参加下一次试用活动的通过率会有一定帮助。

048　限时促销，遇见就要把握好

在淘宝上经常会有限时抢购的活动，广大卖家会在自己的店铺里挑选出几款最具代表性或者最受欢迎的商品以低于平时的售卖价格进行促销，并且会规定活动的持续时间，时间一到就结束促销活动。

女性买家要想买到这类限时促销的商品要提前做好准备，记好商品开售的时间，在活动开始的前几分钟就进入该商品的页面，这样能增加成功购买率。

049　贵重物品，网上购买省大钱

在网上购买奢侈品也能够节省一大笔费用，但需要注意的是在购买前一定要做好与该奢侈品相关的知识积累，以防上当受骗。在网上购买奢侈时也可以去这些品牌的官网或者天猫官方旗舰店购买，这样可靠程度会更高，买到假货的概率就会相应地减少。

女性在结婚的时候可以选择在网上购买结婚戒指，这样可以节省大笔费用。女性在网上购买婚戒时，要提前学习自己想要购买婚戒类型的相关知识，例如打算买铂金婚戒的话，就要多关注一些铂金知识，如果自己身边有这样的朋友可以让他给你一些参考意见。

除了婚戒，其他种类的奢侈品也可以在网上购买。现在很多的电商购物平台都有海外购这一渠道，因此女性朋友也可以在这些平台上购买国外的一些奢侈品。在这些渠道购买奢侈品的好处是不用买家自己缴纳关税或者只需缴纳少量关税，这能为女性朋友节省不少资金。

050 外地特产，再远都能买得到

在网上购买其他地方的特色产品也是网络购物给广大女性购物者带来的一个福利。以往购买外地特色产品时，如果自己专程跑去当地购买要花大笔车费，让朋友带不仅太麻烦还要欠下人情债，网络购物的出现就很好地解决了这一难题。

网上的卖家遍布全国各地，这些卖家中不乏经营当地特产的。因此女性购物者要想买哪个地区的特产，就可以直接在购物网站上搜索，不仅产品种类齐全，同时价格也便宜。

051 空中飞人，便宜机票易得到

相信很多女性喜欢购物的同时还喜欢到处旅游，因此网上购买飞机票也是女性同胞们一个不错的选择。

在网上购买机票方便又快捷，不但节省了不少专程去机场或者机票代售点购买机票的时间，而且网上购买机票时不时还会有折扣。图 2-21 所示就是淘宝网上的阿里旅行机票购买专区的首页，可以看见不同时间的机票价格，而且购买各大航空公司的机票还有大礼包相送，享受的优惠折扣也不同。

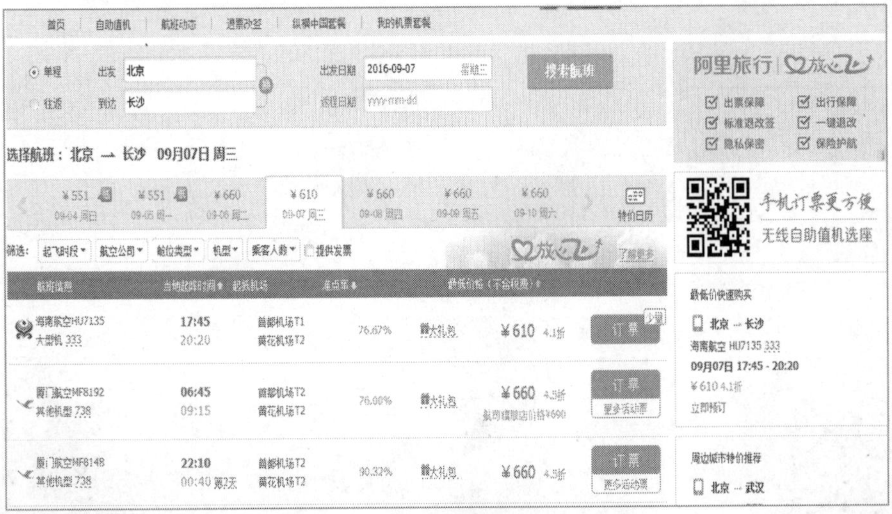

图 2-21　阿里旅行机票购买专区的首页

因此，女性同胞要出行时，可以提前做好计划，这样就能有更多机会购买到低价机票，节省更多的出行费。

需要提醒广大女性购物者的是，在购买特价机票的时候，有的航空公司会有条件限制，如特价机票不能改签、退票等，所以在购买此类机票时要注意规划好自己的时间，尽量不要出现赶不上飞机的情况。

第 3 章

职场理财：做个高薪白领

学前提示

　　学会管理自己的钱财是女性进行投资理财的第一步，一个经济独立的女人比一个依靠他人而活的女人更有魅力。为了自己更好的生活，实现财务自由，从现在开始女性就要学会管理自己的财产。

要点提示

➤ 职场高薪，女性要如何获得

➤ 职场升迁，女性必备的特质

➤ 职场关系，女性具体怎么做

3.1 职场高薪，女性要如何获得

女性作为社会成员的一部分，既使扮演着多种角色，也需要追求自己的事业，以获得养活自己的薪水。追求经济独立应该是每个女性的奋斗目标之一。职场中女性要努力向上，以求获得高薪。下面分享一些职场获得高薪的技巧，助广大女性朋友轻松获得高薪。

052 公司业绩，业绩好薪水才高

女性朋友要想在职场中获得高薪水，选对公司很重要。那么怎样的公司才能称得上是好公司呢？笔者为大家综合分析了一下，总结出一个好公司至少应该具备如图 3-1 所示的 5 个方面的条件。

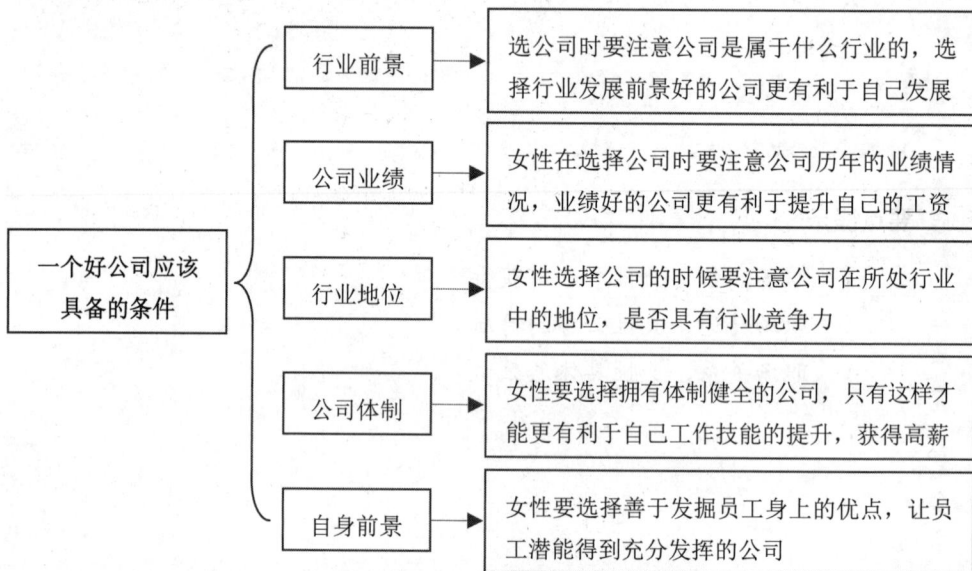

一个好公司应该具备的条件	行业前景	选公司时要注意公司是属于什么行业的，选择行业发展前景好的公司更有利于自己发展
	公司业绩	女性在选择公司时要注意公司历年的业绩情况，业绩好的公司更有利于提升自己的工资
	行业地位	女性选择公司的时候要注意公司在所处行业中的地位，是否具有行业竞争力
	公司体制	女性要选择拥有体制健全的公司，只有这样才能更有利于自己工作技能的提升，获得高薪
	自身前景	女性要选择善于发掘员工身上的优点，让员工潜能得到充分发挥的公司

图 3-1 一个好公司应该具备的条件

053 领导有才，发展前景才会好

古语有云"千里马常有，而伯乐不常有"，女性在职场中也要找到自己的伯乐，这样才更利于自己的发展。公司中的伯乐要属公司的领导，一个公司的领导拥有卓越的综合能力才能带领公司员工将公司稳定、长久地发展下去。杰出的公司领导应该具备如图 3-2 所示的 3 方面的能力。

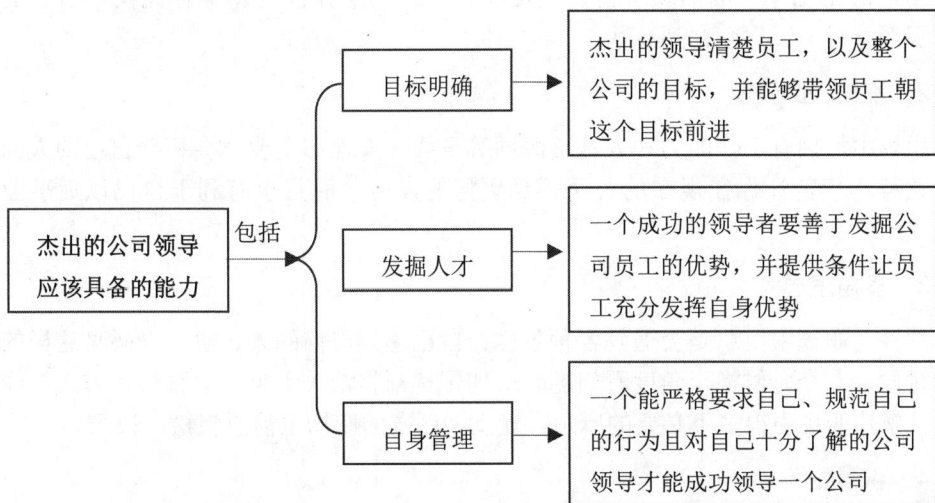

图 3-2　杰出的公司领导应该具备的能力

一个公司只有拥有杰出能力的领导者，才能时刻给公司注入新动力，才能给公司的每一个员工提供合适的发展空间，这样自然就能够使员工获得高薪。

因此女性朋友要想能在公司长期发展下去，获得高薪，挑选一个具有眼光的领导是非常有必要的。

054　自我价值，提升自己很重要

女性朋友要想找到自己职场中的伯乐，前提是自己要拥有千里马的能力。自身拥有的能力，是让老板给你开出高工资的资本。因此女性朋友在职场中要想获得高薪，要做好如图 3-3 所示 4 个方面的自我准备，提升自己在公司里的价值。

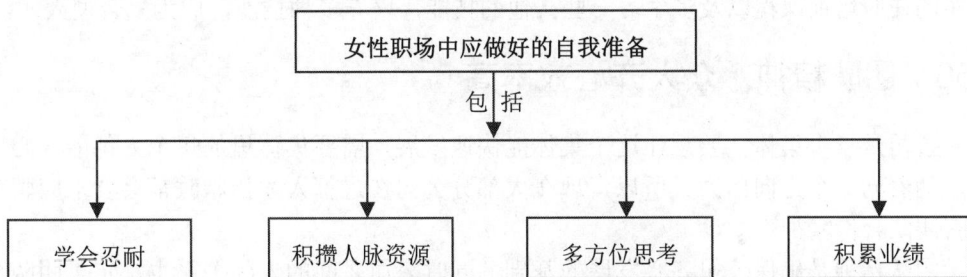

图 3-3　女性职场中应做好的自我准备

1．学会忍耐

如果你现在选择的工作是你内心想要的并且适合自身的，那么在职场中你就要学

会忍耐，忍耐工作中的烦琐事情，慢慢积攒自己的工作能力。等你充实了自身的能力，那么总有一天你会拿到高薪。

2．积攒人脉资源

职场中，拥有工作能力和人脉资源同等重要。女性朋友要学会积攒自己的人脉资源，这样不仅能让你在现在的公司得到更好的发展，而且也有利于自己以后事业的发展。

3．多角度思考

女性在职场中，总是会遇到各种各样让自己感到苦恼的人、事。当碰见这样的事情的时候，有个时候换个角度看问题，一切困扰都将消失不见。这种思考方式，能帮助女性解决职场中很多不必要的麻烦，让女性朋友的职场生活更轻松、快乐。

4．积累业绩

在职场中最重要的事是个人的业绩，业绩是让女性在职场站得更稳的基石。因此，广大女性朋友在职场中要慢慢积累自己的业绩，拥有出色的业绩才能让老板更赏识你，才能获得老板的器重，有了老板的器重加薪自然不是梦。

055　能力积累，全能人才抢着要

在这个竞争激烈，充满危机的职场，凭借自身能力在职场翻手为云覆手为雨的人很常见，但因为能力匮乏而被职场淘汰的人也大有人在。女性朋友要想在职场中获得高薪，拥有出色的能力最主要。

因此，女性朋友在做好自己职场的本职工作的同时要不断提升自己、丰富自己的阅历，这样才会拥有与他人竞争的硬实力。

所以女性朋友在空闲时要多培养自己的能力，多参加专业技能培训班、积极参加公司的在职培训课程以及多学习一些其他的技能，培养多种技能，成为复合型人才。

056　团队精神，众人齐心效率高

公司是一个集体，要想让这个集体能快速发展，需要集体里的每个人都能齐心协力，朝着同一个方向出力。所以，现在大部分公司在进行人才招聘时都会要求应聘者具有团队合作精神。

团队精神是确保公司齐心发展的基础，同时公司之间的人际关系也决定了团队合作能否顺利形成，所以女性培养自己的职场人际关系就显得十分重要了。

职场女性要想与自己的同事建立融洽的关系就要考虑如图 3-4 所示的 3 个方面的内容。

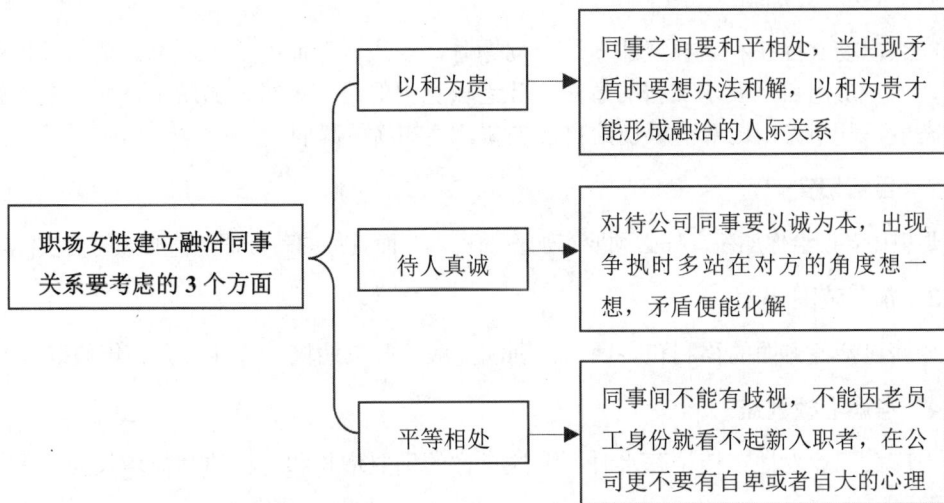

图 3-4   职场女性建立融洽同事关系要考虑的 3 个方面

同事之间只有和气才能生财，因为团队心齐才能有竞争力，有竞争力才能创造收益，有收益才能获得高薪。

057   发展前景，眼光长远未来好

女性朋友在职场中需要具备长远的眼光，不能因为现在所处的公司开出的薪水不高就不干了。如果自己在这个公司能有广阔的发展空间，能学到真正的工作技能就应该继续在这个公司待下去。如果觉得这个公司没有发展前景而且工资还很低，那就应该尝试去另找一份工作。

但是，女性朋友在找工作时一定要注意不能过分追求高薪，仅仅因为高薪就放弃其他方面技能的收获是不明智的。

在职场中，个人价值的积累才是确保获得高薪的资本。所以广大职场女性千万不能舍本逐末，不能因为一时的高薪而放弃了长远发展的机会，要学会用长远的眼光去挑选工作。

058   升职加薪，搞定老板有绝招

公司每年是否给所有员工统一加薪，或者每名员工要自行和公司讨价还价？一般说来，许多公司都会综合两种做法，对表现突出的员工予以特别的奖励。

但也有抠门的公司，可能你不提老板就不会主动给你加薪。那么怎样提出加薪才能让老板乖乖"就范"呢？

1．"诱"导加薪

广大职场女性在和老板谈加薪这一问题时，要"诱"而不能"逼"。要从其他的角度切入，引出自己要求加薪的意图，让老板觉得的确应该给你加薪了，而不要用强硬的态度，开门见山地对老板说给自己加薪，不加薪就辞职。

2．目标切实

要想让老板给你加薪，你必须要有加薪的资本，而且你的薪资期望值必须符合实际。

3．加薪范围

加薪包括各方面的福利和待遇，如利润提成、股票期权、晋升机会、年假等。

4．考虑老板利益

当广大职业女性在谈论薪水时，要注意你的利益增长和老板的利益增长应该是相一致的。

5．做好多种加薪方案

事先多准备几种详细的行动方案，以防第一种方案无法说服老板为你加薪时，可以及时更换其他加薪方案。

3.2 职场升迁，女性必备的特质

女性需要弄清楚自己的每笔钱花在了哪儿，这样才能有针对性地去减少生活中那些不必要的花费，实现节约支出的目的。

竞争激烈的职场上，女性想要获得成功，除了必须付出比男性更多的努力之外，还要从很多方面来提升自己的特质。

059 踊跃发言，声音有力信心高

在一些以男性占多数的公司中，女性的意见往往会被淹没，成为"没有声音的人"。对此，女性应该坚信，自己绝对有发表意见的权利。成功女性发言前要有所准备，有条理地陈述意见，并且言之有物。这样才能表现出权威感，才能在同事中突显出来。

在公司举行各种会议时，绝对不能抱着一种"人到心不到，心到口不到"的态度，这会错失绝佳的自我展示机会。领导召集开会的目的，通常是期望借用员工脑力解决公司问题，所以你千万不能谦逊低调，一定要有所贡献。

060　勇于要求，自我参与度要高

千万不要以为，你的老板会很主动地注意你的需求，会替你设想，为你规划升迁之路。其实，一个部门中人数众多，老板很难顾及每个人的需求。如果你有很强的企图心，最好主动让老板知道。除了直接向老板反映你在工作上发展的期望，还有一些方式，可以让老板察觉你的企图心。

例如，一份好的加薪申请书，是薪水倍增的重要前提。很多员工都有提出申请加薪的想法，但是因为不好意思等原因迟迟没有行动。所以，提出加薪的最好方法，还是写好加薪申请报告，让加薪申请更加正式。

061　要求授权，担起责任有必要

在职场上，老板最喜欢的员工，是可以放心授权的"将才"，而不是畏畏缩缩、无法担起大任的"小兵"。女性如果能够主动要求上司授权，接别人不敢接的工作，自然能得到更多的表现机会。

从工作情商的角度而言，提高职场能见度并不是爱出风头的负面表现，而是职场情商高手负责任的标准动作。让老板时不时看到自己的工作价值，提供"我办事您放心"的情绪服务，则能体现出你无可取代的专业价值。例如，你可以勇敢接下大家都觉得棘手的专案，借着这些工作的洗礼，累积职场经验，并且激发自己的潜能。

062　清晰目标，按时完成效率好

女性只有很早就抱持"我要在职场闯出一番成就"的决心，摒弃"等哪一天出现一个白马王子救我脱离苦海"的天真想法，才能在职场上担任自己想要的职位。职场如战场，找到工作只是事业的第一步，是一个开始，要想取得职场成功，必需事事留心，要注意的地方很多，第一个也是最重要的职场注意事项：要有职业目标。

女性朋友必须认识到，在职场上只有为自己定下什么样的目标，才会有希望得到什么样的结果。例如，为自己定下"要在几年内成为女性老板"的目标，并且有计划地去达成过程中必须完成的小目标，自然就有成功的机会。反之，如果一点具体目标都没有，成功也不会从天而降。

063　自我营销，毛遂自荐印象好

美国著名的经理人丹尼尔·琼斯曾写过一本书，名字就叫《让老板看见你——增强职场竞争力的 45 个关键态度》，将他多年的老板经历分享给广大读者。书中提到："在职场除了能力外，更要不断充实自己，并具有足以被老板注意到的职场关键态度。因为这样的人，老板才能看到他们除了能力，还有比别人强大的'竞争力'。

当然，这样的人也才能避开裁员风暴，升职、加薪自然不用说。"

因此，自我行销是女性在职场加薪的重要"武器"。在众多同事中，如何让老板发现你的企图心和专业能力，需要有一些主动的作为。成功的职场女性，即使老板没有要求，她们也会定期向老板报告工作进度。另外，当其他同事习惯性地躲着老板时，她们会主动与老板攀谈，给老板留下积极、正面的良好印象。

064　接受挑战，成功早晚会来到

女性在职场遇到问题时，通常比男性更容易退缩，对于未曾做过的工作，总是显得迟疑不前，也因此错过许多表现的机会。

美国著名管理大师迈克尔·波特曾说："一个管理者能力的表现，并不在于指挥别人，而是在于指挥自己跳出最美的舞蹈。"成功女性通常不愿错过任何表现的机会，她们对一件工作即使不是完全熟悉，也会边做边学，并充满信心。这样即使做错，她们也能得到宝贵的经验。例如，当上司给你升任主管时，有潜力的职场女性不会以"我没当过主管"的理由而退却。在职场中顺势而为、随机应变，是能否早日成功的关键。

3.3　职场关系，女性具体怎么做

职场的人际关系很脆弱，有的时候就像是泡沫一样，经不起任何打击。那么女性如何处理职场上脆弱的人际关系呢？下面就来介绍一下。

065　真诚微笑，有亲和力很重要

亲和力，原指两种或两种以上物质合成时相互作用的力，现多指一个人在面对某些人、人群或某件事时所表现出来的亲近感，以及人们对其所表现出的亲近感的认同、接受程度或保持程度。

女性在职场中如何提高亲和力呢？微笑！微笑是天使的表情，不是每个女人都有清风般的微笑，而亲切的微笑最能展现女性的妩媚和魅力。

另外，要用真诚、友善的态度对待身边的每一位同事，遇到问题、冲突、矛盾时，尽量使自己静下心来多听取同事甚至公司以外的人的意见。善于倾听是培养亲和力的最佳途径。

066　妆容得体，职场形象要美好

女性的职场形象很重要，每天穿着得体，妆容相宜，是对同事和客户的尊重。很多职场女性过分注重自己的形象，以致忽略了工作场合，所以才会出现浓妆艳抹等行为，有时这是一种职场不自信的表现。

其实，工作认真的女性是最美的，职场中的美女应该是在工作中体现出来的美。如果只是容貌好看，而工作能力低下，则算不上真正的美。

067 融洽相处，新老员工关系好

其实，很多老员工的心里也很矛盾，在新人面前又自卑又高傲，自卑的是他们文化很低，高傲的是他们比你工龄长、经验多，所以有一种倚老卖老的心态。因此，作为新员工要耐心一点，主动而友好地接近他们，尊重每一位老员工，微笑面对周围的同事，切忌不要满不在乎，更不要盛气凌人。

跟同事相处，应该不偏不倚，不能因为谁跟你关系好就跟谁交往密切而忽视了其他同事。跟所有同事的关系也不能太远，太远会让人感觉你不合群，不容易交往。还有，要虚心向老员工请教，不断学习、进步。

068 友善待人，群体关系不提倡

办公室中总会出现这样或者那样的小圈子，很多人认为，切忌在职场中搞小圈子；但也有人认为，职场小圈子是减压的"最佳群体"。其实，职场女性应跟每一位同事保持友好的关系，尽量不要被人贴上你是某个圈子的标签，这无意中缩小了你的人际网络，对你没好处。

职场女性要尽可能跟不同的人打交道，避免办公室政治或斗争，不搬弄事非，只有这样才能获得别人的信任和好感。

069 提前准备，应对排挤有妙招

职场女性要想尽办法处理好职场人际关系，既要做到人见人爱，还要坚守自己的原则。虽然要做到这些可谓难上加难，稍有不慎就会面临被排挤的境地，但是在职场遭遇排挤现象是时有发生的正常现象，所以女性朋友必须做好完善准备，随时准备应对。

在公司内部与你处在同一级别的想要晋升的人肯定不少，所以你要旁敲侧击地深入了解竞争对手，了解他们各自的能力、优势、劣势等，这样在竞争中自己的晋升概率才会高一些。当然如果自己的实力实在不能与人相比的话，不如主动放弃，把机会主动让出，以成全他人，并不断地提醒自己以后有的是机会。

070 把握距离，同性异性不一样

距离，是一种物理现象，更是一种人际学问，它是女性在职场中必须面对的问题。在小小的办公空间中，人来人往，办公室同事间的距离应该掌握好。

1. 异性间拒绝亲密

对异性采取大方、不轻浮的态度是与异性的工作交往中很重要的一个原则。职场女性应将感情投入限制在友谊的范围，即使很有好感，也不应轻易表露出来。

2. 同性间相互帮助

因为人工作的目的是为了生存，大家同在一个屋檐下，为了一个共同的目标，感受同一种压力，工作中谁也少不了谁。因此，如果女性能以一颗同情心看待同伴的话，那么其人际关系将很容易处理。

071 保持谦虚，赢得尊重的法宝

每当自己的工作成绩受到老板表扬或者提升时，不少人会在老板没有宣布的情况下，就在办公室飘飘然四下招摇了，或者故作神秘地对关系密切的同事细诉。一旦消息传开，这些人肯定会遭到一些同事的嫉妒，很容易引起不必要的麻烦，甚至会影响自己在老板心中的形象。

072 适当低调，引人侧目不太好

有些女人喜欢引人侧目，在稳定的职场上，她们总是很快地表明自己的立场，觉得妥协就是屈辱；如果没有引起他人注意，她们的行为就会变本加厉，直到有人注意为止。

其实，这种喜欢引人侧目的心理，容易被职场其他人厌恶、反感，从而导致失败。因此，如果没有太大的原则性问题，职场女性完全没有必要引人侧目。聪明的女人总懂得如何把握机会为自己拉拢帮手，使大家喜欢和接纳自己，从而也能在职场中获得更多的成功和快乐。

073 管好嘴巴，背后议人不太好

俗话说："谁人背后不说人。"大家坐到一起，总会对事、对人有所评论，无论是对事对人，还是对事不对人都不好。

例如，职员小金刚进入职场后，不知道办公室政治的深浅，与同事蒋某一同出去吃饭，听蒋某诉说主管刘某的一些是非，便在后来的一次出差机会中把这些话又原封不动地告诉了刘某。刘某一气之下，又说了蒋某一些事情，小金出差回来后又在一次偶然的机会中告诉了蒋某。因此，蒋某和刘某大吵了一顿，顺带牵出了小金。后来，老板为了摆平这些事情，把小金辞退了，这才平息了蒋某和刘某的怒言。

这个简单的例子告诉我们，在职场上，我们一定要注意自己的嘴，尽量避免谈论公司的人和事。俗话说："人无千日好，花无百日红"，能在一起共事是一种缘分。

同事之间相处贵在真真实实，平平淡淡。

074　抓住机会，适时展现有技巧

女性升职的关键是得到上司的赏识，出差是个放松自己的特殊时段。尤其是两个人出差时，闲谈中议论其他人是很自然的事。善于肯定别人要比喜欢挑刺更能赢得上司的好感。

和上司一起在陌生的异地出差，绝对是个能淋漓尽致表现自身优点的好机会，一米你不用担心同事嫉妒，说你爱表现、马屁精；二米上司也是人，处在人生地不熟的异乡，你就是他唯一熟识的人，心理上更容易有亲近感和认同感。

例如，我的大学同学李美，毕业后到一家公司做应用工程师，羞涩又内向的性格注定她不引人注目。事情的转机是在一年之后。李美和主管一起去杭州参加投标，当他们到达招标现场时，却发现甲方的招标者中有一位外籍工程师，这让主管颇感不安，因为他担心自己的英语水平难以自如应付。

然而，令他吃惊的是，一向少言寡语的李美竟用一口流利的英语和那个老外交谈，生动详实地介绍公司的优势。老外顿感兴趣的神情表明，他们的交谈是愉快而有效的。主管非常高兴，回来后特地请李美品尝了一顿杭州菜，并再三表示以后一定给她提供更多发挥特长的机会。

075　职场爱情，情感关系处理好

丽丽和晶晶是一对无话不谈的好姐妹，两人自工作以来，一直住在同一宿舍，每天一起上班、一起下班，几乎到了形影不离的地步！一次偶然的机会，丽丽和晶晶接触到一个各方面条件都很优越、长得非常帅气的男人，她们几乎在同一时间，对这个男人都产生了好感！为了能和帅气男人走得更近，丽丽和晶晶突然像变了个人似的，她们不再是形影不离，而是单独行动。后来，两人为了此事，还弄得反目成仇，多年的感情从此烟消云散。

因此，职业女性最好独自去处理自己情感生活，在爱情还没有成熟前，即使最亲密的朋友，也不要拖着一起去约会。否则，爱情将会成为友情的"绊脚石"，同时还会影响你的工作情绪，在这种状况下想要加薪晋级可谓难上加难。

第4章
单身理财：做个精致女人

学前提示

单身，可谓是"一人吃饱，全家不饿"。女人学会理财，除了要让自己过得更有尊严之外，同时也要让自己想花钱就有得花。但如果要打造自己的财富人生，你一定要有自己独立的财务计划。这样才能在最佳的时机，享受最好的生活，做一个精致的单身女人。

要点提示

➢ 单身理财，理财的黄金时段

➢ 单身理财，生活消费有诀窍

4.1 单身理财，理财的黄金时段

比起男人和结婚后的女人而言，单身女人相对脆弱，所以单身女人要学会保护自己，让自己生活得更好。

保护自己的前提，就是要拥有属于自己的经济基础，这总归要比依傍父母或丈夫生活强得多。有时，感情是不可靠的，物质却是实实在在的，有钱终究可以将生活带入更舒适的境界。

076 赚好人生的第一桶金

单身的时候，没有恋爱中的花销，也没有结婚后的家庭负担，往往是最容易积累资金的时候。

单身的女性在这个重要的时刻，要淘到自己的第一桶金，这样既能给自己增加信心，又可以为将来的投资打下基础。单身女性想要获取人生的第一桶金，必须做到以下 5 点。

1．定人生计划

如果只是没有目标地一直努力，那是什么意义都没有的。现在就需要制订一个正确的人生计划，再将多余的钱存储起来。

2．选存款方式

单身女性要趁着单身的这段时间存一些钱，女性可以通过定期性存款和活期性存款相结合的方式来为自己存钱。

3．做规划方案

先做一个整体规划方案，然后做好每一步的小规划。只有跟着计划的方向走，才不会让你走很多弯路。

4．了解再行动

相比男人而言，女人比表面看上去更现实，更细腻，这也是女人天生的优点，她们知道要在了解实际情况的基础上再开始投资行动。

5．处好人际关系

年轻的单身女性刚刚踏入社会，要想马上变成有钱人是不太可能的，但要是从现在开始就把人际关系搞好，那么对你以后的工作发展，会有很大的帮助。

077   赚钱的同时也要理财

理财是一种生活态度，即使是月光族也要学会储蓄，这便是理财的开始。理财意识要及早培养，学会记账、量身做好收支规划等都非常重要。单身女性，别说自己有时间赚钱，没时间理财。

娱乐圈内号称"拼命三娘"的李冰冰已跻身国内最具票房号召力的女星行列；当年"听老板的话"无心插柳认购华谊公司的 36 万原始股，如今市值已经是几千多万元；尤其让人尊敬的是，她拥有个人公益品牌"L.O.V.E"。

比起李冰冰的忙碌，我们能有她忙吗？她都有时间理财，难道我们没有吗？另外，年轻女性朋友，努力增加理财收入的同时，仍然要把工作收入记录下来，积少成多，攒下第一个 10 万的劲头千万不能松懈。

078   女性要制定理财规划

笔者的朋友王媛，今年 25 岁，是一位典型的"月光族"。她在一家国企任财务人员，每月税后收入 3000 元。在笔者生活的这个中小城市，王媛的收入并不算低，且家里在去年给她购买了一套 60 平方米的小户型，免去了租房之忧，也算是有固定资产的人。因为生活上没有任何经济压力，王媛向来花钱如流水，一踏进商场，就止不住刷卡的冲动。每月月底才发现自己又成了"月光女神"。

想要脱离"月光女神"的称号，王媛急需要调整自己的财务消费状况，同时建立一套适合她的理财规划。

"月光族"由于没有积蓄，可选择基金定投作为核心投资方式，在有效控制风险的前提下，强制自己学习投资、理财。

笔者建议王媛，让她每个月投资 800 元左右定投股票基金或者指数基金，由银行自动划账，将收入的一部分划到基金账户中去，达到强制投资的目的，防止无目的的乱花钱。

长期定投指数型基金则可以避免资本市场波动大，有效提高长期投资收益率。如果有的女性朋友喜欢高收益，那也可以选择偏股型的基金。

079   女性稳健投资有必要

笔者的朋友米乐，今年刚过 23 岁生日，是某公司的小职员。每月 2800 元的工资收入，日常生活的支出每月 1000～1500 元。由于小时候家境不好，米乐从小养成了省吃俭用的习惯。虽然收入不高，参加工作 3 年的米乐积累了 5 万多元的存款。其中现金及活期存款为 3 万多元，定期存款 1 万元，基金及股票 1 万元。目前没有住房没有保险，也没有负债。

已经到了适婚年龄的米乐，希望能通过合理的理财来完善自我风险保障，以及让现有资产增值实现结婚买房的目标。

由于米乐目前没有任何保险，在风险保障这块相当欠缺，所以笔者建议她重新调整自己的理财方案，将方案调整如下。

1．不时之需准备好

米乐可以用 6000 元作为现金和活期存款。另外，还可以办理一张额度为 6000 元的贷记信用卡，以备不时之需，也可以充分利用免息期和享受其他增值服务。

2．调整投资比例

结婚前如果米乐继续在原单位工作，则可采取稳健型投资策略。建议将 31000 元作为启动资金且每月 1000 元投资于基金，配置比例为指数型基金 30%、债券型基金 50%、货币型基金 20%，年预期收益率为 6%，用于积累结婚、购房资金。

080 理财控制风险很关键

笔者的邻居黄小姐今年 28 岁，是一家化妆品店的小老板，预计在年底结婚，现在与父母同住。黄小姐的收入不固定，但前两年年收入在 10 万元左右，预计今年年收入在 8 万元以上。目前黄小姐在股票方面的投资为 10 万元，市值大概在 15 万元；基金投资 5 万元，目前不清楚市值；存款 10 万元。黄小姐月支出 4000 元左右，年支出 50000 元左右。没有保险和房产，但目前想买房出租投资。

黄小姐要想早点实现自己的财富目标，需要从以下几个方面做起。

1．购买保险

黄小姐属于典型的高薪单身族，偏好高风险投资，但因收入不固定，承担意外风险较差，保险理财是其财务安全的重要前提和基础。

因此，黄小姐不可忽视意外风险，推荐购买一份以重大疾病为主险，住院医疗、重大意外为附加险的保险产品。投资 5 万元购买保险理财产品，既有理财收益，还有意外风险保障。

2．留应急金

因目前黄小姐为自由职业者，收入不稳定，应准备至少 6 个月的生活费用 18000 元于活期储蓄账户，应付突发的、出乎预料的费用。10 万元存款中 5 万元分别以 3 个月、6 个月和一年 3 个期限分不同金额定期存款，一是可应对国家利率上调，二是准备今年结婚购物需要。

3．住房、养老规划

黄小姐可以择机出售股票，变现后资金用于购房投资首付，余款可通过商业购房贷款解决，利用出租房产收入偿还贷款。

另外，可以采取基金定期定投方式，只要能长期坚持下去，十几年甚至几十年后复利投资所形成的财富应该足够她快乐养老了。

4.2 单身理财，生活消费有诀窍

20 多岁的单身女人最重要的理财课，不是存储，不是投资，而是按计划控制消费！控制消费不是要你当苦行僧，你不会失去与朋友相处的快乐，也不必降低生活的品质，只需要一些小小的技巧，就能让银行存款数节节升高。省钱就是理财第一步，每一个单身女人都能省出一个小富婆！

081 理财要有好心态

理财的最大目的是积累财富，创造收益。投资理财心理学一个非常重要的价值是让投资理财的人思考并清楚自己真正的需求，然后将财务资源科学地分配到需要的地方。

(1) 储蓄投资的心理技巧。 虽然说储蓄投资非常简单，对投资者本身的能力也没有什么严格的要求。但是，作为一项投资，总是有它的技巧和艺术，有它的心理战略和战术，只是要求的严格程度不同罢了。所以，对储蓄投资来说，投资心理依然非常重要。

(2) 炒股就是炒心态。 股票向来都是人们竞相追逐的投资理财热点，入市的股民如过江之鲫。高收益与高风险并存，在股市中，你可能一夜暴富，但也可能会一败涂地。

投资理财的关键在于你是否真正把握市场动向、洞察市场变化，这些都取决于你的心理因素，精通积极心理学，你就有永远不变的成功。

(3) 外币理财的心理战术。 参与外汇投资理财的投资者，除了关注加息外，人民币升值压力也要引起高度的重视。从长期来看，人民币汇率市场化是大势所趋。

(4) 投资期货要懂心理学。 期货投资与股票投资一样，也是一种高利润而且高风险的商品投资，所以，如果我们要想在期货投资市场上成功，首先就要懂得如何降低风险。

(5) 投资国债、基金的心理战术。 在经济持续发展，国债品种不断翻新的情况下，国债在国民经济中起着举足轻重的作用。虽然现在是投资多元化的时代，但国债仍以其高收益、低风险而成为投资理财行业的一个亮点。而基金也有类似优点。

(6) 投资保险的心理攻略。 女人自身的价值是最重要的，所以千万要照顾好自己。而意外情况总是难免的，选择合适的保险产品肯定是明智之举，怎样选中合适的保险产品，有赖于我们的心理智慧。

(7) 自主创业的心理攻略。在创业前要进行一系列的策划，不但需要全面的统筹能力，还需要积极的心理素质，考虑到方方面面的难题与方案，例如，是自己创业还是邀亲友合伙，或者是入主加盟体系，由总部提供开店资源呢？

(8) 旅游投资的心理攻略。现代社会，教育和旅游已经成为生活中必不可少的一部分。走出家门，看看祖国的大好河山，探寻民族的悠远历史，倘若有机会还会走出国门。因此在单身女性理财上要好好地计划一下旅游的开支。

(9) 购房与购车的投资心理学。衣食住行是人生的 4 大项，购房、购车已成为生活的必然。购房、购车是人生中最重要的消费，是安身立业的百年大计，我们应当学习购房与购车投资心理学，规划好人一生中最大的消费、最重要的投资。

(10) 退休基金需要未雨绸缪的必备心理。一般女人很少会一辈子都不间断地工作，随着年龄的增长，势必有一天会退休。

那也就是说女人不可能在一生的任何时候都保证赚取一定比例的收入，退休后她们赚取收入的能力会大幅度下降。面对这个残酷的事实，单身女人在筹划理财方案的时候就不能不考虑到退休以后的事情了，未雨绸缪也是投资理财的必备心理。

082   单身女性要会记账

对于单身女人，建议大家可以先学会记账，清晰自己的收支情况，并提出尽早进行基金定投，为今后的生活打基础。单身女性在记账的时候要注意以下两点。

1．分类记账

单身女人在记账的时候要建立详细的记账目录，分门别类地记录每一笔花销。

记账的目的不仅仅是要记录总共花销了多少钱，更要从日常的花销中找出不合理的消费倾向，可以从记账的过程中直观地看出各个时期，各类消费在总额占的比例，并及时加以改进。

2．借助工具记账

善于使用电脑和手机网络进行记账。现在最时髦的行为是在网上记账，在百度中输入"记账"，就能找到很多记账的网站，或者下载很多方便好用的记账软件，每天只需要十分钟，得到的绝对超过你的想象。

最后，单身女人必须注意的是：详细的记录只是良好的基础，重要的在于分析。

083   女性打扮的原则

单身女人都要"爱漂亮、懂生活"，做一个时尚漂亮又会省钱过日子的新好女人。精致的女人不一定很漂亮，但一定很耐看；她们不一定很有才学，但绝不会不思进取。女性在打扮的时候要遵守 3 个原则。

1. 简单大方

不浓妆艳抹也不素面朝天，懂得怎样打扮自己，化一点点自然的淡妆，简约而不简单。

2. 讲究得体

从不盲目跟风，也只追求品牌，知道适合自己的才是最好的。穿衣服可以赶时髦也可以复古，但最讲究的是得体。

3. 有自身特色

女性在打扮自己的时候要崇尚个性但不刻意追求与众不同。有时候，女人看似漫不经心的随意打扮，却暗藏杀机，别有一番风情。

084　购买珠宝要谨慎

快过年了，马兰想买点黄金珠宝类首饰送给母亲，但逛了市区几家商场发现，黄金珠宝品牌种类繁多，虽然销售员都称货真价实，但她还是觉得拿不准。无论是黄金还是翡翠玉器等珠宝产品，都让人难以看清真实面目。

一般女性消费者并不具备相应的专业知识，所以购买时很难辨别真假好坏，只能看检测证明，而检测证明往往由商家在售货时一起提供，商家提供的这些证明到底是否权威也难以辨别，购买后一旦发现问题，商家会以检测证明为依据，对消费者的投诉并不重视。

因此，女性在购买黄金、珠宝等贵重物品时，最好到正规的和知名的老牌大企业购买，并看商品有无相对权威检测机构提供的检测证书。

同时，也可以货比三家，最好选择有投资回购机制的品牌。万一出现质量问题要及时向消费维权机构投诉，并到权威检测机构鉴定。

085　健身房里有优惠

健身房是都市女性减肥的好帮手，下面介绍几个健身房小技巧，让你合理利用自身已有的资源，省钱又瘦身。

1. 入会时间要选好

健身馆的折扣一般在一月和九月，所以这两个月间加入会员很可能比平时实惠。如果你不是这两个月间加入的，那么就先了解一下你附近一些健身馆的收费情况，去你最感兴趣的一家，并争取到折扣优惠。

2. 推荐朋友得优惠

大部分健身馆都会提供推荐方案，如果你朋友或家人也对健身感兴趣的话，可以带他们一起来。这样你可能会有一个月免费、免费私人训练课程或其他之类的优惠。

另外，有个伴的话，你运动起来也更积极。

3．地方性活动更实惠

你们当地的俱乐部或小型组织举办的体育比赛或类似的活动通常比那些由公司赞助的全国性项目所收的报名费要便宜。

4．身边物品当道具

例如，做热瑜伽的时候，可以用沙滩毛巾或浴巾当垫子，下面垫上大的书本就行，这样就可以省下很多关于运动辅助器材的钱。

5．搜集优惠信息

社交网络上通常有很多健身房的优惠活动信息，可以将这些信息搜集起来。你会发现有免费赠送课程，也有一些新任老师给的折扣。通过报名登记，甚至还可以得到赠品，如一张免费顾客入场券或者下节课程的折扣券等。

086　美容省钱的技巧

爱美是女人的天性，因此对皮肤的保养是女人每天必备的功课之一。然而，很多单身女性都尴尬的发现，化妆品用了很多，皮肤并不见好，美容做了不少，肌肤仍无改善。

特别是经济不富裕的女孩子，就更加希望能找到一套有效、廉价的护肤方法，既能保护了肌肤，又能保住了钱包。接下来笔者给大家介绍 3 个实用的美容小技巧。

1．凝胶质面膜洗脸

凝胶质面膜大多质地黏稠，可以有效地吸取脸部的灰尘、杂质，起到一定清洁的效果，而面膜本身的功效也在按摩的时候得到充分的发挥，可谓一举两得。

2．破损彩妆修补技巧

那些意外破损的化妆品，其实"修修补补"就可以继续使用，千万别丢掉哦。比如，变干的粉底液只要加点化妆水搅匀，就可以恢复原貌；唇膏不小心折断，用吹风机以温热的暖风吹一下，裂痕就能重新融合；表面看起来已经结块的眼影，拿把小刀在表面刮一刮，就能修复。

3．DIY 面膜

女性可以自己利用身边可得材料进行 DIY 美容，如用番茄做面膜，也能收到较好的美白效果。首先，将番茄捣碎成泥状，然后取一枚纸膜，将其在番茄汁中泡开，并敷在脸上。然后将番茄泥在糊在纸膜上。15～20 分钟后取下。由于番茄中含有酸性物质，所以此面膜不需要天天使用，一周 2 次或者 3 次次即可。如此坚持一个月后，你会惊奇地发现皮肤变得又白又嫩。

第 5 章
恋爱理财：经营美好未来

俗话说："男大当婚，女大当嫁。"恋爱中的男女都要计划储备好结婚的资金，这样才能从容不迫地面对自己的终身大事。因此，女人要及早开始为自己的恋爱做规划，才能经营好未来婚后的美好生活。

学前提示

要点提示

➢ 恋爱期中，女人不要迷失自己

➢ 共筑爱巢，租房买房都不重要

➢ 婚礼资金，备下自己爱的基金

➢ 美好婚礼，争取做最美的新娘

➢ 蜜月出行，享受两人爱的蜜月

5.1 恋爱期的女人不要迷失自己

很多女性并没有察觉到，太过于投入自己的爱情神话中，也可能会侵蚀自己的理财能力。恋爱中的女人往往容易盲目，凡事只听男友的，甚至把自己的所有都奉上，以为这样就可以获得男友永远的爱恋。其实不是这样的，女人要睁开自己的双眼谈恋爱，不要在爱情中迷失了自己。

087 经济支出，恋爱双方要协商

一年前，笔者的朋友小美，他的男友挑中了一处房子，办理了银行贷款手续。如今小美和他男朋友两个一起住在这所公寓里，男友负责偿还银行贷款，而小美负担日常生活的开销。

其实，这是非常错误的，没有从经济上参与两个人的重大投资决定，一定会带来日后的遗憾。

前不久姐妹们聚会时，小美对我们说："我们本不该这样做的，如今我越来越别扭，我感觉这房子不是属于我的。"她感到了不公平，在房子问题上，她是依附于对方的，小美的这种情绪对他们以后的生活必定会产生很大影响。

所以，恋爱中的女性一定要清楚，如果两个人想共同投资，房子是最好的选择，因为在这所双方都拥有权利的房子里共同生活能带来精神上的平等感受。

小美的这个例子只是生活中的一个方面，女性在恋爱生活中很多大大小小的开销都需要用到钱。那么，用谁的钱？怎么用钱？钱怎么分配？无话不谈的夫妻谈钱都不容易，那情侣岂不更加为难。

因此，在金钱问题开始困扰日常生活之前就应明确地谈论它，明确两人的各项开支应该如何支付。为了避免日后产生矛盾，两人可以建立一个共同账户，用这个账户里的钱来支付日常开销。

088 日常消费，要跟男友一起扛

很多恋爱中的女性总是让男友负担所有的开销，但男友如果长期独自承担经济压力，容易导致他心情沉重，变得焦虑暴躁，面对女友的无忧无虑，会觉得很不公平，久而久之，两人极易产生矛盾。

其实，金钱的烦恼应该是恋爱双方共同来分担，赚得多的可以多分担一些。女孩子不能以收入低为借口逃避这个问题，应该主动提出负担一部分开销。即使你可能并没有出多少力，但至少能让男友知道你是体谅他的，他心理多少也会平衡一点，这样做双方的感情也会更稳定。

089　约会消费，一定要慎重选择

王甜和李磊同属一家房地产公司，年薪都比较高。最近两人发展成了情侣关系，李磊喜欢两个人约会时实行 AA 制。一开始，王甜不觉得有什么，反正自己挣得也比较多。

但是，随着两人感情的增进，李磊出去吃饭购物仍然坚持 AA 制，这让王甜心里产生了不愉快。后来，李磊由于业绩突出升值了，工资也翻了一番，但是在花钱上仍然分得很清楚。王甜无法忍受他这一点，最终两人还是分手了。

恋人关系过于无纸化，斤斤计较，很容易造成感情的破裂。很多采用 AA 制的男女都受到了伤害，尤其是女性。因此，女人不要轻易实行 AA 制的恋爱生活，因为有时候它只是自私男人不负责任的借口。

090　经济大权，自己的要自己管

孙梅梅与男友谈恋爱后，她认为自己没有一点理财的观念，于是便将自己所有的收入都交给男友打理，平常的开销也都是男友说了算。不过，在遇到重大开销的时候男友也会征求孙梅梅的意见。孙梅梅觉得这样的恋爱生活很不错，自己不用为管钱、花钱而苦恼。

其实，在恋爱中的女人不会管钱，把自己的经济大权交给男朋友，这种行为是非常危险的。如果对方拥有绝对的控制权，包括金钱方面，长久下去就会造成两人关系的不平衡。一旦与男友发生什么变故，受伤的最终是女人自己。

091　恋人借钱，借与否看情况定

肖倩是一名商场销售员，最近遇到了一些令她头疼的问题。肖倩谈了一个男朋友，刚开始很信任他，也很喜欢他。可是，渐渐地，肖倩发现他经常谎话连篇，而且总说急着用钱，不断向肖倩借钱。没办法，因为肖倩不愿失去他，就只好一次次地给他钱。

其实，很多女人在恋爱时都会像肖倩一样将自己的钱借给男友，认为这是爱的表现，但这是一个不折不扣的错误。因为，你不知道他什么时候能还钱，也不知道他如何还，这种隐藏着不信任的关系在情侣间制造了压力，对两人的爱情来说是非常有害的。因此，不要开口向恋人借钱，除非确定能够偿还的时候再开口。

092　经济独立，命运自己来掌握

笔者的同学茉莉小姐今年 25 岁，大学毕业已有 3 年了，在一家公司做人力资源管理工作，月薪3000 元左右，年底公司有 2 万元左右红包，每月房租1000 元，交通

费 200 元，生活费及其他固定开销 1000 元，剩余 1000 元消费花掉。

茉莉小姐习惯把每个月的工资都花光，是标准"月光一族"。而且经常让男友给自己买一些奢侈品。等到茉莉小姐和男友把结婚提到议事日程上来，才发现，自己工作后几乎没有任何积蓄，连最基本的嫁妆钱都没有准备。

痛定思痛后，茉莉小姐决定静下心来，利用专业的理财手段打理自己未来的财富人生。茉莉小姐先到书店有针对性地买了一些理财入门书籍，对照自己的情况仔细地翻阅了几遍。然后，上网找了一些专业理财师提供的理财实例，研读之后又和自己之前了解的理财知识进行了相互映照，如此这般，终于发现了自己之所以成为"月光女郎"的症结所在。

财富如生活，生活即理财。女人要想一生拥有富裕而舒适的生活，不要总是伸手找男朋友要，要尽早学会理财，将命运掌握在自己手中。

5.2　共筑爱巢，租房买房都不重要

十几年前，婚房的概念不是独立的，相当一部分新婚夫妇与父母同一个屋檐下，也有一部分独立租房居住，有的是住父母让出来的旧房子。十几年后的今天提到结婚，很多人的第一反应就是要买房，没有房子就结不了婚，可居高不下的房价和扑朔迷离的楼市却阻碍着我们结婚的步伐。结婚，我们一定要有房子吗？结婚，我们要租房还是买房呢？

093　买房租房，各有各的好

许多恋人认为，住在属于自己的房子里，才会真正有家的感觉。一种必须澄清的理念是，买房是改善居住条件的途径，租房也是一条途径。当租赁成为一种常态，生活就不会因为租房而变得不幸福。

像西方的很多发达国家，并不是每个人都有必要买一套房子的，长时间租房住的人也非常多。在他们看来，病了有医疗保险，老了就住到养老院去，能享受的时候就尽情享受，何必为了一套房子累死累活。

其实，有时候租房也挺不错。租房，不仅是一种生活态度，也是一种理财之道。

"还是租酒店式公寓好，什么都配套了，比较方便。"张小姐在英国留学后就留在英国工作，刚刚被公司派到深圳来工作，最近一直在找房子，经过一番对比后，张小姐决定长租距离公司 10 分钟车程的一家酒店式公寓。"酒店里配套很齐全，有冰箱、洗衣机、空调等，还有厨房，偶尔可以做做饭。"

张小姐租住的酒店式公寓的房租是 13000 元左右，每年 13 万元左右。是复式的，面积大概 70 平方米，下面是客厅和书房，上层是卧室。"我要在深圳工作 5 年

左右，本来想租一间普通公寓，那样的话可以便宜点，但房东不肯签 5 年的约，只能一年一签，这样万一住了一段时间后还要再找房子搬家就比较麻烦。租住酒店式公寓虽然贵一点，但是稳定，不会被人'赶走'。我每个月都有住房补贴，和房租差不多。"张小姐也有同事在深圳买房子，然后用住房补贴还贷款。张小姐也考虑过这样，但是这要拿出一笔不小的首付，还要折腾装修、添置家具，也是一项不小的工程，而且张小姐也不准备一直留在深圳工作，还是觉得租住公寓比较方便。另外，首付的钱她准备拿来做别的投资。

094　买不起房，租房也很好

现在，许多青年情侣为买不起住房而苦恼。其实，买不起房，不如租房。在 20 世纪，鲁迅、巴金等大量文化界人士定居上海，无论是鲁迅、巴金这样的大文豪，还是一些经济困难的"亭子间作家"，都是租房而居。

结婚是人生的一件大事，但它不是生活的全部，关键是要知道自己想要的生活是什么，知道什么是现阶段最适合自己的。

结婚买房还是租房，因人而异，并没有定论。如果你和男友的经济条件都不允许，那么租房结婚对你们来说未必不是件好事，等以后经济条件好了再买房也不迟。梯度消费，完全符合年轻人的特点。难道没有自己的房子，这个婚就不结了？建立在纯物质基础上的婚姻，未必就是幸福。

如果一味追求买房而失去了感情，或是买房后生活质量不高、生活压力倍增而变得不快乐，那就真的得不偿失了。

恋爱中的女性朋友现在就可以考虑一下，以后你们是要买房居住还是选择租房居住。

095　学会享受，现代租生活

当体验成为一种生活方式，"租生活"便开始流行。仰望高昂的房价，越来越多的新新人类抛开"买房结婚"的老观念，不做房奴，潇洒地过着自由自在的租赁生活。人们纷纷投入"租来主义"的门下，享受着现代"租生活"的乐趣。

很多情侣认为租来的房子没有人情味，因为房东给置办的家具不称自己的心意，可是买一套家具又太贵，搬起家来也是麻烦多多。这时候不妨考虑租家具，只要向租赁公司交纳少量租金，就可以享受一整套优质家具，看烦了还能换别的样式，生活将是多么惬意。

家具租赁不但对消费者来说很划算，对生产厂家也划得来，因为大多数出租的家具都是厂家的闲置产品，厂家为了回笼资金，就拿来出租了。这样一来，生产出来的货物既得到了充分的利用，还满足了商家利益最大化的原则。

096　有苦有乐，买房有烦恼

如今，置业者发疯似的买房、贷款、按揭，用尽一切办法买房，只为了今后能有个安身栖息之所。房价越来越高，人们买房的行为更为激进，对于他们来说，买房要尽早。房子已经成为人们日常的热门话题，是将来生活和养老的根本。

许多人认为：住在自己的房子里才会真正有家的感觉。

豆豆(女，公司职员)就对自己买房的行为后悔不已，不仅让她背负了沉重的经济负担，而且还失去了一切娱乐生活，想想之前和同事一起租房的日子，其实也是很幸福的。

美婷(女，公司主管)，买房后随便算了一下，她家的房子总价 40 万元，土地的使用年限是 70 年，即每月的房费为 476 元。同等标准下，上哪找只需要这么便宜的房租的房子去？

097　房产证名，要有你一份

陈凤姗和赵允浩准备近期结婚，赵允浩有 15 万元存款，陈凤姗有 10 万元存款。赵允浩在婚前用 15 万元付了首付，陈凤姗便用 10 万元装修房子并购买家电。婚后，赵允浩每月的工资 3000 元用于还贷，剩余 1000 元，再加上陈凤姗每月的工资 3000元，两人一起养家。3 年以后，陈凤姗怀孕了，孩子出来了，此时赵允浩也升职了，工资涨到了每月 7000 元。这时候小孩要人照顾，请保姆每月要 2000 元，他们两人商量后决定陈凤姗辞职，专心照顾宝宝，做起了全职太太。10 年以后，赵允浩事业有成，意气风发，而陈凤姗每天围着小孩、老公、家庭转，成了一个典型的黄脸婆。这时，赵允浩觉得老婆带不出去，外面的诱惑太大，终于有了小三。陈凤姗知道后，吵过、闹过，最后伤心了，两人准备离婚。

根据婚姻法新的解释，房子是赵允浩婚前买的，陈凤姗没份，但她不服说："我们一起还贷的。"律师问："你有共同还贷的证据吗？"陈凤姗说："没有，每月都是直接在赵允浩的工资卡里扣的。"

陈凤姗还想争取到小孩："小孩是我生的，我一手带大的，小孩归我。"

律师说："小孩跟谁是以更有利于孩子的成长为依据，你没有工作，没有收入，没有房子，不利于孩子的健康成长，法院会判给男的。"

这时，陈凤姗没房、没工作、没钱、没孩子，她绝望了，她的世界崩塌了，而赵允浩却开始了他的新生活。

现实的社会，谁都不是谁的谁，过得好是夫妻，过不好比陌生人还陌生，上了法庭比仇人还狠。

所以，女性在结婚前可以跟男朋友协商好，由你分担部分首付款、装修款或者由你来支付月供，一定要在房产证上加上你的名字。

5.3 婚礼资金，备下自己爱的基金

我们结婚不能总是靠父母给我们准备这个准备那个，自己也要储备好结婚基金。如何储备基金，让每分钱都花得有价值？可以分为 3 步走：首先要有预算的观念；其次要追查每一分钱的来龙去脉；最后要养成记账的习惯。

098 资金预算，购物更简单

一些女性趁着百货公司的周年庆典买东西，原本是很合算的，但是，趁着打折的时候买东西，是要用较少的金钱买到想要的东西，而不是因为打折期的闲逛而产生更多预算外的花费。

如果你没有预算的观念，虽然每天都可以买到很多便宜的东西，但是当你收到每月的账单时，在支出方面，也可能会产生令你意想不到的天文数字。

在女性看来，购物是一件让人心旷神怡的事情，聪明的女性朋友在买东西时会精省"小钱"，然后让"小钱"去滚"大钱"，才不会到最后望着满屋子买回来的战利品及账单，摇头感叹自己是个败家子！

099 资金的去向，详细清楚

"每个月感觉没怎么花钱，但是到月底工资总是所剩无几。"刚出来工作不久的龙小姐月入不足 2000 元，是名副其实的"月光族"。每到月末，便冥思苦想追寻自己往日开销的点点滴滴，但总也想不起来。

其实，像龙小姐一样的"月光族"不在少数，特别是白领女性，出手阔绰，完全没有理财概念。有的甚至出来工作多年后依然"一无所有"，到了谈婚论嫁之时才开始后悔"嫁妆钱"还没有存，不得不"啃老"。

因此，女人必须查清楚每一分钱的来龙去脉，而最好的方法就是做好存折管理，因为现在大部分人都把钱存在银行，存折上会记载你在银行所有资金进出的记录。你可以每个星期至少刷一次存折，或在网上银行查看金钱进出的往来状况，只要 5 分钟的时间，就能了解每一分钱的来往状况，进而提醒自己要开源节流。

100 习惯记账，记账有技巧

理财从每天的记账开始，把自己的财务状况数字化、表格化，不仅可轻松得知财务状况，更可替未来的结婚资金做好规划。美国理财专家柯特·康宁汉有句名言："不能养成良好的理财习惯，即使拥有博士学位，也难以摆脱贫穷。"养成良好的理财习惯并不难，可以从最简单的记账做起。女性们在记账时可以通过下面两个方法来

进行。

1．准备记账本

聪明的女性会时时刻刻盯紧自己的收支状况，身边会有一个小账本，把每天的消费支出都记下来，然后每个月进行比较总结，看看哪些钱该花，哪些钱不该花。然后在下个月消费时就会注意，从而节省开支。

2．发票收集

现在很多女人的工资收入都是由公司直接存入户头，支出较为复杂。将发票按日期收纳好，不但可以兑奖，还可以从中分析出自己在衣食住行上的花费，拒做"Buy"金女，更可以让自己成为小富婆。

101　控制开支，能省就要省

要想早点积累到结婚基金，就不能把时间花在买名牌上，而要把焦点放在理财计划上。你必须通过正确的理财计划，学会省下不必要的开支，来帮助自己达到这些目的。因此，女性在控制自己开支的时候要做到以下 2 个方面。

1．了解自己想要的

很多女性在"我想要"和"我需要"之间晕头转向，直到最后被物品所俘虏，导致必须付出很大的金钱代价。分清楚"我想要"和"我需要"，你会在生活中省下令你想象不到的钱。

2．要有物超所值的观念

想要省钱做大事，你应该有物超所值的观念，或最起码你要懂得什么叫物有所值。很多女性买东西只在意买时的感受，却忽略掉它恒久的价值。

因此，在买东西的时候你就要懂得将未来的价值考虑进去。例如，一些名牌只要不是全新就只剩 3 折的价值。如果在"买"的时候就想到物品"卖"的价值，你购物时将会有另外一番考虑。

5.4　美好婚礼，争取做最美的新娘

当恋爱中的双方的爱情和资金积累到一定的程度，即可步入婚姻的殿堂，为自己的恋爱画上一个完美的句号。婚礼是对新娘打理未来生活的第一次考验。新人的婚礼是否能够既不失体面、又很好地计划好每一笔开销？你如果能想到这一层，就立刻学做一个优雅精明的新娘吧！

102 新娘婚纱，穿出漂亮的自己

每个新娘都想看看自己在婚礼那天穿上华丽婚纱的样子，看看自己如何成为众人的焦点。但是那些漂亮华丽的婚纱价格不菲，婚礼预算吃紧的新娘们恐怕满足不了自己的愿望。如果你的预算吃紧，你应该采取的第一步就是回归现实。更多的装饰、更好的面料意味着更高的价格。所以，建议新娘们考虑那些简单设计款式的婚纱，以避免高价格高质量的婚纱。

其实，你完全可以在婚纱店中购买一件基本款式的婚纱，然后与母亲一同亲手缝上装饰，即省钱又意义非凡。如果你有些怀旧的情结，也可以考虑直接把你母亲或是奶奶的礼服拿过来穿。

另外，想要美丽漂亮，就要提前做好准备，提前预订好婚纱，不要等到婚礼前夕才发现自己的婚礼预算已然不够，需要降低婚纱的支出，那新娘就很苦闷了。

103 结婚照片，留住甜蜜的时光

穿上白色的婚纱和心爱的他一起拍婚纱照是每个女人都拥有的甜美梦想。每个女人都想让自己的婚纱照不同凡响，但是现在拍婚纱照非常的花钱，一套 3000 多算是比较便宜的，多则上万，实在令一些小情侣吃不消。

如今，很多影楼都推出了团购拍婚纱照，能为新人们省下不少钱。需要注意的是，大部分影楼都隐藏了很多"隐性消费"项目，如新娘化妆品、租借首饰，还有多拍的相片底片都需要另行付费，加一项就要另加很多钱。

因此，新人可以根据实际情况，与影楼通过对这些问题的沟通，能明明白白的消费，也能拍出自己满意的照片。另外，婚纱照不一定要在蜜月之前拍，建议不妨在外度蜜月时(仅限于在国内度蜜月)拍摄婚纱照，可省下地区差价。同等质量的一套婚纱，异地拍摄可能会更省钱。

后期婚纱照选片入册是影楼增加收入的重要环节，他们有种种方式让你大把掏银子，因此保持冷静的头脑是少花钱的保证。

104 婚礼婚车，开往幸福的殿堂

结婚，作为人生之中的大事，自然力求每个细节都能做到完美。虽然现在不主张铺张奢侈的婚礼仪式，但婚车队这个环节依然不可忽视。新郎把新娘从娘家接入自己家，婚车经过的地方，洒满甜蜜与幸福，意义非凡。女性朋友在结婚准备婚车的时候，应该考虑以下 3 个方面，这样能为婚礼省下不少开支。

1．请亲朋好友帮忙

如果你周围有车的亲朋好友比较多，那你就完全可以请他们帮忙，这种方法可以

省下不少费用。

2．提前租车

如果要租礼车，那就请赶早。最好是在婚礼的半年前就搞定这件事，因为这样做能让你们有足够的时间和精力来讨价还价。

3．多选多看做比较

在租赁婚车挑选的时候，要仔细询问一下几款车型的档期、报价情况、优惠情况以及车况等。

建议准新人们可以将问询来的情况按照表格的形式排列，更便于比对细微的差别，选择性价比最高的商家。另外不租用豪华轿车，也可以帮你省去很多费用。

其实，不管什么样的婚车，只要有足够的创意，有个性的鲜花装饰，也一定能达到非常好的效果。

105　婚礼司仪，见证恋人的良缘

一场令人难忘的婚礼，司仪是非常重要的。女性朋友可以根据自己的要求和个性来选择婚礼司仪。如果请婚庆公司的司仪，费用是从 400 元至 1000 元不等；如果自己有朋友具有调节气氛的能力，也懂得煽情的话最好不过，因为朋友对新人一些情况比较了解，可以请朋友来当司仪，而且这笔费用就可以省了。

新人在挑选婚庆司仪的时候一定要注意，名气大的司仪不一定适合自己，一定要看过现场视频或现场之后再下定论。现在不少所谓"金牌婚礼主持人"都是自己封的，婚礼司仪的名头并不重要，重要的是这个司仪是否跟你的想法合拍，把你的设想在现实中完美地展现出来。

106　婚礼酒席，经济实惠有档次

婚礼最大的开销是婚宴酒席，能将婚宴酒席的开支节省一部分，便可以缩减预算。如果能用有限的预算办一场十全十美的婚宴，相信你会非常开心的。女性朋友要举办一场经济实惠而又不失档次的婚礼酒席，可以试试以下 4 个方法。

1．菜肴美味不浪费

点菜时要注意，尽量选择较便宜又实惠的菜式，再有就是减少菜式的数目，其实只要让客人吃饱，客人是不会介意有多少道菜，或者菜式是多么花哨的。

2．酒水自备

和酒店商量，自己购买酒水，并且争取免收酒水的开瓶费，自备香烟、瓜子、糖果给早到宾客享用，也可以省下不少钱。

3．争取优惠

在筹备婚礼酒席的时候，一定要多找几个朋友一起与酒店砍价，争取最大优惠或者选择有优惠的酒店举行。

4．先消费后付款

付款方式也是新人省钱的一大窍门，能用信用卡或支票的，就绝对不付现金，因为婚宴收入要到结婚当天才出现，之前的准备工作如果不刷卡，势必得再准备一笔周转金；若是使用支票，最好也和店家商量，将兑现时间能挪到婚礼后。

107　婚礼会场，简单温馨又浪漫

准新娘们可能在日常生活中都颇有省钱经验，但婚礼上的省钱方法新娘们知道吗？婚礼虽然是一生中最重要的时刻之一，但铺张浪费显然与婚姻的本质没什么关联，举办一场"能省则省"的婚礼才是王道。

你可以和酒店、婚庆公司共同参与，如果想省一点话，一般在订酒席的时候，酒店会送一些婚宴布置，但都只是简单地弄一下。你可以事先采买气球、纱网布幔或装饰品等，自行布置或商请亲友帮忙布置会场。

另外，也可以让婚庆公司的督导先去看场地，再决定如何布置，这样可以不用重复和浪费，让婚庆公司补上酒店没有布置的那一块即可。如果让婚庆公司布置，可以有个性化的选择，如布置欧式风格的价格通常在 680～880 元，中式的价格略贵一些，这完全是看个人喜好的。

108　嘉宾赠礼，将幸福传递下去

在送给来宾礼物的选择上，可以考虑那些便宜但又契合婚礼主题的东西；在选择婚礼喜糖时，不用太多考虑来宾的喜好——毕竟人家不是专门来吃糖的，所以不必买太昂贵的名牌糖果。

新人可以去市场、商城买一些口味不错的喜糖，然后自己用定制的喜糖盒或喜糖袋装起来分发给宾客们，这样可以省下不少钱。

5.5　蜜月出行，享受两人爱的蜜月

婚礼过后是个小长假，长假里安排一场舒适的小蜜月旅行将是一生最甜蜜的回忆。许多女人在安排蜜月旅行时往往觉得头绪复杂，需要花钱的地方太多。

其实蜜月旅行省钱的秘密和关键就在于购物和预先的计划。你一定要记住的一点是，在99%的情况下，你可以有办法花比原价更低的价钱而得到同样的服务。

109　蜜月准备，出行前要多思考

新人们在进行蜜月之旅之前首先考虑的问题是，蜜月旅行到底选择自助游好还是跟团游好呢？

其实，蜜月要享受的就是无拘无束的二人世界，当然是选择自助游比较好，如果选择跟团的话，就必须迁就旅行团的时间，早上早早地起床出发，晚上很晚才能回到酒店休息，这样的蜜月会很折磨人。

另外，新人们还要注意的一个问题就是，出国度蜜月是否需要提前开始准备？

其实，出国度蜜月提前的准备期要视目的地而定。

像马尔代夫、济州岛这种可以落地签证的地方，通常提前一个星期就绰绰有余；一般的亚洲国家，建议提前 1 个月左右开始准备；但是像比较远的欧洲国家，就需要提前 3～6 个月开始准备了。

110　住宿攻略，蜜月旅行要舒适

完美的蜜月是最难忘、最浪漫、最甜蜜的。因此充分计划一场尽善尽美的蜜月旅行，做好一系列的准备工作是必不可少的。下面就从蜜月旅游期间的住宿问题着手准备，介绍 6 种新婚蜜月旅行住宿省钱的方法。

1. 住宿地理位置要方便

选择地理位置优越的住处，可以减少你的交通成本，同时也以延长游玩时间，提高出游质量。建议选择靠近火车站和汽车站的旅馆。

2. 家庭旅舍做候选

在旅游城市，当饭店、青年旅舍价格过于昂贵时，婚礼新人也可将家庭旅舍作为一种备选方案。

3. 大宾馆也实惠

到二三线城市蜜月旅行时，可以关注一下当地较大的宾馆，往往价钱和服务都会颠覆你的想象。

4. 住处信息多渠道

找住处的信息渠道大体分为 3 类：网络、书刊和朋友介绍。最可靠的当然要属朋友介绍，但这种情况相对少见。网络和书刊是你获得外地住宿信息的主要渠道，网络预订住宿最简单方便；书刊推荐的住处可信度也比较高。

5. 合理砍价

出门在外能省则省，砍价是智慧的，要敢于并善于砍价，但是砍价要有一个度，不能过于离谱。

6．夜行日游

如果婚礼新人选择去比较远的地方旅行，可以运用夜班交通工具既能过夜又能行进的特点，减少路途占用的白天时间，同时节约旅行中的住宿成本，达到住宿交通"合二为一"的效果。

111　邮轮蜜月，带着爱穿越大海

邮轮蜜月旅行正在成为最多关注的旅行项目之一。如今，全球各邮轮公司都加大了对中国市场的开拓，面对越来越多的选择，如何探明蜜月邮轮旅行的玄机，一上手就能做个精明的"邮轮客"，买到最对自己胃口的邮轮蜜月产品？下面笔者就来给大家详细介绍一下。

1．选优质的船

看造船时间、船的吨位、船的风格、船上员工与客人的比例等，尽量选择新的、吨位大的、服务质量好的、符合自己风格的邮轮。

2．出发点要近

在选择出发点的时候，婚礼新人应该尽量选择中国境内的母港出发，这样能省交通费。

3．尽量少上岸

如新人在享受轮船蜜月时，计划上岸，可以考虑不买船上出售的岸上旅行产品，而是下船岸上游。

4．免税店购物

每艘船都会有免税商店和当地促销商品，有时船上的免税店价格可比机场免税店便宜得多，而且促销商品里也能淘到一些折扣高的小物件。

112　欧洲蜜月，让爱变得更浪漫

现在的欧洲蜜月行已经越来越流行，谁都向往去浪漫的巴黎，去热情的西班牙。但去欧洲蜜月花费相当大，其实只要出发前早做计划，善用各种资源，欧洲旅行其实没有想象中难。下面笔者为大家介绍几个方面的省钱方法，让婚礼新人能花更少的钱享受更美好的蜜月之旅。

1．出行时间、方式省钱法

冬季的机票价格比夏季要低，同样航空公司的同样航线，最多的能降到一半，最

少的也能降个两三成，特别是欧洲的航空公司。

除此之外，还可以选择近年很流行的廉价航空。欧洲大陆的火车网络非常密集，利用火车旅行穿梭于欧洲各国是相当不错的选择。市区交通不外乎地铁与公交车或电车，通常在车站或购票处会有免费的地铁路线图提供，或在旅游服务处索取免费的旅游指南，徒步游览时就可发挥效用。

2．旅舍、民宿更省钱

住宿的选择也很多，除了星级酒店(Hotel)外，还有青年旅馆(Hostel)和民宿(Guest House)。青年旅馆和民宿都比较实惠。

3．当地食物更省钱

由于欧洲的物价指数普遍高，因此你就得学会吃当地的食物，留心看看当地人都在吃什么，当地人吃的东西中，一定能找到便宜的，如德国的热狗、意大利的披萨、法国的可丽饼等。另外，可以去熟食店或面包店买些现成的，再买些饮料，也能简单地对付一餐。

第 6 章

家庭理财：做个幸福女人

学前提示

自古以来，家庭理财都是女人的专职，会理财的女人才是真正的幸福女人。每一个家庭都要有一个好的财政部长，带领整个家庭如何省钱，尽可能缩减生活成本；如何挣钱，让荷包迅速鼓起来；如何投资，让钱生出更多的钱。

要点提示

➢ 成家后女人要会打理家产
➢ 成家后女人要会过日子
➢ 不同家庭的不同理财方法

6.1 成家后女人要会打理家产

女人结婚以后，在金钱方面一定要有所防范，有很多真实例子反映了婚后女人不会管钱的悲惨下场。手中有钱，才能心中不慌。对于不善于理财的女人来说，她们的老公也是很辛苦的。如果你是不善于理财的女人，那么现在赶快行动起来吧。

113　清楚掌握资金状况

俗话说"钱是人的胆"，没有钱或挣钱少，各种消费的欲望自然就小，手里有了钱，消费欲立马就会膨胀，所以，"月光家庭"要控制消费欲望，特别要逐月减少"可有可无"以及"不该有"的消费。

作为家庭主妇，该如何掌握家庭的资金状况呢？

1．分析开销

对每一个月的家庭收入和支出情况进行记录，然后可对开销情况进行分析：哪些是必不可少的开支，哪些是可有可无的开支，哪些是多余的开支。

2．开通网上银行

家庭主妇可以用两人的工资存折开通网上银行，随时查询余额，对家庭资金了如指掌，并根据存折余额随时调整自己的消费行为。

114　善用存储积累财产

当女性成家之后，就要开始为更美好的家庭生活而努力，所以步入家庭的女性可以用下面的方法来强制自己进行储蓄。

1．零存整取

到银行开立一个零存整取账户，当每月发了工资后，首先要考虑到银行存钱；如果存储金额较大，也可以每月存入一张一年期的定期存单，一年下来可积攒 12 张存单，需要用钱时可以非常方便地支取。

2．自动转存

现在许多银行开办了"一本通"业务，可以授权给银行，只要工资存折的金额达到一定数额，银行便可自动将一定数额转为定期存款，这种"强制储蓄"的办法，可以使你改掉乱花钱的习惯，从而不断积累个人资产。

3．定期买基金

采用定期定额申购基金的方式打理工资收入，可以使夫妻双方改掉乱花钱的不良习惯，从而不断积累家庭的资产。

115　双方共同承担开销

大家都说，一家人不算账，可生活当中，有几对夫妻能真的潇洒？共同承担诸如煤气、食物等开销是夫妻的义务，不过要是权责不明就难免有不高兴的事情发生。家庭生活中，如何避免夫妻二人常常会为谁该付水费、谁又该付电费争论不休呢？

其实，夫妻双方可以根据收入的多少，每个人都拿出一部分钱存入属于两个人的公共账户中。为了使这个公共基金运行良好，还必须有一些两个人共同协商好的规定。这样，夫妻俩就可能有充实的基金并合理使用它，而且你对这个共同账户的重视也可以反映出你对自己婚姻关系的重视。

另外，在收入有差距的夫妻之间，最佳方案是按照收入的比例来确定承担日常开销的比例。这样，每个人都能存一些钱，买自己喜欢的东西，也能毫无芥蒂地给对方买礼物。无疑，这才是最公平的原则。

116　调整家庭支出消费

"男主外，女主内"的传统家庭模式已经延续了数千年。家庭主妇们不远出村郭闾巷，只穿梭在居所和厨房，通常被赋予掌管家庭财务的重任，需要在柴米油盐和应酬往来之中费尽思量。因此，家庭主妇们要善于了解记录生活支出，调整家庭消费。

1．家庭开支记录好

建立一个家庭支出账目或者在家庭计算机中安装一个财务管理软件，它将使你很容易了解钱的去向。

2．分工核对账目

通常，夫妻中的一人将作为家中的财务主管，掌管家里的开销，另一个人每月核对一次家庭账目，平衡家庭的收支。

3．调整消费

如果你还有空余的时间，夫妻每月进行一次小结算，对消费做一些调整，比如，削减额外开支或者制订购买大件物品的计划等。

117　双方都有资金自主权

如今，越来越多的夫妻进行了婚前财产公证，说明他们越来越喜欢拥有属于自己

的经济天地。许多夫妻都认为应该拥有属于自己的钱，由自己独立支配。那么，这样做有什么好处以及需要注意什么呢？

1．拥有自由安排权

如丈夫可以请朋友一起去吃饭喝酒，妻子也可以随时到商店购买自己喜欢的衣服，可以说财政独立是家庭理财很重要的环节。

2．消费情况按实记录

就像对其他事情一样，夫妻之间相互开诚布公，要把你的老公看作你的朋友，而不是敌人；要把老公看作经济上的伙伴，而不是随时向你讨债的债主。

118   夫妻双方都要买保险

自然灾害和意外事故是人类生活中有可能发生，也有可能不发生的风险。保险是转移风险、补偿损失的最佳手段。

随着社会的进步，尤其在经济发达的地方购买保险应该会成为必然的趋势。购置了保险的家庭，当夫妻双方中的一方发生不幸时，另一方就可以获得一定的保障，至少在经济方面是如此。女性在购置家庭保险时，可以购买以下两种。

1．人寿险

你可以投保一种人寿保险，并对保险计划的情况进行详细了解。如果在与你的爱人结婚前，你已经购买了保险，要记着使你的爱人成为你的保险受益人。

2．为房子购买保险

许多家庭还没有为自己的家庭财产购买保险的意识。但是房产是家庭最重要的财产之一，应该考虑其保障。据业内人士介绍，每个家庭每年只需支出 1000 元保费，就能保障几十万元的房产。

119   教育资金给孩子更多保护

孩子是家庭需要呵护好的花朵，每个家庭都是尽一切好的给孩子一个好好成长的天空。随着孩子教育比重的增加，教育费用逐年上涨，家庭负担也随之日益加重，如何为孩子将来备好充裕的教育基金，对于每个妈妈来说都是迫在眉睫的头等大事。

妈妈们可以购买银行的教育储蓄、基金定投或保险产品，也可以自己计划着存(例如，办个零存整取的存折或者买个大存钱罐存钱)来积累教育基金。

陈女士的儿子今年 12 岁，性格活泼，尤其喜欢英语，已多次参加英语考级和比赛，很有天赋。陈女士和丈夫都在事业单位任职，还有两套房子用于出租，没有负债，家庭月收入在 2 万元左右。

陈女士看到儿子对英语有极大的兴趣，又向往国外的环境，同时，还希望孩子将来不要承受过重的高考压力，拥有快乐的生活，王女士夫妇计划等儿子高中毕业就送他到美国留学。但是，陈女士想知道，儿子 6 年后留学，4 年大学总花费大约需要多少钱？他们家现在应该通过何种理财方式储备这笔钱？

按照目前美国留学的费用，每年大约需要人民币 25 万元，大学 4 年需要准备留学基金 100 万元。从理财的角度，建立留学教育基金，宜早不宜迟，从现在开始，就应该着手进行准备。按照 100 万元的目标，每年储蓄 12.5 万元，便可实现留学教育金。按照陈女上目前的家庭收入，这个投入是完全可以实现的。另外，陈女上家庭的需要考虑保险，尤其以孩子为受益人，保额为未来教育金支出，防范发生保险事故后孩子教育金来源中断。

120　投资比例要掌握好

当孩子的教育基金准备充足后，可以把家庭储蓄都投在高投资、高风险、高报酬的产品上，各项投资都应有一定的比例。

普通的家庭资产配置比例可参考 4321 定律：即家庭收入的 40%用于房产及其他方面投资，30%用于家庭生活开支，20%用于银行存款以备应急之需，10%用于保险，当然根据不同家庭的具体情况可以相应做出合理的调整。

6.2　成家后女人要会过日子

俗话说："多年媳妇熬成婆。"但在熬成婆的过程中，要做一个好媳妇。在婆婆眼中，好媳妇的标准之一就是会过日子。

121　过日子最经济的方法

每个女人都想要过好日子，到底怎么样才能过上好日子呢？会过日子，也就意味着会用最经济的方式让小两口的日子过得红红火火。

例如，当家庭碰到急事时，媳妇有备无患地拿出充足储备的钱，对于家庭来说可谓是解了燃眉之急。婆婆通常会对这样的媳妇称赞有加。如何才能利用储蓄巧存钱呢？以下 4 种就是不错的储蓄技巧。

1．利滚利储蓄

例如，某家庭现在有 5 万元存款，可先存入存本取息储蓄户，一个月后取出第一个月的利息，再开一个零存整取的账户，然后将每个月利息收入零存整取账户。

这样，不仅可以得到存本取息的利息，而且其利息在存入零存整取账户后又获得了利息。这种方法称为"组合存储"，是一种存本取息与零存整取相结合的储蓄方

法，比较适用于握有大量闲置资金的家庭。

2．分开存储

如果家中有两万元现金，可以把这两万元分成 4 张存单，但金额要一个比一个大，如分别是 2000 元、4000 元、6000 元、8000 元，分别存 3 个月、半年、一年期、两年期的整存整取储蓄存款，并与银行约定"自动转存"。

这样，如果有 2000 元需要急用，只要动用 2000 元的存单即可，其余的钱依旧可以存在银行里享受利息。这样既能满足家庭的用钱需求，也能在用钱的时候以最小的损失取出所需的资金，即可最大限度得到利息收入。

3．12 存单法

例如，某家庭每月收入 3000 元，则可考虑每月存 1000 元，存期为定期一年。当连续存足 1 年以后，手中便会有 12 张存单，金额共有 12000 元，且每个月都有一张存单到期，然后把本金及利息加上第二期所存的 1000 元，再存成一年定期存款。一旦急需用钱，便可将当月到期的存单兑现。

这种方法称为"短期滚存"，也称"12 存单法"，既减少了利息损失，又解决家庭的燃眉之急，如果存单到期不用还可继续滚存，也可以及时调整其他投资方向。

4．阶梯存储

例如，家中有 5 万元资金，可以把这 5 万元奖金分为均等 5 份，各按 1、2、3、4、5 年定期存入这 5 份存款。一年后，就可以用到期的 1 万元，再去开设 1 张 5 年期的存单，以后每年如此，5 年后你手中的存单全部为 5 年期，只是每张存单到期年限相差 1 年。这种储蓄方式既方便使用，又可以享受 5 年定期的高利息，是一种非常适合于一大笔现金的存款方式，适合家庭积累养老金、子女教育基金等。

122　用好信用卡减少负资产

要把家庭的日子过好，重要的不是你能赚多少钱，而是你能将钱留住多少和多久。信用卡在女人日常生活中是必不可少的，因而，用信用卡之前，一定要全面详细的了解。只有全面了解，控制好信用卡，才能避免家庭资产呈现负增长。不要将钱浪费在不必要的支出上，合理使用好信用卡，否则你将与财富无缘。

123　合理安排夫妻双方的薪水

会过日子的媳妇，常常可以协调好夫妻双方的薪水的使用，并明确分担家庭财务的比例。一般情况下，夫妻在家庭财务上的分担包括如表 6-1 所示的 3 个类型。

表 6-1　夫妻在家庭财务上分担的类型

分担类型	分担方式	优　点	缺　点
平均分担型	夫妻双方从自己收入中提出等额的钱存入联合账户，以支付日常的生活支出和各项费用，剩下的收入则自行决定如何使用	夫妻双方共同为家庭负担生活支出后，还有完全供个人支配的部分	当其中一方收入高于另一方时，可能会出现问题，收入较少的一方会可能为了较少的可支配收入而感到不满
比率分担型	夫妻双方根据个人的收入情况，按收入比率提出生活必需费用，剩余部分则自由分配	夫妻基于各人的收入能力来分担家计	随着收入或支出的增加，其中一方可能会不满
全部汇集型	夫妻将双方收入汇集，用以支付家庭及个人支出	不论收入高低，两人一律平等，收入较低的一方不会因此而减低了彼此可支配收入	容易使夫妻应支出的意见不一致造成分歧或争论

　　家庭主妇要对家庭的财务情况认真分析，根据具体情况进行选择。夫妻可以整理一份自己的家庭账目，并从中寻找到家庭财务的特点。

124　与你的老公分享金钱观

　　很多夫妻不会因为爱情而争吵，但会为了金钱而吵个不休，如对方不能在生活上量入为出，或是没有征询自己的意见就做出愚蠢的投资决定，或是有一方在用钱上过于独断专行，或是一方偷偷积累了数千美元的信用卡债务，从而导致夫妻双方的财务吃紧，诸如此类，不一而足。

　　要想融合两种不同的金钱观并不简单，值得注意的是，夫妻之间在理财方面的意见分歧，常常是婚姻危机的先兆。在家庭生活中，家庭主妇只有把金钱问题处理好了，才能让日子变得安稳。

　　人们对于金钱的观念，不是一朝一夕形成的，这些观念受家庭因素、教育因素、个性特点和生活经验的长期影响而形成。发生问题的夫妻不一定明白：金钱往往不是真正的问题所在，真正的问题在于缺乏沟通，而这多源于夫妻对彼此的理财习惯和观念缺乏了解。

　　因此，你可以把金钱问题公开化，了解对方的梦想、恐惧、风险承受能力以及对储蓄、投资、贷款的偏好。

125 意外财产需要合理使用

家庭主妇们要想过上好日子，就要学会妥协与调整自己的消费习惯。例如，你因中奖得到一笔奖金，最好不要将这些钱都用于让你感兴趣的事情上，而应该将其当成家庭正常的收入来合理使用，如充当孩子的教育基金。

当你领会到怎样去使用意外收入时，就会有更多的意外收入在等着你了。

126 提前储备晚年生活的资金

会过日子的女人，通常会及早地为自己的养老生活做打算。因为你将活很长很长的时间，但是也许你的配偶没有与你同样长的寿命。基于这个原因，你们俩应该有自己的退休计划，可以通过个人退休账户或退休金计划的形式，使你的配偶(或孩子)成为你的退休基金受益人。

退休的关键在于能源源不断地获得被动收入，女性朋友们需要做好规划。俗话说："早起的鸟儿有虫吃。"女人应尽早开始为自己做好养老储备。

6.3 不同家庭的不同理财方法

理财时代，人人都说要理财，理财产品那么多，眼花缭乱，该如何选择？

因此，聪明的女人最好是做一个详细的理财规划，可是不同的家庭有不同的特点，该如何设置呢？

127 低收入家庭理财方法

熊丽夫妇分别在国企和学校任职，孩子即将满周岁。虽然收入稳定，但每月偿还4000 元房贷后几乎没有节余，属于明显的低收入家庭。

低收入家庭很容易认为理财是一种奢侈品，他们大多认为自己收入微薄，无财可理。低收入家庭不能只是一味叹息钱少，不够花，而应该巧动心思，学会理财技巧，只要长期坚持，一样能够攒下数目不小的一笔钱。该类家庭的理财建议如下。

1．尽量压缩开支

在不影响生活的前提下减少浪费，尽量压缩购物和娱乐消费等项目的支出，并实施计划采购等保证每月能结余一部分钱。

2．为家庭成员买保险

可以每年拿出总收入的 5%～10%，为家庭主要成员配置基本的商业保险。例如，为主要收入者配置定期寿险和重大疾病险；如果家里有孩子，可购买少儿医保，以防止小孩意外受伤或生病花费大量开销。

3．留家庭备用金

这些低收入的家庭，平日里最好要留出总收入的 10%作为家庭备用金，以备不时之需。

4．投资金额分配好

不建议这类家庭投入过多资金购买股票，可以拿出投资于金融产品资金的 20%投资股票，其余资金购买专门投资的"投连险－基金"中的基金。

128　中收入家庭理财方法

赵女士与丈夫王先生今年刚刚迈入 30 岁门槛，有一个 5 岁的儿子。夫妻俩均在外企工作，王先生每月收入 9000 元，赵女士每月收入 7000 元。可以看出，赵女士的家庭月收入为 16000 元，属于北京的中等收入工薪家庭。

但是该家庭的经济劣势比较明显，首先家庭资产积累单薄，其次，孩子尚小，未来经济负担不容忽视。从家庭理财结构和目标上分析，属于有一定风险承受能力、偏稳健型的投资类型。

对于中收入家庭来说，他们虽然收入来源稳定，但由于总额不高，因此避免因出现意外开支而影响到正常生活的风险是必须考虑的。做一个稳健的投资者，是中等收入家庭的最好选择。该类家庭的理财建议如下。

1．投资方式多样

在满足基本生活支出的基础上，可以适当提高生活质量，并适当减少一些可以避免的消费支出。建议在年初时做好家庭财务计划，养成做预算及记账的习惯。另外，还需要依据个人不同情况和年龄调整投资策略，实现稳健投资策略和激进投资策略在不同时期和不同情况下的有效运用。

2．定期定额投资

对于这种中收入的家庭，他们可以采取定期定额的强迫投资法，有效地积累和增值财富。

3．买收益稳定的产品

由于家庭资产累积较少，风险承受能力相对较差，可以考虑购买收益相对比较稳健的分红型保险产品，用以完善家庭整体财务规划。

129　高收入家庭理财方法

秦芹，31 岁，自由职业者，年收入税后 12 万左右，无公积金，无社保。丈夫 35

岁，公司高管，年收入税后 60 万元，无保险，但公司每年出资 5 万元用于全家保险。儿子 10 岁，在外地读小学，每年学费和生活费支出需 4 万元。

秦芹的三口之家算是高收入家庭。夫妻二人正值事业上升期，家庭的收入还会稳步增长。目前，投资理财最重要的是用于孩子的教育金和家庭的保险。

高收入家庭虽然具有丰厚而且稳定的收入来源，但并不是收入多了就可以完全没有原则的随意支配。相反，这类家庭如果不进行良好的理财规划的话，也极有可能会让家庭变身回到"解放前"状态。该类家庭的理财建议如下。

1．准备教育金

子女教育是家庭的头等大事，必须提前做好规划。可以从每月的储蓄结余中拿出 6000～8000 元，采取定期定额缴款的方式为孩子购买一份子女教育金保险，保险期限可延续至大学或研究生毕业为止。

2．为家中顶梁柱配保险

作为家庭主要收入来源和经济支柱的成员必须首先做好收入保障方面的规划，需购买重大疾病医疗保险和商业养老保险。另外，如果有孩子，还应该适当的购买少儿意外伤害险和附加少儿医疗险。

3．以投资收益稳的产品为主

最好的方法莫过于使用绩优开放式基金来增加收益，既可以达到存钱的目的，又可以获得比存入银行更多的投资收益。另外，长期国债也是一种非常稳妥的理财方式，可以购买 5 年期左右的记账式国债，这种国债的年收益一般在 4%以上，而且风险非常小。

130　新婚家庭的理财方法

新婚小白领的家庭特征：收入一般，但有上升潜力，要么是"蜗居"、要么是"房奴"，面临结婚、生孩子、升职跳槽等重大人生问题。其实，新婚家庭即便有了爱情，也不能忽视理财，该类家庭的理财建议如下。

1．银行储蓄

在银行要拥有一定的储蓄，这是婚后家庭必须具备的理财方式。它不仅可以作为家庭生活的备用金，也是今后家庭投资理财的基点和靠山。

2．基金定投

目前的行情下，选择一些以往业绩比较好、成长性强、抗跌性比较强的基金做定投，都是新婚家庭不错的选择。

3．保险产品

结婚后家庭负担变重，购买保险时应考虑到整个家庭的风险，所以家庭主打险种为高额寿险、重大疾病保险。如果预算有限，这一时期保险规划的设计原则应是以家庭收入贡献较大者为主。

4．银行理财产品

银行理财产品包括人民币与外汇两大类，对于经济不宽裕的新婚家庭来说，选择银行理财产品要以"短打、稳健"为原则。

5．信用卡分期付款

信用卡可以在一定程度上缓解新婚家庭消费支出的压力，尤其是大宗高额消费品，如笔记本电脑、数码相机、手机等。

131 再婚家庭理财方法

再婚家庭和一般的婚姻家庭相比，有着独特性，所以理财方式又会有不同。有一句俗语：吃一堑，长一智。谁都不想在同一个地方跌倒两次，所以第二次婚姻会面临种种挑战。怎么直面财务上的问题，并很好地解决掉，是再婚家庭的重要一课。该类家庭的理财建议如下。

1．婚前财产公证

再婚男女往往处于人生和事业的上升期，已经积累了一定的物质基础，结婚同时也会把自己的财产带入婚姻生活，考虑婚前财产公证也是能够得到对方理解的。

2．房产问题处理好

房产问题是再婚家庭中最容易产生纠纷的源头之一，无论婚前财产是否曾经公证，都不要轻易往婚前房产的房产证上加对方的名字，也不要轻易将对方户口迁往婚前房产处。因为房产证上加了对方的名字，对方就可以对该房产提出权利诉求；而户口在此也可以对房子提出居住权和使用权。

3．家庭财政开支多商量

双方可以就家庭财政开支问题多多沟通，互相取长补短，这样才能使现在的家庭关系更加稳固，使现在的家庭资产筹划得更和谐。

4．平等对待子女

对于没有跟随在自己身边的孩子，双方可以根据自己的实际情况选择支出方式。但是，对于生活在同一屋檐下两个甚至多个没有血缘关系的兄弟姐妹，应该一视同

仁。否则，孩子们难免有意见，从而也会影响大人之间的感情。

5. 做好自身养老规划

再婚夫妻必须为两个人的养老特别做一份计划，从家庭收入中提取一部分资金作为双方的养老基础金，通过一些适当的理财手段让这笔专项基金增值。同时，要考虑双方的商业保险问题，增加家庭抵御风险的能力。

6. 婚前做好财产安排

年纪较大的老人再婚最好能事先对于身后的财产做好处分和安排，可以采用书面约定的方式进行，也可以用遗嘱的形式，这样比较容易获得对方以及双方子女的理解，也避免突然去世后再婚家庭各方主体为老人的遗产分割发生纠纷。

132　单亲家庭理财方法

单亲家庭作为一个特殊群体，往往是一个人的收入要花费在几个人身上，其收入与开支如果不早点计划好，可能会入不敷出。因此，单亲家庭的理财计划显得尤为重要，必须及早制订一个长期合理的投资理财计划。该类家庭的理财建议如下。

1. 建立家庭财务保障系统

单亲家庭中的顶梁柱通常只有一个，应建立完善的家庭财务安全保障系统，及早开始储备养老金和子女教育金。可以用一部分钱做长期投资，建议每月将一部分资金安排于定期定投平衡性基金和投资连结保险，作为长期教育基金或养老金的积累。

2. 配商业保险储备养老金

作为家庭的单一经济支柱成员，必须配备较大金额的寿险作为其生命价值的保障。社保的养老金只能维持最基本的生活，而股票和基金等投资工具有较大的风险，也不适合用来储备养老金，因此通过商业保险储备一部分养老金十分有必要。

133　丁克家庭理财方法

三口之家的天伦之乐让人艳羡，但二人世界的浪漫亦被不少人坚定追求。丁克家庭，通常是夫妻俩收入均较高，在忙碌之余倾向于过有质量的、自由自在的二人生活，他们不用为抚育下一代操心，不用想着积攒孩子的教育金。不过，对于丁克们来说，可能需要减少储蓄多投资的理财方式来保证未来自己的老年生活不失品质。该类家庭的理财建议如下。

1. 为日常消费留资金

建议仅保留 3 万元可以满足家庭半年的日常消费量的储蓄，其余用于投资来满足提前退休的理财愿望。

2. 买保险以"三险"为主

保险的品种以寿险、重疾险和意外险为主，寿险是体现家庭责任，以及人身价值的保险品种；重疾险则是对于人到中年的夫妻俩身体健康的一种防范，防范因为重疾的发生对于家庭财务的严重影响；意外保险则是当意外发生情况下的一种经济补偿。

3. 基金定投备养老金

丁克家庭可以利用工作收入中的年结余做基金的定投，来满足未来自己退休时的需要。在做养老规划时最需要注意两点：生存时间和通货膨胀。生存时间表明退休时间的长短，退休时间越长，需要准备的金额也是越大的。另外，中国会长期处于通胀状态，而养老又是一个长时间的规划，所以在养老计划中要考虑通货膨胀的影响。

134　退休家庭理财方法

人生进入老年，收入减少了，身体变差了，不得不面对的疾病和医疗问题增加了。退休生活的 3 大重点是住房、现金和医疗，必须保障金融资产有足够流动性，意识到医疗支出会明显增加。该类家庭的理财建议如下。

1. 资金规划要合理

刚退休的老人，收入较工作时有所减少，资金安排应留有余地。所有投资不可占用家庭必需生活开支、医疗费以及子女婚嫁款等。每月尽量做到略有结余，以应付将来各项支出。结余部分可考虑基金定投，长期复利效应能积少成多。再留存 1 万～2 万元应急准备金，购买货币基金以应对家庭紧急开支。

2. 买保险要全面分析

买保险一定要通过分析来买，不是只看收入，还要看支出，保险的本质是风险的转移，买多了是浪费，买少了保障不够，得不到应有的保障。已退休的老人重新开始投保医疗险，保费过高容易倒挂。不如用少量资金投保意外险和骨折险等险种，避免因为意外造成家庭额外开支。

3. 投资时保障本金安全

绝大部分人退休后收入增长弹性不大，因此投资首要原则是保障本金安全。同时兼顾投资收益以抵御通货膨胀，不至于造成财富缩水或实际生活水平下降。可将现有金融资产 50%以上，优先选择保本型、低风险型以及期限较短的产品，剩余部分可结合自身情况配置。

第7章
信用卡理财：做聪明女人更要做"卡神"

学前提示

工欲善其事，必先利其器。女性想要充分利用信用卡为自己的生活服务，就必须了解有关信用卡的知识，只有清楚了信用卡的"猫腻"之后，才可以摆脱"卡奴"境地，将自己打造成为"卡神"。

要点提示

➤ 了解信用卡的秘密

➤ 网上信用卡理财

➤ 手机银行理财

➤ 微信银行理财

➤ 卡牛 App 信用卡管家

➤ 51 信用卡理财

➤ 女人该会的信用卡技巧

7.1 了解信用卡的秘密

在经济高速发展的今天，信用卡逐渐普及开来，简单便捷使得信用卡被大多数人接受。在本节，笔者将为各位女性朋友介绍信用卡的基本知识，让大家了解信用卡的秘密，达到知己知彼，玩转信用卡的目的。

135 根据自己的需求选信用卡

女性拥有多少信用卡不重要，重要的是根据自己的消费习惯合理地选好卡、用好卡。女性在选择信用卡时，可以根据自己的需求，结合自己的身份、爱好选卡。

1．女性主题信用卡

现在很多银行都推出了具有主题特色的信用卡，比如为女性量身定做的女性主题信用卡。在挑选女性主题信用卡时，用户更应当看重银行提供的特色服务，而不应仅关注卡的表面有多炫丽。

2．旅游爱好者

中国商旅市场的增长速度十分惊人，规模已稳居全球第二。商旅市场的持续升温，吸引各家银行纷纷发行和布局旅游信用卡，如果你是爱好旅游的女性，那么你可以选择办理一张这样的信用卡。

3．购物爱好者

百货联名卡的普及广阔，同时会给消费者带来更多的实惠，如果你是疯狂购物的爱好者，那么拥有一张这样的信用卡将为你的购买之路带来更多便利与实惠。

4．商务旅人

许多银行针对商旅人士的用卡特点，推出了适合商旅人士使用的具有独特附加价值的信用卡，如携程联名信用卡、航空联名信用卡、上网卡等。如果你是一位事业型女性，那么你就可以选择这种专门为商旅人士准备的信用卡。

5．公务员

公务卡是指在公务消费中，公务员先透支消费，再由政府进行还款的银行卡。公务卡分为单位公务卡和个人公务卡。如果你是一名女性公职人员，那么拥有一张公务卡是非常有必要的。

6．运动爱好者

女性体育爱好者在选择信用卡时，可优先选择体育主题信用卡。由于体育爱好者的队伍不断壮大，银行推出了各种以体育为主题信用卡。

另外女性还可以根据自己的消费能力来选择信用卡的品种。对于一般女性来说申请普通卡就可以了，对于收入丰厚、经济宽裕，资信良好的女性可以申请金卡或白金卡。一般银行会主动邀约一些高收入者办理白金卡。

总之信用卡的选择最好与自己的用途和经济能力相吻合，同时发卡行又能提供较好的服务。

136 申请信用卡的方法

个人申请信用卡时，可以通过致电银行索要信用卡申请表；也可以直接到银行的营业网点填表申请；还可以在银行的网站上填写、提交申请表，不建议用户去其他未经银行授权的第三方委托机构办理信用卡。

1．营业厅办理

直接进入银行营业网点，办理信用卡申请业务。大堂经理首先会进行简单接待，根据客户要求，介绍相关产品，并提供领用合约(信用卡章程)和申请表，客户根据提示填表并将其交至相关人员手上即可。

2．网上申请

商业银行通过在各网站张贴广告吸引网民，网民通过点击广告，可以直接链接到申办信用卡的银行官网，进行快速申请。

3．代理申请

通过代理申请信用卡非常简单，由代理公司担保，只需本人身份证全国各地均可办理。

信用卡的申请分为 5 个步骤，如图 7-1 所示为信用卡申请流程图。

图 7-1　信用卡申请流程

137 信用卡的领取

各位女性朋友在递交资料一周后，可以通过银行的官网或打电话到所申请信用卡的银行服务中心，查询申请进度。若信用卡已办理成功，用户可到银行领取信用卡，流程如图 7-2 所示。

图 7-2　客户领取信用卡的流程

138　信用卡的激活

为了使申请人和银行免遭盗刷损失，信用卡在正式启用之前都设置了激活程序。

激活信用卡主要是通过电话或者网络等方式，核对申请时提供的个人信息，符合后即可完成激活。此时申请人变为卡片持有人，在卡片背后签上姓名后就可以开始使用了。

139　与信用卡相关的术语

现在很多人随身都会带一张甚至多张信用卡，但在使用信用卡时，常常会接触一些比较专业的名词，如果不知道这些词的意思，就会影响持卡人用卡。若想将自己打造成"卡神"，就要静下心来了解信用卡的相关知识，弄清楚"信用"到底为何物，银行如何赚持卡人的钱。

1．信用额度

信用额度是指发卡银行为用户的信用卡设定的透支额度，用户可以在该额度内欠账消费和提取现金。

2．可用额度

可用额度是指所持的信用卡还没有被使用的信用额度，会随着每一次的消费而减少，随持卡人每一期的还款而相应恢复。持卡人可通过客户服务热线查询可用额度，也可通过以下公式计算可用额度：

可用额度=核定的信用额度-尚未交还的账单上的欠款-

未入账但已发生的交易金额-其他相关利息、费用

3．还款期

发卡银行每月定期对持卡人的信用卡账户当期发生的各项交易和费用等进行汇总，结算，计算利息、当期总欠款金额和最小还款额，并为持卡人邮寄对账单，同时告知当期还款项的日期。

(1) 免息还款期。在用户刷卡购物时，从银行记账日起到还款日之间的日期为免息还款期。

(2) 最后还款日。 发卡银行规定的持卡人应该偿还其全部应还款或最低还款额的最后日期称为最后还款日。每月账单中都会明确列出最后还款日是哪一天。

信用卡本期应偿还的总金额即为本期应还额，即在本期内已入账，免息期内的所有消费额度。如果用户本期仅还了最低还款额，则本期的所有消费均不享受免息期。

4. 超限费

根据中国人民银行的有关规定，对于持卡人超过信用额度用卡，银行将对超过信用额度部分计收超限费。根据央行的有关规定，各银行可以将信用卡刷卡消费的最高额度控制在原额度的 110% 以内。

5. 滞纳金

根据中国人民银行的有关规定，如果持卡人在到期还款日实际还款额低于最低还款额，银行对于未能按期偿还的最低还款额部分将收取滞纳金。

6. 溢缴款

溢缴款是指信用卡客户还款时多缴的资金或存放在信用卡账户内的资金，取出溢缴款需支付一定金额的费用。

7. 支付方式

信用卡的支付方式主要有 POS 机刷卡、RFID 机拍卡、手工压卡、网络支付、电话交易、电话交易以及预授权等，可以说是无处不在。另外，使用信用卡进行网上支付不受时间、空间限制，信息透明度高，信息业务创新快。网上支付的最高金额除了银行规定的限额外，用户还可以自己设定一个限额，这主要是为了防范信用卡网上支付带来的风险。

网上支付一切操作都在线完成，每一笔业务的操作均通过客户的计算机与银行自动进行，所以能够在最短的时间内知道支付成功与否，同时能熟知一切消费时间、购买物品、消费金额等情况。

8. 还款方式

信用卡还款是所有信用卡使用者都会遇到的问题，一般的还款方式主要有自动还款、电话银行还款、网上银行转账还款、自动取款机上还款、营业网点柜面还款以及支付宝还款等。正确地选择信用卡的还款方式很重要，它决定持卡人用卡是否方便、经济、愉快和信用等多个方面的体验，具体来说就是好的还款方式能让持卡人省事、省钱、避免不良信用记录。

9. 分期付款

信用卡分期付款实际上也是一种个人信贷，只不过信用卡分期付款相比个人信贷

手续更简单、方便和快捷，更重要的是省钱。目前分期付款主要有商场分期、账单分期以及邮购分期 3 种方式：

(1) 商场分期付款。在商场购买大件产品时申请分期付款，不必一次性拿出几千甚至几万的现金，对资金相对紧张的工薪族来说是一种不错的选择。

(2) 账单分期付款。指持卡人使用信用卡刷卡消费后，可致电信用卡中心要求将消费金额分期归还给银行。

(3) 邮购分期付款。持卡客户在发卡行指定的商户购买某种商品后，通过电话、传真、互联网或邮寄等方式，向发卡银行提出申请，通过银行审核即可完成分期付款购物。

7.2　网上信用卡理财

随着互联网的不断发展，和人们对便捷生活的追求，在信用卡的运用上，除了网上银行外，手机银行的出现也在逐渐改变着每个人的生活，利用网上银行和手机银行管理信用卡，将会更加快捷方便。

140　网上查信用卡账单

查询账单是网上银行的基本功能之一，也是信用卡用户们最常用的功能之一，网上银行查信用卡是一种简单的快速了解自己信用卡情况的方式。

现在基本上每个银行都有自己的网上银行。在这里笔者以招商银行为例，给大家讲解招商银行网上直接查询信用卡账单的方法。

当我们登录招商银行的网上银行之后，可在账户管理的页面点击"账户管理—账户查询"，之后就可以进入个人一网通的页面，在这个页面可以查询已出账单、未出账单。

141　网上申请现金分期

面对一件心仪的商品，虽然有购买实力，但由于手头的资金有限，不能马上拥有，是一件很遗憾的事情。银行针对这种情况，对有稳定收入的年轻人推出分期付款服务。大到买房、买车，小到买手机，都可通过分期来减轻经济压力。

为面对愈演愈烈的信用卡套现，目前许多银行，如华夏银行易达金业务等，在对申请人进行相关资质审核后，将信用卡授信额度通过转账，将该笔款项以分期形式计入申请人账户中，提供变相的资金套现。这种套现方式就是现金分期，有时又被称为取现分期。

通常，一般是由信用卡持卡人申请，或者发卡行主动邀请持卡人进行申请，将持卡人信用卡中额度转换为现金，转账入指定借记卡(本行或他行)，并分成指定月份期数进行归还的一种分期方式。

通过网上银行申请现金分期主要有申请便捷、放款灵活、功能丰富三大优势。下面笔者以建行网银为例，向用户介绍网上银行申请现金分期的流程。

第一步：登录善融商务 buy.ccb.com，在"信用卡消费信贷"中的"现金分期"里选"在线申请现金分期"。

第二步：完成手机验证。

第三步：填写申请信息并确认条款。

第四步：确认申请信息并填写信用卡验证要素。

第五步：系统实时审核，审核通过即刻放款。

142 网上查信用卡积分

信用卡积分可以兑换礼品，是众所周知的事情，但是以前的积分换礼，是银行跟商场合作，而需要换礼的持卡人到指定的地点才能领取礼品，而现在随着互联网的发展，各大银行相继开通了网上银行积分换礼活动。

下面笔者以建行为例，介绍怎么用网银查询积分。

第一步：登录网上银行，进入欢迎页。

第二步：点击"客户服务—积分查询"，即出现积分查询界面。即可查询自己的信用卡积分。

143 网上办理信用卡挂失

自助挂失是指持卡人可以对自己的网上银行或电话银行注册卡、下挂卡或下挂账户进行临时挂失，全面保护信用卡的资金安全。

利用网上银行可以方便用户在注册卡、下挂卡或下挂账户不慎遗失时及时办理临时挂失手续，可有效避免资金损失。

下面笔者以建行网银为例，向用户介绍网上银行挂失信用卡的流程。登录建设银行网上银行，进入"我的账户"菜单，选择"其他账户服务"下的"账户挂失"功能；信用卡挂失可以依次打开"信用卡—信用卡管理—信用卡挂失"。

女性在网上挂失，需要注意的是：在建行网上银行办理的除贷记卡以外的账户挂失为临时挂失，仅在 5 天内有效，正式挂失手续必须到当地建行网点办理。

7.3 手机银行理财

移动互联网的发展，使得人们的生活越来越便利，现在大部分银行都有自己专属

的手机银行，手机银行的诞生使得人们的资金管理更加方便。手机就是人们的掌上银行，小体积却功能健全，银行营业网点具有的功能它基本都有，操作也更简单。接下来笔者就给各位女性朋友介绍一下怎么用手机银行来管理自己的资金。

144　手机上申请信用卡

除了网上银行申请信用卡之外，广大女性朋友还可以在手机上申请信用卡。下面笔者以建设银行为例，介绍如何用手机银行申请信用卡。

首先大家要确保手机安装了建设银行的手机 App，然后登录建设手机银行。在如图 7-3 所示的"手机银行"界面中点击"信用卡"，便可出现如图 7-4 所示的界面。在这个界面，点击"我要办卡"后，就可以根据自身情况办理自己想要的信用卡。

图 7-3　建设银行手机银行界面　　　图 7-4　建设银行手机银行信用卡界面

145　手机上给信用卡还款

随着智能手机的日益普及，用户在进行信用卡还款时又多了一个途径，那就是使用手机银行进行信用卡还款。下面笔者就以建设银行的手机银行为例，介绍使用手机银行进行信用卡还款的操作。

首先登录建设手机银行，点击如图 7-5 所示的"信用卡"界面进入如图 7-6 所示的"我要还款"界面。之后点击"人民币还款"选项，按照上面的操作指导完成还款。

图 7-5　建行手机银行界面

图 7-6　"我要还款"界面

146　手机上办理账单分期

分期付款对于大部分人而言并不陌生，今天买电脑用分期付款，明天买手机可能又用分期付款。分期期数就是用户选择分成多少次来付款，期数越少，手续费用越低，期数越多，手续费用越高。不同银行推出的用户可选择的分期期数不同，而贷款和分期付款可选择的分期期数也不同。

147　手机上查信用卡余额

现在各大银行的手机银行都有查询账户明细这一功能，只要登录手机银行，然后在"查询服务"项可以看见账户余额查询。下面以建行为例介绍手机银行账户余额查询。

第一步：登录建行手机银行。

第二步：在手机银行的"查询服务"中点击"余额查询"，就会出现"选择账户"界面。

第三步：确认自己的账户之后，便可进行账户查询。

148　给手机银行设手势密码

现在很多女性朋友都比较注重个人隐私，会给自己的手机设置密码。其实女性朋友可以给自己的手机银行设置手势密码，保护自己的账户安全。

7.4 微信银行理财

现在大部分银行都推出了微信银行服务，微信用户不用登录网上银行，也不用下载手机银行的 App，直接利用微信平台上的微信银行就可以申请办卡、查询进度以及开卡激活，操作方式更加方便快捷。

149 微信银行申请办卡

在各家微信银行的功能中，必然有一个功能是在线办理信用卡，为了让用户获得最适合的信用卡，微信银行一般会将所有可办的信用卡向用户展示。女性朋友如果要在微信上申请信用卡，只需关注该银行的微信公众号即可。下面笔者以招商银行的微信银行为例，介绍申请办卡。

首先关注招商银行信用卡微信公众号，然后点击如图 7-7 所示的"我要—办卡·推荐"，然后按照提示进行信用卡申请，整个申请过程简单又快捷。

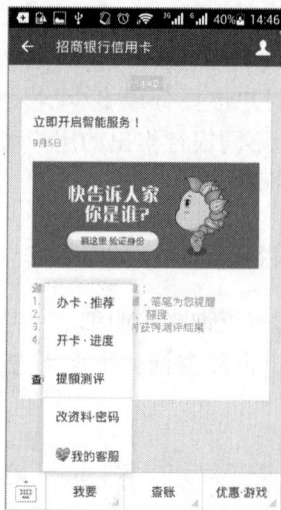

图 7-7　招商银行的微信用户办卡界面

150 微信银行快速还款

信用卡分期业务是指用户无法一次性对信用卡的账单进行还款时，可以分多次还款。

微信银行快速还款其实和手机银行还款的本质相似，只是在操作步骤上不同于手机银行。下面以招商银行为例，介绍招商银行的快速还款方法。

首先登录招行微信银行，然后在"查账"里选择"快速还款"，之后就会收到招行的推送信息，如图 7-8 所示。之后按提示操作即可完成还款。

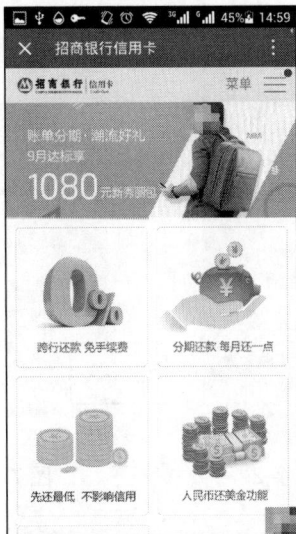

图 7-8 招商银行的推送信息

151 微信银行额度管理

查询用户信用卡的用户额度是微信银行的基本功能，所有的微信银行都有这一功能。由于查询信用卡的额度涉及个人隐私，所以用户在进行这一操作时，必须先绑定个人信用卡。在微信银行推送的信用卡额度信息中，用户除了可以看到信用卡的信用额度外，还可以看到可用额度、可取现额度等信息。只要在微信公众平台的"信用卡—额度管理"中根据提示操作即可完成额度管理。

152 微信银行查询积分

不同银行的积分保存时间是不同的，因此用户必须了解信用卡积分的有效期，以及自己的账户还有多少积分没有用，不能白白浪费这些没有使用的积分。

下面以建设银行的微信银行为例，介绍查询积分的操作方法。首先进入建设银行的微信公众平台，选择"信用卡—更多服务/积分圆梦"选项，出现操作提示信息，回复数字 2，如图 7-9 所示。执行前一操作后将收到如图 7-10 所示的积分信息。

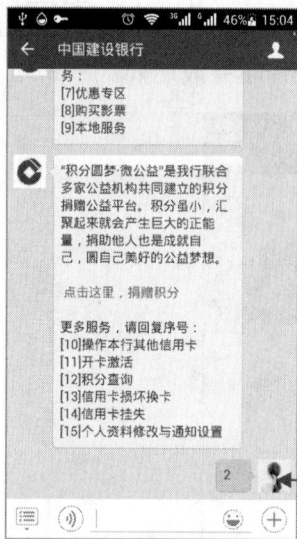

图 7-9　回复数字 2　　　　　　　　图 7-10　积分详情

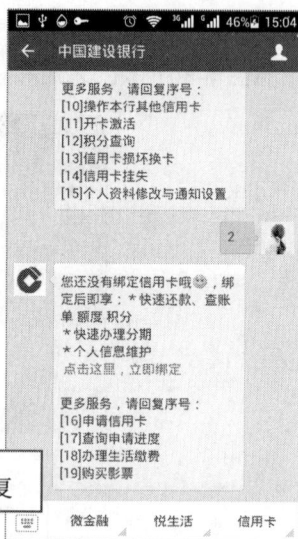

153　更多微信银行服务

微信银行除了上述功能之外，还具有以下一系列的其他服务。

1. 修改个人信息与账单发送方式

微信银行实质上是将银行客户端搬到了微信上，因此同样具有修改个人信息与账单发送方式等功能，而且其操作方式也比较便捷。

2. 信用卡损坏换卡微信可办理

如果女性朋友的信用卡损坏了，不仅可以去银行的营业厅去办理换卡，也可以通过微信银行换卡。

3. 微信银行可办理生活缴费

通过手机微信银行，用户可以办理各种生活缴费服务，如水费、电费、燃气费、手机话费、固话话费、宽带光纤、暖气费、物业费、有线电视费、彩票站点缴费、房租、交通罚款、加油卡充值、路桥费、停车费、学杂费、考试报名费、培训费、校园卡充值、保险续费、代缴养老金、医保缴费、税费缴纳、住房理财、公益捐款等，可以说囊括了所有的生活服务。

7.5 卡牛 App 信用卡管家

如果女性投资者拥有多张信用卡，管理起来比较麻烦，那么可以选择信用卡管家 App 帮助自己轻松管理。本节以卡牛 App 为例介绍管理信用卡。

154 办卡管卡简单快捷

根据官网的资料显示，卡牛信用卡管家 App 是同时通过中国金融认证中心安全认证和中国人民银行软件中心认证的专业型信用卡管理平台。卡牛信用卡管家 App 具有一系列的信用卡理财功能，如账单解析、消费分析、用卡助手、线上办卡、在线征信、在线贷款申请等。可以帮助用户轻松管理信用卡。

1. 添加信用，卡管卡无忧

用户可以通过卡牛信用卡管家 App 添加多张信用卡，帮助自己整理短信账单和邮件账单，防止产生逾期。

2. 线上办卡，随心挑选

卡牛信用卡管家 App 支持上百个办卡城市，信用卡数量也非常多，而且还有许多超高额度的信用卡供用户在线申请。卡牛信用卡管家将其分为达人力荐、主题精选、热门银行、热申卡片、办卡服务等多个模块，功能非常清晰，可以帮助用户快速找到合适自己的信用卡。同时它还具有办卡进度查询、卡片激活等后续功能。

155 多功能服务简单方便

卡牛 App 信用卡管家因其本身具有简单、方便操作的特点而大受信用卡投资者的喜爱。

1. 特色功能，记账理财

卡牛信用卡管家 App 团队是继"随手记"App 后打造的又一款信用卡记账类应用。其强大的账目管理功能，可以帮助用户将混乱不堪的信用卡账单整理成清晰明了的卡片账目，成为国内记账类 App 的引领者。

2. 资产管理，清晰明了

在卡牛信用卡管家 App 的主界面中，点击底部的"资产"按钮进入其界面，可以查看相应银行账户的总资产。用户点击"导入随手记"按钮下载随手记 App，绑定随手记 App 后，可以享受全能记账、全年流水、资产管理、酷炫报表等更完美的组合记账功能。

3．额度测试，30 秒测额度

卡牛信用卡管家 App 推出了一个不错的额度测试工具，用户可以使用它快速测出自己可以申请的信用卡额度。

4．卡牛贷款超市，极速在线放款

卡牛贷款超市是卡牛信用卡管家平台针对用户推出的贷款功能，贷款的下发速度非常快，适合急于用钱的用户。

7.6 51 信用卡理财

51 信用卡管家 App 由杭州恩牛网络技术有限公司开发，其主要宗旨是帮助持卡人通过手机一键智能管理信用卡。

156　多卡轻松绑定管理

51 信用卡 App 为广大信用卡用户提供了多种功能，广大女性用户可以通过 51 信用卡管家 App 实现跨行多卡管理服务，不再错过还款与优惠，同时还是用户手机理财的好帮手。

1．设置手势密码

用户可以在 51 信用卡管家 App 的设置界面中设置手势密码，以提高信用卡账户的安全程度。

2．办卡选择范围广

广大女性用户可以通过 51 信用卡管家 App 快速办卡，可以选择的银行包括民生银行、兴业银行、交通银行、浦发银行、花旗银行、光大银行、招商银行以及中信银行。女性用户可以在办卡界面自由选择各大银行，按照银行的要求按步骤完成信用卡的申请。

3．多张信用卡管理方便

51 信用卡管家 App 提供卡包功能，用户可以在其中管理信用卡或者银行卡，还可以查看账单，查看信用卡详情。

4．还款金礼包还款

51 信用卡管家的还款金礼包不仅新用户可以获得，老用户也可以通过多种渠道获得。比如参与平台推出的活动获得礼包，或者邀请好友获得礼包。人际关系较为优质的用户可以通过邀请好友获得一定的还款金礼包，并且在还款时，可以将还款金叠加使用。

157　导入账单还款不逾期

51 信用卡管家平台作为专业的信用卡管理 App，用户可以将所有的信用卡与储蓄卡绑定在平台的账户上，便于快速管理，比如通过储蓄卡对信用卡账单进行还款操作等。

51 信用卡管家具有强大的账单导入功能，用户可以通过一键获取账单、邮箱导入、网银导入、其他账单、转发账单、手输账单等多种方式管理账单，而且具有账单到期自动提醒功能，帮助用户彻底告别逾期。

女性朋友们可以通过 51 信用卡 App 一键获取信用卡账单、邮箱导入信用卡账单、网银导入信用卡账单、创建自定义账单等方法获取自己的信用卡账单。

7.7　女人该会的信用卡技巧

信用卡就是消费者可以在规定的信用限额内先消费、后还款的贷记卡。信用卡作为国际上普遍推行的银行卡，有其自身的优势和魅力，并且在使用上有些小窍门。

158　赚取积分

刷卡赚积分的最佳途径就是购物，但是持卡人不能盲目地刷卡，否则不但有可能成为"卡奴"，积分积累也未必能达到最好的效果。那么，持卡人该怎样巧妙地获得积分呢？

1．在积分活动时多刷卡

银行遇到节假日或有重大活动，会推出"双倍积分""积分赠送"之类的活动，有的还会有"刷卡抽奖"等配套活动，持卡人可将购物计划集中到节假日突击消费。有的银行在持卡人生日月或生日当天也会有双倍、3 倍、4 倍不等的积分计划，这无疑是大攒积分的好机会。

掌握这一特点，持卡人可以将一些家中需要的大件物品，如电器、数码、家具等在这个时候集中买回，从而获得更高的积分。

2．信用卡消费增积分

去商场购物，商家为你办会员卡，年底的时候用积分换礼品；外出坐飞机，航空公司给你办卡累积里程数，积够一定数目，就能换张等额机票；就算用手机打电话或是宅在家里上网，都会得到运营商给的积分回馈，赠话费、送短信、提网速等。

虽然这些积分看起来并不起眼，但攒多了，准能派上用场。现在很多持卡人会发

现，各家银行越来越将"积分换礼"业务作为亲近持卡人的一种方式。持卡人可以尝试将消费金额分成多次来付，或者去超市采购时也别忘了使用信用卡消费，这样都能让积分迅速上升。

3．聚会买单增积分

多数银行的信用卡积分是有时效性的，所以要是过了期限，积分会被清掉。在和朋友聚会聚餐时"抢着买单"，不失为积攒积分的一个好方式。

如果全家人一起积分的话，那么积分就更加容易了。信用卡积分附属卡的积分可以转到主卡上，这样即使积分有效期不长，也可以在短期内凑到较高的积分，家庭各成员用卡也不受限制。

4．转让积分将积分集中

很多兑换的商品都不是信用卡持有人所需要的。与其将积分丢弃或者去兑换一件自己用不到的商品，不如将积分出让给有需要的人。一般的交易形式是，出让者与求购者协商好价格后，将积分兑换成相应的商品给求购者。

如果持卡人持有一家银行的多张银行卡，可将积分集中到一张卡中，增加积分总额。亲朋好友之间也可以进行积分转让，让积分集零为整，从而拥有更多的积分、兑换到更加丰厚的礼品。

5．关注积分有效期限

对大多数银行信用卡来说，只要信用卡在有效期内，消费积分就有效。但仍有少数银行的信用卡积分有效期只有两年或者四年，过期则无法使用。一般来说，信用卡积分到期日与信用卡核准日期或者消费日期相关联。

6．刷卡活动增积分

持卡人想要获得大量的积分，仅仅依靠日常刷卡消费是绝对不够的，一定要善于利用银行为客户准备的刷卡活动，其中的"多、高倍积分"和"积分赠送"是常见的形式。只要持卡人对银行的活动多留个心，就能获得意外之喜。

所以各位女性朋友平时可以多关注各大银行推出的积分赠送活动、特约商户购物等活动信息，让自己获得更多的积分。

159 提升额度

获得较高的信用额度对于持卡人来说比较有利，不仅可以运转更多的信用卡资金，方便购物消费，而且刷爆卡超限的概率也会减少，从而降低产生意外收费的概率，信用卡提额六大技巧如下。

1．频繁刷卡

银行发行信用卡的目的是为了让持卡人进行有效消费，而且消费越多越好，这样银行就能灵活周转资金并获得收入，所以想要提升信用额度就必须在刷卡的持续性和频繁性方面下功夫。

2．增加刷卡金额

银行考察是否对一个客户提升信用额度，并不是刷到可以免年费的那种程度，而是从风险角度考察，持卡人的资信水平是否支持提升额度，只要能够提供充足的证明，银行会提高额度。而能证明持卡人有提额能力的事实就是刷卡金额越来越大，一般来说，每月产生账单消费情况至少是总额度的 30%以上，这样的客户提额会更方便。

3．短期内临时提额

因过年、过节或是旅游、出差等短期内需要增加额度的，女性朋友在这种时间可以直接向持卡行提出临时提高信用额度的申请。因为信用卡偿还周期短，银行会根据持卡人使用的良好记录及时办理，审批也特别容易。

4．持续消费

持续电话提额申请，有时对于不同的客服申请会得到不同的处理。持续消费是指刷卡消费的账单需连续 3 个月，中间不能断，即每月都要有不间断的消费。

另外，坚持申请和抓住时机申请，双管齐下。对于信用卡用户来说，可以坚持使用电话申请提升信用卡额度。因为不同的客服或者工作人员在处理这方面申请时的态度和原则有些微小的差异，或许上一个通不过，下一个就通过了，而且坚持电话申请留下的记录也有助于将来申请提额。

此外，在申请提额具体时机的把握上很重要。一般而言在账单日或者信用卡刚刚刷爆的时候申请最容易获得通过，因为此时银行工作人员觉得你确实有提额的需要，因此尽量在恰当的时机提出申请。

5．销卡威胁

当你在多次提出提额申请并且遭拒之后，你就直接告诉银行的客服或工作人员，如果信用卡额度满足不了实际需要的话就会考虑销卡。最好能够摆出一些事实，当然态度不能太差，最好软中带硬，这样就容易获得商量和周旋的余地。

此外若是银行长期不审批申请的话，也可以让卡暂停消费，使卡处于休眠状态。这样银行通常会为了刺激和鼓励持卡人进行信用卡消费，在审批提升信用额度申请方面态度可能会软化一点。

6．申请同一银行卡

不断申请同一个银行的信用卡也叫曲线式提额法。运用最低额还款说明最近需要用钱，并可让银行得到利息，银行会根据以往的信用等情况作出提升额度的决定。

160　征信查询

用户要维持优质的个人信用很难，需要长时间良好的信用卡使用记录才能够打造出一份优秀的个人信用报告。

不良的信用记录非常容易出现，如还款逾期，而且该记录会长时间地影响用户申请信用卡的成功率。因此，用户应多注意自己的信用卡使用情况，同时要学会查询个人信用报告的方法。

1．银行柜台查询

最传统的查询方式莫过于去银行柜台查询个人信用报告，需要携带本人有效身份证件的原件以及复印件，并填写《个人信用报告本人查询申请表》。

2．自助机查询

用户可以携带本人的二代身份证(其他有效证件暂时无法查询)，在自助机上查询个人信用报告。不过，这种查询方式每个版本仅限查询一次，而且只能用于本人办理，无法代办查询。

3．网上查询

广大女性用户还可以登录中国人民银行征信中心，注册成功并激活账号后，即可查询信用报告。

161　信用卡分期

信用卡分期付款的出现，为很多想买大件商品却没有足够资金的年轻人提供了很好的资金渠道。目前分期付款主要有商场分期、邮购分期以及账单分期 3 种。

1．商场分期

商场分期又称 POS 机分期，是指持卡人在可以进行分期的"商场"购物，在结账时持该商场支持分期的信用卡说明需分期付款，则收银员将按照持卡人要求的期数(如 3 期、6 期、12 期等，少数商场支持 24 期，一般 3 期免手续费，6 期和 12 期的费率则各家银行设定不同)，在专门的 POS 机上刷卡。

这种分期付款的特点是持卡人在商户处充分体验实际商品后再作分期付款，现场就可完成整个交易流程。

2．邮购分期

邮购分期是指持卡人收到发卡银行寄送的分期邮购目录手册(或者银行的网上分期商城)，从限定的商品中进行选择。然后通过网上分期商城订购、打电话或者传真邮购分期申请表等方式向银行进行分期邮购。

邮购分期的特点是无手续费，但价格略高。使用邮购分期后，持卡人每个月都会收到各家银行邮寄来的各种购物手册，可分期邮购目录中的商品。例如，每到季末打折或者银行联合商家推出特价商品时，也常会有超值产品推出，关键要会“淘”。

另外，由于邮购分期的订购周期较长(很多情况会超过 15 个工作日才能拿到商品)，且退换货相对烦琐，所以建议购买前多进行比较。

3．账单分期

账单分期是最方便的分期方式，各家发卡银行基本都能够支持此种分期方式，且申请简便。账单分期是基于账单的一种分期方式，持卡人只要在刷卡消费之后且在每月账单派出之前，通过电话等方式向发卡银行提出分期申请即可。

此种分期付款的特点是不受消费种类、地点的限制，可让持卡人充分享受分期付款带来的超前消费。

但是要注意，各银行都会规定一些特例，如带有投机性质的刷卡是无法成功分期的。所以，在进行分期之前，一定要仔细阅读分期手册。

162 轻松还款

除了信用卡的申请、办理、积分等种种知识外，信用卡还款也一直是广大卡友关注的问题。随着科技的不断进步，信用卡还款方式越来越多样化。

接下来笔者为各位女性朋友介绍几种目前使用最广泛的还款方式，让大家还款更方便。

1．柜台还款

柜台还款是最原始的还款方法，持卡人可以在各银行指定城市任意银行网点用现金实现对信用卡的还款，接受他人代还和无卡还款。一般这种还款方式都是实时到账，无须手续费。

2．电话还款

信用卡还款最简单、最方便的方法可以说是电话还款，只需一个电话就可以实现还款。

3．网银还款

登录银联在线支付网站，注册开通个人支付服务，并将您的借记卡进行绑定，即

可通过网上支付方式向信用卡还款，实时到账，暂免手续费。

4．自助机还款

在信用卡发卡行的自动取款机上直接存入现金进行还款，或者通过本行借记卡在本行自动取款机转账给信用卡。还款后，信用卡额度即时恢复，款项一般在当天系统处理后即可入账。

5．微信还款

还款是持卡人用卡时必不可少的一个环节，如今通过广发信用卡官方微信随时随地在"聊天模式"下最快 1 分钟完成信用卡还款，给广大持卡人带来了快速的还款体验。

6．支付宝还款

随着网上购物的兴盛，越来越多的人拥有支付宝账户，使用支付宝还款也越来越方便，只需将支付宝里面的钱汇入信用卡账户即可。

支付宝信用卡还款业务支持包括招行、交行、广发、工行、农行、建行等在内的多家银行信用卡，实现了当日还款次日到账并且免费。支付宝还另外为用户提供还款提醒服务，防止错过还款期限。

7．财付通还款

财付通是腾讯旗下的在线支付平台，还款方式并不是将借记卡里的资金直接打入信用卡，而是通过"财付通账户"转账实现。

8．账户绑定还款

自动还款的还款方式使用起来并不复杂，为自己的信用卡在同一家银行办理一张借记卡或者存折，然后把该账户与信用卡相关联，从第二个月开始，到了最后还款日，银行就会自动从借记卡活期账户里全额扣除欠款。

这样不仅不用再到银行排队，也免除了因为来不及还款而缴纳大笔利息的可能。需要注意的是，该账户里需要有充裕的资金，避免出现无款可扣的情况。

第 8 章
股票理财：做运筹帷幄的资金操盘师

学前提示

股票，女人新的理财名片。闻惯了股市的杀气，我们以为这就是市场的全部。但某个不经意的时刻，因为女性的存在，我们又发现股市美丽的一面：隽永的智慧，惊人的执着。重新唤醒我们的嗅觉，这便是股市的女人香和小女子的大能量。

要点提示

➢ 了解股票的秘密
➢ 网上炒股
➢ 手机炒股
➢ 女股民股票选购技巧
➢ 女股民炒股的几大技巧
➢ 女股民炒股风险控制知识

8.1　了解股票的秘密

炒股可谓目前最热门的投资方式，在学习投资股票之前，投资者必须对股票的相关知识进行了解，如明确股票的概念和种类，了解股票市场、股价指数以及影响股票价格的因素等，要做到"以投资的眼光计算股票"。

163　认识股票

股票是股份公司(包括有限公司和无限公司)在筹集资本时向出资人发行的股份凭证，代表着其持有者(即股东)对股份公司的所有权。

这种所有权是一种综合权利，如参加股东大会、投票表决、参与公司的重大决策、收取股息或分享红利等。

股票的价值就是用货币的形式衡量股票作为获利手段的价值，其包括股票面值、净值、清算价值、市场价值和内在价值 5 种。

在股票市场中，按照不同的分类方法，股票的分类也各不相同，主要分为 A 股、B 股和 H 股(按上市的地点分类)；普通股、优先股和混合股(按股东的权利分类)；国有股、法人股和公众股(按股票持有者分类)；蓝筹股和红筹股(按公司的业绩分类)。

另外，创业板是一种新兴的股票投资方式，相对于市场上主要的股票而言，它的收益性和风险性更大。

164　股票市场

股票市场是已经发行的股票按市价进行转让、买卖和流通的市场，一般分为股票发行市场和股票交易市场两部分。相比而言，股票流通市场的结构和交易活动比发行市场更为复杂，其作用和影响也更大，大部分国家都有一个或多个股票交易所。

1. 股票市场的功能

股市不但为股票的流通转让提供了基本的场所，也不断刺激了人们购买股票的欲望。同时，股市保证了一级股票市场的发行，并为其发行提供价格及数量等方面的依据。

2. 股票市场的周期

股市周期是指股票市场长期升势与长期跌势更替出现、不断循环反复的过程，通俗地说，股票上涨下跌的一个循环，即熊市与牛市不断更替的现象。一个股市周期大致经历 4 个阶段：牛市阶段—高位盘整市阶段—熊市阶段—低位牛皮市阶段。

3．股票市场的指数

为了适应股票价格起伏无常的情况，一些金融机构利用自己的业务知识和熟悉市场的优势，编制出股票指数，作为市场价格变动的指标公开发布。投资者可以通过股市指数检验自己投资的效果，并预测股票市场的动向。

165　相关术语

在了解了股票和股票市场的相关知识后，投资者还需要了解相关的股市名词术语。

1．牛市和熊市

"牛市"也称多头市场，指证券市场行情普遍看涨、买入者多于卖出者以及延续时间较长的大升市；"熊市"也称空头市场，是指股市行情萎靡不振、交易萎缩以及指数一路下跌的态势，所带来的延续时间相对较长的大跌市。

2．利多和利空

利多又称利好，是指刺激股价上涨的信息，如股票上市公司经营业绩好转、银行利率降低以及社会资金充足等。利空是指能够促使股价下跌的信息，如股票上市公司经营业绩恶化、经济衰退以及银行利率调高等。

3．多头和空头

多头是指投资者对股市看好，预计股价将会看涨，于是趁低价时买进股票，待股票上涨至某一价位时再卖出，以获取差额收益。空头是指投资者和股票商认为现时股价虽然较高，但对股市前景看坏，预计股价将会下跌，于是把借来的股票及时卖出，待股价跌至某一价位时再买进，以获取差额收益。

4．买空和卖空

买空是投资者预测股价将会上涨，先缴纳部分保证金，并通过经纪人向银行融资以买进股票，待股价上涨到某一价位时再卖出，以获取差额收益。卖空是预测股票价格会下跌，向经纪人交付抵押金，并借入股票抢先卖出，待股价下跌到某一价位时再买进股票，然后归还借入股票，并从中获取差额收益。

5．除息和除权

除息是指在股票停止过户期内，股息红利仍发给登记在册的旧股东，而新买进股票的持有者因没有过户就不能享有领取股息红利的权利。除权是停止过户期内的一种规定，即新的股票持有人在停止过户期内不能享有该种股票的增资配股权利。

6．开盘价和收盘价

开盘价是指某种证券在证券交易所每个营业日的第一笔交易，第一笔交易的成交价即为当日开盘价。收盘价是指某种证券在证券交易所一天交易活动结束前最后一笔交易的成交价格。

7．建仓、平仓和斩仓

建仓是指投资者判断币价将要上涨而买进币品；平仓一般指买进股票后，股价上涨有盈利后卖出股票并有了成交结果的行为；斩仓一般指买进股票后，股价开始下跌造成亏损后，卖出股票并有了成交结果的行为。

166　股价指数

股价指数是运用统计学中的指数方法编制而成的一个相对指标，它反映的是不同时期的股价变动情况。所以，在一个较长的时期中，股票指数比股价平均数更能精确地反映股价的变动和走势。按照股票上市地点可以将股价指数分为以下两种。

1．上证指数

上证股票指数是由上海证券交易所编制的股票指数，样本为所有在上海证券交易所挂牌上市的股票。新上市的股票将在挂牌的第二天纳入股票指数的计算范围。

2．深证指数

由深圳证券交易所编制的股票指数，样本为所有在深圳证券交易所挂牌上市的股票，权数为股票的总股数。

167　股票代码

股票代码是沪深两地证券交易所给上市股票分配的数字代码。股票代码有上交股票代码、深交股票代码两种。上交代码指上海证券交易所上市的股票代码，这种股票通常采用 6 位数编制方法，前 3 位数为区别证券品种，如 600000 浦发银行；深交代码指深圳证券交易所上市的股票代码，也是 6 位数编制方法，如 000651 格力电器。

在股票操作软件上会有区分上交、深交的股票的标志，在上海证券交易所上市的股票会有 SH 两个字母，在深圳证券交易所上市的会有 SZ 两个字母。

168　股票特征

投资股票不但享受公司红利等权利，还需要履行部分义务，同时要承担不同的风险。股票并不是简单的股份凭证，作为一种有价证券，它具有不可偿还性、参与性、收益性、流通性、风险性五大鲜明的特征。

8.2 网上炒股

炒股软件也就是股票软件，它的基本功能是信息的实时揭示，所以早期的炒股软件有时候会被叫作行情软件。一般炒股软件都会提供股票、期货、外汇、外盘等多个金融市场的行情、资讯和交易服务等一站式服务。

169 查看个股的走势

女性股民在炒股软件上查询个股走势，可以对个股情况了解得更加详细。利用炒股软件在网上进行炒股时只要单击股票 K 线图的任何一处，即可打开如图 8-1 所示详细数据窗口查看该股票的 K 线图，同时股民还可以单击菜单栏中"分析"中的"分时图"命令，查看如图 8-2 所示的个股的价格分时图。

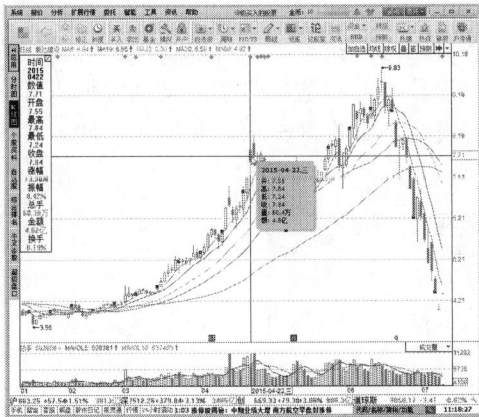

图 8-1 查看 K 线图

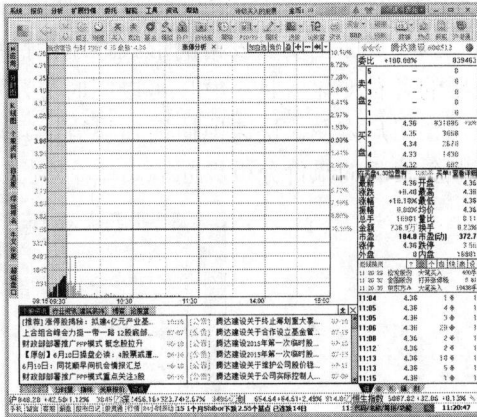

图 8-2 个股的价格分时图

170 设置股票指标线

女性股民还可以通过网上炒股软件设置股票的指标线。在 K 线图中，有许多可供参考的指标线，用户可对其中的指标线进行添加和删除。以同花顺免费版炒股软件为例，如果股民想要添加"射击之星"指标线，只要在股票的 K 线图上单击鼠标右键，在弹出的快捷菜单里选择"常用指标"中的"更多指标"选项，选好自己想要的指标线，如图 8-3 所示，确定后即可完成添加指标线的操作。同样，如果要删除股票的该指标线，只要单击鼠标右键，在弹出的快捷菜单中选择"删除(D)射击之星"选项即可，如图 8-4 所示。

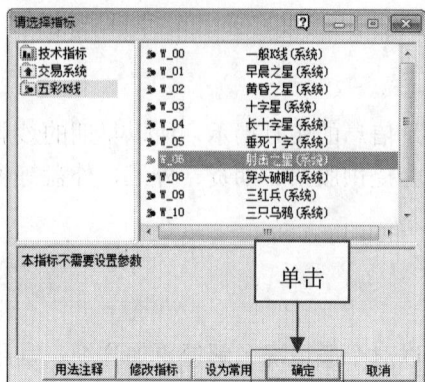

图 8-3　添加相应的指标线

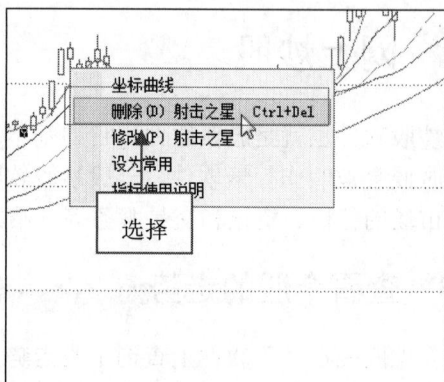

图 8-4　选择"删除(D)射击之星"选项

171　股票的报价分析

报价页面主要以表格的形式显示商品的各种信息。报价页面可以让用户对关注的股票的各种变化一目了然，可以同时显示多个股票，并对这些股票的某项数据进行排序，让用户方便、快速地捕捉到强势、异动的股票。如图 8-5 所示是网上炒股软件同花顺免费版的报价分析界面。

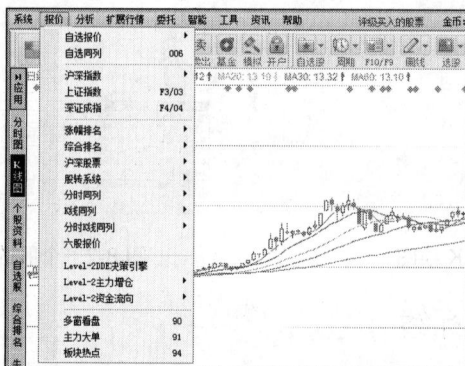

图 8-5　同花顺免费版股票报价分析页面

172　股票的财务分析

在股市的分析中，其中有一项是股市针对上市公司的财务数据的图表分析。这项分析建立在股民对财务有一定专业知识的基础上。那么对于一些没有财务分析经验的投资者，他们的投资活动会不会存在阻力呢？回答是否定的。没有经验的投资者可以通过炒股软件来弥补知识的空缺，了解和掌握更多的知识，同时为他们的投资活动助力。

现在的网上炒股软件为股民提供了股票财务状况分析的功能，这一功能将各种复杂的财务数据以图形和表格的形式表达出来，使上市公司的经营绩效清晰地展示在投资者的面前，并可以在上市公司之间、板块之间做各种比较、计算，还配以丰富的说明，让没有财务分析经验的投资者轻松掌握。

173 智能平台选股

通过炒股软件的智能选股功能，可以让投资者在股票池里快速选出自己要关注的股票，轻松把握股市良机。智能选股其实很简单，只要轻松选中，再通过以下条件进行筛选，如 K 线选股、指标选股、财务选股、综合选股、自定义选股。如图 8-6 所示是同花顺免费版的智能选股功能界面，股民可以在这个界面按照自己想要的股票的情况去选择股票。如图 8-7 所示，是按照"沪证"A 股中"创近 30 日历史新高"这个条件筛选出的股票。

图 8-6 单击"选股平台"命令

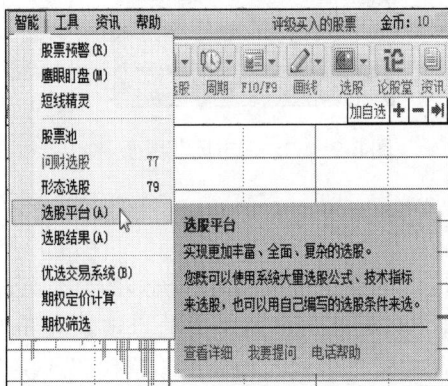

图 8-7 智能选股结果

8.3 手机炒股

女性股民除了可以在网上炒股外，还可以利用手机进行炒股。现在的手机炒股软件提供沪深、港股、美股、基金、债券、外汇等实时免费行情，并且采用最新技术手段做到微秒级更新，让好行情领先 1 秒钟送达投资者手中，帮助每一位股票投资者抓住每一个赚钱机遇。

174 手机上查看大盘指数

女性股民在利用手机进行炒股的时候，如果想要查看股市的大盘指数，只要简单

几个动作就可以轻松查看。以大智慧手机炒股票软件为例，女性股民只要打开大智慧手机交易软件，在"市场"界面，点击如图 8-8 所示的"看盘宝"右侧的按钮，就可以进入图 8-9"沪深市场"界面。这个界面显示沪深市场的常用指数，如上证指数、深证成指、中小板指、创业板指、沪深 300、上证 B 股、成份 A 股、上证 50 等。

图 8-8　"市场"界面　　　　　图 8-9　"沪深市场"界面

175　手机上查看个股行情

如果女性股民想要了解某一股票的详细行情，同样也可以利用手机炒股软件轻松实现这一目的。以大智慧手机炒股票软件为例，只要在大智慧主界面点击右上角的"搜索"按钮，即可进入"股票查询"界面；在搜索框中输入相应的股票代码或拼音首字母，就可以查询到该股票；点击股票名称即可进入个股详情界面。

进入股票详情界面后就可以查看该股票的分时情况、K 线情况，或者点击"F10"按钮进入其界面，可以查看个股的事件提醒、主要指标、概念题材、机构观点、股本股东、财务数据、公司高管、公司资料等基本信息。

176　手机上查看财经资讯

女性股民利用手机炒股时还可以时时关注股市方面的财经资讯，实时掌握新行情。以大智慧手机炒股票软件为例，女性股民只要在大智慧主界面点击底部的"资讯"按钮就可以进入如图 8-10 所示的"资讯"界面。在这个页面中，女性股民可以查看要闻、慧问、路演等资讯。

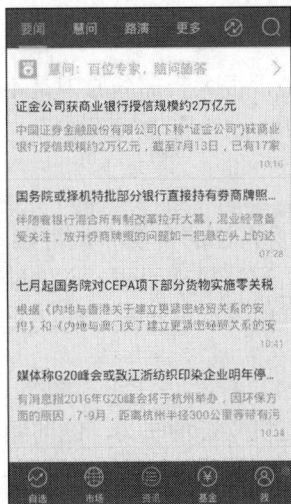

图 8-10　"资讯"界面

177　手机上设置个股价格预警

大智慧手机版的股价预警设置只对"股价涨到""股价跌到""日涨跌幅超"有效，即使不看股票大盘也能在恰当的时候抛出。在用户设定一只股票的上限价位、下限价位后，当股价运行到限制价位时用户自动收到提醒信息。股票预警最常用的方式有以下 2 种。

(1)　实时弹出预警。现在大部分手机炒股软件都为用户提供了预警功能，当股票达到股民设定的要求时软件就会自动弹出预警消息。

(2)　短信预警。女性股民如果担心有事而不能及时查看到手机炒股软件弹出的预警，那么可以选择实时股票短信预警，即实时收到预警短信。网上有免费的股票短信预警网，女性股民只要在这种专门的网站上设置好预警功能就可以了。

8.4　女股民股票选购技巧

看小势挣小钱，观大势赚大钱，一个成功的股民应该放眼于未来。掌握选股技巧不仅可以帮助有一定炒股经验的股民提高自己的炒股水平，同时也为没有任何炒股经验的新手提供依据。

178　健康的投资心理

投资者初涉证券市场，会受到很多因素的限制。冷静衡量自己的资金、心理以及时间等因素和风险的承受能力，做出正确的投资决策很重要。

1．要有自信

很多股民在股市中一败涂地，很大一部分原因是不自信，容易被市场假象迷惑，别人不投资，即使有自己的判断，也没有勇气买进。

2．保持心情

"股市是个放大镜，放大了人性的贪婪"，身心不平衡的人去投资是十分危险的，轻松的投资才能轻松获利。保持乐观愉快的心情能使投资者在盈利的时候不忘乎所以，在亏损的时候不会一蹶不振，从容面对一切，大胆挑战股市战场。

3．当机立断

初入股市的新手一定要有当机立断的魄力，瞻前顾后、犹豫不决等心态会使自己错失良机。

4．谦虚谨慎

没有人能够完全掌握股市的变化趋势，股市中再大的赢家也有失败的时候，所以投资者应切记"骄兵必败"这句话，谨慎应对每个细节的变化。

5．知错能改

投资不怕失败，怕的是明知错了还不知悔改。所以投资者在选择股票时，一旦发现投资方向错误，一定要尽快放弃原先的看法，不要为了面子而毁掉资本。

6．相信感觉

人的感觉很奇妙，有的时候一个绝妙的灵感可以成就一个奇迹，所以在投资者没有目标或左右两难时，不妨跟着自己的感觉走一次。

179 根据行情特点选购

股市行情随时在变动，投资者应学会利用各时期的特点，综合分析、实践操作，掌握选择股票的方法。

1．牛市选股

牛市中由于大部分个股都在上涨，因此如果只求获利，则难度不是很大，但如果想让获利超过大盘的涨幅，则要费些功夫，就要精心挑选龙头股和超强势股。

2．熊市选股

熊市中选股的难度远远大于牛市，要想做好熊市选股应关注大盘走势、了解盘中热点，以及政策的转变等。投资者也可以只选不买，为将来在牛市中选股做准备。

180 进行市场技术分析

在股市中，只了解行情是站不稳的，还要有足够的分析和判断能力。技术分析就是为了预测市场的变动趋势，应用各种常用的技术指标分析市场。技术分析的目的是为了预测市场变动趋势，技术分析应用数学和逻辑的方法，从价格、成交量和时间周期等方面进行判断。

女性股民在进行市场分析的时候，可以采用 K 线图法。K 线图是股票分析的基础手段，能够让投资者全面透彻地观察到市场的真正变化。从 K 线图中，既可以看到行情整体的趋势，也可以了解每日股市的波动情形，是目前最为流行的股票技术分析方法。同时，也可以采用趋势线分析法。趋势线是趋势分析的一种方法，趋势线分析方法简单好用，在判断股价趋势时有很好的效果。使用趋势线可以简单明确地把握股价走势，从而做到因势利导、顺势而为。

181 选择股票的原则

炒股就像在大海中航行一样，稍有不慎就有可能船毁人亡，所以炒股一定要有原则，不能盲目相信、狂热崇拜。以下是炒股的 3 个基本原则。

1．利益为主原则

投资股票的首要目的是收获利益，所以凡是能够给自己带来丰厚收益的股票就是最好的投资品种，不要过分凭观念和喜好来选股。

2．长短收益原则

投资股票要兼顾短期收益和长期收益。短线依靠投机谋取差价，持有风险较低，长线依靠复利增值，收益较大，两者各有优点，投资者选股时要两者兼顾，以最大限度增加投资收益。

3．"小盘"原则

纵观中国股市历史，超级大牛股几乎全部出生中小盘股。不论是大反弹，还是大牛市，至多是稍微跑赢大盘而已，难以出现"超级大黑马"，因此中长线选股选择"小盘"，而不选"大盘"，至多选择中盘股。

182 先选企业后选股票

有一个关于选千里马的笑话，伯乐说选千里马的标准是找眼睛大的、声音洪亮的、弹跳力强的，然后一个人找到了一只青蛙。不得不说，青蛙符合伯乐给出的 3 个标准，但是这个人忘记了选千里马的前提是必须是一匹马，就像选股票一样，想要股

票赚钱，首先要选择好股票，而前提就是选择一个好的企业。

众所周知，股票是由企业发行的股份凭证，一个企业生命力的强弱，决定了股票的升值空间，那什么样的企业才是好企业呢？

1．自己熟悉的企业

危险总是存在于你不知道的事中，选择熟悉的企业，首先这个企业要有一定的名气，其次了解一个企业，一旦那只股票出现了情况，我们不会轻易割肉跑掉。

2．有行业地位的企业

中国最著名的三大企业是中石油、中石化和中移动，这些企业之所以股价稳定且受人欢迎，是因为它们在自己的行业中占据着主导地位，处于垄断地位。

3．知名品牌的企业

如今品牌已深入人心，好企业的品牌之所以好是因为它的管理到位，管理层是个优秀的团队。就像同仁堂、贵州茅台、云南白药和山东阿胶等，这些知名品牌有很大溢价，要选择这样的企业。

4．行业前景好的企业

在世界 500 强企业的前 50 名中，金融业、科技行业、消费品、医药行业以及零售业占据着重要位置，尤其是那些新兴的科技产业。所以，纵观世界大企业的发展，我们能看出那些发展最快的行业，其股票也会大涨。

183　选股与选时并重

选股和选时是股市常见的投资策略。顾名思义，选股就是选择合适的股票买入并持有，而选时则是选择合适的时机买入，并在适当的时候出手获利。

严格意义上说，经济发展总是处于向上的趋势，所以选时和选股都能够获得收益，但是股票市场永远处于波动中，市场中并不存在一种稳定收益的投资策略。所以我们要将选时和选股放在同等重要的位置，既要判断市场的点位高低，又要选择持续成长的企业。

184　选股要做好长期打算

人们常说放长线钓大鱼，这个道理同样存在于股市中。投资股票和其他事情不一样，唯有持续的持有，才能充分享受资金的复利增长过程。所以我们在选股时应该做好长期持有的打算，选择适合中长线投资的股票。

投资大师从来不是繁忙的交易者，小赚靠技巧，大赚靠智慧，股市之所以赔钱的多，赚钱的人少，这和过度操作有关。许多人基本上每天都盯住股市行情不放，不停地在捕捉所谓的时机，不停地想低吸高抛，但是最终不会有几个人成功。其实说炒股是很不准确的，股票不是用来炒的，更应该说是用来"炖"的，短期的"炒"获得的收益只是一小部分，长期"炖"出来的收益才是主流。

185 6个依据帮你选股

炒股一向奉行"天价不买，地价不卖"，投资者不要企图抓到最高价和最低价，吃中间一段已经很好了。但是我们怎样才能选择中间股呢？这就需要提高选股的科学性和成功率。笔者建议女性朋友在选股时遵循以下6点。

1. 根据自身情况选股

根据个人情况选股时，要全面考虑自己的资金、风险、心理、时间以及知识等方面的承受能力，然后作出正确的选择。

2. 根据公司业绩选股

公司业绩是股票价格变动的根本力量，业绩好，股价必将稳步持续上升，业绩坏，股价就会下降。

3. 根据市场周期选股

市场周期是交替变化的，经济有繁荣也就有衰退。在经济繁荣时，我们要选择业务发展很快的公司；在经济衰退时，要选择业务稳定的公司。

4. 根据股票净值选股

净值就是股票的净资产值，也就是"含金量"。在市价一定的情况下，每股净资产值越高的股票越具有投资价值，这类股票也是投资者的首选。

5. 根据市盈率选股

市盈率指在一个考察期(通常为12个月)内，股票的价格和每股收益的比率。市盈率是一个综合性指标，长线投资者可以从中看出股票投资的翻本期，短线投资者则可从中观察到股票价格的高低。

6. 根据股票波动选股

对于短线操作者来说，最好选择那些短期内有较大上升空间或市价波动幅度大的股票。对于长线操作者来说，要选择较为稳定、波动幅度不大的股票。

186 选择不同股票的方法

女性股民在选股时，需要清楚的是，针对股市中不同类型的股票，应该要有不同

的选择策略。对于以下 5 种类型的股票，女性股民在选股时要清楚如何选择。

1．股性好的股票

每只股票都有各自的波动特性，选择股票时应该先考虑个股的市场属性，对于落后于大势股的弱势股最好不要碰，而优先考虑热门指标股。

2．波幅明显的股票

波动大的股票最适合短线炒手进出，但波幅大同时意味着风险也大，如何低买高卖是关键。

3．有前景的低价股

拥有升值潜力的低价股，虽然它的股票价格低，但是也意味着风险较小，这自然也成为它的一个优势。

4．新上市的股票

新股上市第一天没有涨跌幅限制，因此投机成分非常大，若选不好股，不但不能获利，还会产生很大损失。

5．发展中的股票

成长股代表的公司是处于迅速发展中的股份公司，公司业绩与股价紧密相关，公司的成长性越好，股价上涨的可能性就越大。

8.5　女股民炒股的几大技巧

"不管 A 股、B 股，能赚钱就是好股票。"对于女性股民来说，掌握股票的买卖技巧是进行股票交易的重要前提，因为只有明确地认知这些技巧，才能最大限度地获得收益。

187　股市中可借鉴的经验

在股市上，"胜者为王"这句话很适用，新股民要想在股市里长久生存，务必要借鉴股市高手的经验，以求在短时间内获得最大的收益。

1．寻求专家建议

女性股民需要知道的是，在进行股票投资的时候要学会听取专家意见，而女性投资者需要记住的是，真正的专家是那些经验丰富、头脑清醒、操作严谨以及影响力很大的金融投资权威人士。

2．收集大量资料

想成功炒股需要花大量的时间收集资料，并整理研究，分析认识走势图表、世界政局经济动向、外国股市行情以及本地公司基本因素等。

3．高抛低吸

在股市中，股价不会永远上升，升得越高，就越危险，越要有戒心；跌得越低，反而是吸纳的好机会，可能反弹。

4．看准入市时间

在股市中，务必记住：当股市高峰到连街边小贩都去炒股时，股市必定大跌；当股灾过后，人人都心有余悸之时，反而是入市的好时机。

5．清楚利益与风险

例如，只买一只股票虽说有可能获得很大的利润，但也是一种风险无限的投资，很有可能使你倾家荡产。

188　炒股应遵守的原则

投资者在长期的炒股实践活动中，不断总结失败的教训和成功的经验，然后总结出一些基本原则，这些原则对新入市的投资者来说具有很强的引导作用。

1．逆向操作原则

没有只涨不跌的股市，也没有只跌不涨的股市，等到大家都不买股票时买入股票，等到大家都买股票时卖出股票。

2．顺势而为原则

顺势而为就是要依照股价的运动方向进行操作，具体就是在股价的上升阶段持股跟进而不要抛出，在股价的下跌阶段卖出而不要买进。

3．自行判断原则

股民在进行股票投资时，应该坚持自己的投资原则，独立思考，该选择什么股票，在什么点位买进或者抛售都要有自己的见解。

4．分散风险原则

分散投资就是在选择股票进行投资时，资金的投入不能过于集中，因为分散投资就是分散风险。

189　炒股时不能犯的错误

拿破仑说过，伟大的将军就是犯错最少的将军。炒股亦如是，新手在刚刚接触炒股的时候，往往会犯这样那样的错误，但是有些错误稍加注意是可避免的。炒股时有 4 个忌讳一定要明白。

1．过度自信

过度的自信就是自满，有些股民在逐渐变成老股民之后，自以为掌握了股票的走势，便开始追涨杀跌、快速进出，结果反而输多赢少，亏损严重。

2．不停操作

满时就是指投资者全年不停地操作，不论形势转好或是转坏。其实，投资者在股市中，要学会审时度势，根据趋势变化，适时休息，这样才能在股市中准确地把握参与的时机。

3．不懂适可而止

低价买进，高价卖出是每位投资者的最高追求，但是如果一味地追求利润最大化，总想把一只股票的所有利润全部拿下，那么到手的利润也会亏回去。

4．满仓操作

炒股和做人一样：凡事要留有回旋余地，方能进退自如。满仓做多，就是贪心的一种具体表现，不放过任何机会和利润的操作意图，结果往往是被迫放弃更多的合适机会。

190　掌握股票买卖的技巧

对于新入市的投资者来说，掌握股票的买卖技巧是进行股票交易的重要前提，包括如何把握最佳买入点、卖出时机和设置止损点等，只有认知了这些技巧，才能最大限度地获得收益。

1．找准最佳买入点

投资股市一定要把握好股票最佳买入点。一般来说，绝大多数股票都随大盘趋势运行，大盘处于上升趋势时买入股票较易获利，下跌股市赚钱机会不多。最佳的买入点集中在股价向上突破前夕、股价突破后出现的回抽以及股价回抽完成后进入上涨阶段的追涨买点等。

2．找准最佳卖出点

许多投资者买入股票的时机、价位都不错，但由于对卖出时机把握不好，使利润打折。投资者遇到开低走低、开高走低以及冲高回落三种情况时，都应该及时出手。

3．设置合适的止损点

止损点又叫停损点，是指在股票交易的过程中，为了尽可能地降低损失，而人为设定的股票必须卖出的最低价格。止损点设置是资金风险管理与仓位控制的重要方面，止损是股票投资最严格的纪律，一个好的止损与买点选择是否最优，与初仓比例、加减仓的操作密切相关。

191 每个阶段的操盘技巧

每个交易日交易时间有 4 个小时，可以将其分为开盘、盘中、盘尾 3 个阶段，并且每个阶段都有相应的技巧。

1．开盘阶段

开盘后半小时，即 9:30～10:00 为开盘时间。开盘价通常有高升、平开和低开 3 种情况。高开就是某股票的当日开盘价高于前一交易日收盘价。平开就是某股票的当日开盘价与前一交易日收盘价持平。低开就是某股票的当日开盘价低于前一交易日收盘价。

2．盘中阶段

盘中时间为 10:00～11:30 和 13:00～14:30，总计 3 个小时。盘中阶段的股票指数和股价波动的频率较高，多空双方凭借自身的资金、信心、技巧以及消息和人气等因素进行拼斗。

3．盘尾阶段

盘尾是多空一日拼斗的总结，故收盘指数和收盘价历来为市场人士所重视。开盘是序幕，盘中是过程，盘尾才是定论。尾盘的重要性，在于它是一种承前启后的特殊位置，既能回顾前市，又可预测后市。

192 女股民必知的 10 种方法

女性股民在炒股时，可将以下 10 种投资技法作为股票投资中操作的重要参考依据。

(1) 三成保本法。股票投资者以赚取三成利润为目标。

(2) 吸"热"法。购买较为热门的股票，不赚钱的股票不出手。

(3) 顺势买卖法。当大势上升时买进股票，大势下跌时卖出股票。

(4) 安全线法。安全线就是一条允许自己进入股市的最高价位线。

(5) 中间波段法。不奢望买到最低价和卖出最高价，只做中间波段。

(6) 阶梯操作法。当股价上升到一定程度时，确定一个升幅，每升高一个幅度就出手一定比例的股票，避免一次性抛出。

(7) 保本投资操作法。当股价上升时，在适当的时机先出售一定数额的股票，以收回预定保本金额，当股价下跌到止损点时，就将股票全部卖出。

(8) 道氏操作法。这种方法适合长线投资，例如，将 10%作为投资者买卖地位转换的信号，即当股价上涨 10%时开始买进，下跌 10%时卖出。

(9) 反向思维操作法。当市场的情绪感染你趋于购入股票时，应考虑卖出股票；当市场情绪使你觉得应该卖出股票时反而购入。

(10) 金字塔买卖法。在买入股票时，随着股价的升高而越买越少，在卖出股票时，随着股价的上扬而越卖越多。

193 解救被套股票的 4 种方法

要解套，必然是因为股票套牢了。所谓套牢，是指进行股票交易时所遭遇的交易风险主要分为多头套牢和空头套牢。

多头套牢是指买入股票后，预计会上涨，但是一直下跌。空头套牢是指投资者预计股价会下跌，将股票卖出去后，股价却一直上涨。

一旦股票被套牢了，就要学着解套，解套分为被动结套和主动解套。被动解套就是不去管它，坐等大盘走好，把股价带上来；主动解套是较为积极的做法，同时也是有一定技巧方法可循的。以下 4 种方法能够帮助女性股民解救被套的股票。

(1) 换股解套法。当自己手中的股票股价下跌时，可以等价换入有上涨希望的股票，一次抵消亏损。

(2) 向下差价法。这种解套方法适用于市场下跌形势，等反弹到一定高度，先卖出，待其下跌一段后再买回。

(3) 向上差价法。这种方法与向下差价法基本类似，不过前提是市场处于上涨趋势。

(4) 金字塔解套法。又叫降低均价法，每跌一段，就加倍地买入同一只股票，降低平均的价格，前提是有大量资金。

194 短线、中长线炒股的技巧

具体问题需要具体分析，炒股也一样，虽说投资是一项长期的活动，但是并不是所有股票都适合长线持有，我们要做到长短结合，既要学习短线炒股的技巧，又要做好中长线持有的准备。

1. 短线炒股的技巧

短线炒股是指当天买当天卖或今天买明天卖，短线炒股的关键是选择市场的强势股和龙头股，这就需要投资者有较强的技术分析能力、敏锐的市场洞察力和充足的看盘时间。但是，并不是所有人都适合做短线炒股，不敢追龙头股的人、反应不敏锐的人、性格优柔寡断的人和不能严格遵守纪律的人都不适合做短线。

2. 中长线炒股的技巧

中长线的持有期一般为几周到几年，做中长线股票主要分为准备期和实际操作期两个阶段。任何情况下，既然选择股市，就必须做好亏损的准备，最好的方法就是严格止损，保存实力才是最重要的，有资金才有机会。

195 不同行情下炒股的技巧

在股票投资中，每位股民都希望一直牛市，然而，股票市场是不以人的意志为转移，股市的上涨和下跌必然会导致牛市和熊市出现，但是牛市不一定会盈利，熊市也不一定会赔钱，要掌握一定的投资技巧，才是股民获利的关键。

1. 牛市炒股

首先要选股，牛市选股可从盘面和基本面去选股。在基本面上，股民应该选择一些业绩好仍然能持续增长的股票，另外对于一些业绩一般但是未来预期增长巨大的股票，也是股民应考虑的。其次是捂，考验的就是股民的自信心，买进一只股票后不可能稳赚，股民切不可以为买进了一只股票后就满怀信心地希望它能带来收益。

2. 熊市炒股

首先要设定止损目标，任何交易没有止损的纪律都是空谈；其次是找准买卖点，根据股市趋势，阶段性连续下跌后就会出现一波反弹；最后是控制仓位，做反弹的仓位不能太重，一定要严格控制在三分之一以内。

8.6 女股民炒股风险控制知识

俗话说："股市有风险，入市需谨慎。"人人都知道股市是一个高风险的地方，但是近年来我国的股市还是进入了一个飞速发展的时期。因此，了解炒股的误区、风险与陷阱，并掌握风险控制原则才能控制风险。

196 股市里常见的 3 种风险

股市风险是指买入股票后在预定的时间内不能以高于买入价将股票卖出，发生账面损失或以低于买入价卖出股票，造成实际损失。

1．系统风险

系统风险又称不可分散风险，是指由于某种因素的影响和变化，导致股市上所有股票价格的下跌，从而给股票持有人带来损失的可能性。它包括政策风险、利率风险、购买力风险和市场风险。

2．非系统性风险

非系统性风险指对某个股或某类股票发生影响的不确定因素，如上市公司的经营管理、财务状况、市场销售、重大投资等因素。它包括经营风险、财务风险、信用风险和道德风险。

3．交易过程风险

在实际投资活动中，投资者还应防范交易过程中的风险。它包括交易行为风险和交易系统风险

197　股市里常见的 5 种陷阱

陷阱与风险的不同之处在于陷阱是运用不正当的手段由人造成，目的是故意引诱投资者进入，从中牟取私利。常见的陷阱有以下几种。

1．成交量陷阱

成交量就是指股票交易市场或者个股买卖交易的数量。庄家在成交量方面设置的陷阱包括 4 个方面，即高送配除权后的成交量放大、中报或者年报公告前，个股成交量突然放大、逆大势下跌而放量大增以及盘整后放量突破。

2．技术分析陷阱

很多炒股者奉行"跟着技术走"，严格按照公开的统一指标买卖股票，这又是一大操作误区。很多股市操纵者通过对股价和成交量的操纵，使技术分析图呈现出一些表示虚假的买卖时机形态，就是通常所说的骗线，尤其是在短线炒股中。

3．多头陷阱

当股价或指数不断创历史新高时，许多中小投资者也开始买进股票，这时股价或股指不但不涨，反而下跌，将追高买进的投资者全部套进"陷阱"，就是所谓的多头陷阱。

4．空头陷阱

所谓空头陷阱，是指股价在低位区域，突然出现向下突破的假象，并伴随着各种

利空消息。由于担心市场再次大跌，许多投资者在恐慌中卖出手中的股票，但是，紧接着市场没有下跌反而上涨，一波牛市行情重新开始。

5. 股评陷阱

市场股评就是股票行业中较为资深人士对股票进行的一种分析活动，虽然绝大部分的股评人士是正常地为股民作客观公正的评论，但也有一部分人利欲熏心，为了达到某种目的错误地引导股民。

198　炒股应该避开的 9 个误区

股市中到处都是风险和陷阱，投资者需要时刻小心，尤其是一些投资者易犯的共同错误，更要及时改正。

(1) 羊群心理。投资不能跟风。

(2) 迷信股评。股评要辩证地看。

(3) 频繁换股。频繁换股意味着提高失误率。

(4) 贪婪。炒股切忌贪婪，止赢止损不能犹豫。

(5) 连续作战。避免连续购买高点。

(6) 过于分散化投资。半仓操作是较为理想的。

(7) 不理性自主。自主决策占主导地位。

(8) 缺乏耐性。好的买点和卖点是等出来的。

(9) 死守。死守有时就是等死。

199　风险控制应该掌握的原则

人们常说居安思危，在股市中，大大小小的风险无处不在，人们只知道熊市要控制风险，牛市比熊市更强调风险。而无论是牛市还是熊市，投资者要重点掌握好以下几种风险控制原则。

(1) 资金投入比例。行情初期，不宜重仓操作，最适合的资金比例为30%。

(2) 适可而止原则。在市场整体趋势向好之际，不能因盲目乐观而忘记了风险。

(3) 回避"坏股"。股市的"坏股"包括新庄股、问题股、巨亏股等。

(4) 分散投资原则。分散和集中投资很难把握，最重要的是规避市场风险。

(5) 克服暴利思维。追涨杀跌的结果一般都是所获无几。

200　网上炒股注意安全

随着网络发展和电脑的普及，上网的人越来越多，网上股票交易逐渐成为一种趋

势。网上交易的优点很多，操作也很简单，不受地域限制，但是在进行网上交易时，也需要注意其安全性。

(1) 保护交易密码。经常更改密码，确保密码不被他人知晓。

(2) 操作过程须谨慎。当网上交易出现故障时，可以通过电话询问行情或者下达交易指令，避免操作不及时造成损失。

(3) 全面退出交易系统。在完成交易后，要正确地退出账户并关闭交易系统，不能给图谋不轨者留下可乘之机。

第 9 章

基金投资：给女性提供稳稳的幸福

学前提示

有空没空养只"基"，让专家为你打理钱财，使你的财富积水成河、积少成多。当我们的资产略有剩余时，为求安全保障，将自己积攒多年的银行存款拿出来交给基金专家打理，不失为一种良好的投资理财方式。

要点提示

➢ 了解基金的秘密

➢ 网上炒基金

➢ 手机炒基金

➢ 女性进行基金投资的技巧

➢ 进行基金定投轻松理财

➢ 不同类型基金的不同投资策略

➢ 认识基金风险和误区并避开它

9.1　了解基金的秘密

"存银行不甘心，炒股票不放心，做地产不安心，买基金最省心。"这句话很好地形容了现如今基金在投资市场上的重要地位，基金在广大投资者的心中占有重要地位，获得了广大投资者的青睐。

在学习投资基金之前，女性投资者必须对基金的相关知识进行进一步了解，才能在投资过程中更轻松地赚钱。

201　认识基金

广义上的基金，是指为了某种目的而设立的具有一定数量的资金，如信托投资基金、公积金、保险基金、退休基金以及各种基金会的基金。

而狭义的基金是指证券投资基金。简单来说基金就是投资人把钱交给基金管理公司，由基金托管人(即具有资格的银行)托管，由基金管理人管理和运作资金，从事金融投资，然后共担投资风险、分享收益。

202　基金的单位

基金一般以"基金单位"为单位，是基金投资者认购基金的固定金额单位，也是投资者认购基金最低的投资金额。

在基金初次发行时，将其基金总额划分为若干等额的整数份，每一份就是一个基金单位。初次发行结束后，基金单位均以其净资产值计价。基金资产净值(NAV，Net Asset Value)是指基金资产总值减去按照国家有关规定可以在基金资产中扣除的费用后的价值，是衡量一个基金经营好坏的主要指标。

203　基金的发行

在我国，目前证券投资基金的发行方式主要按发行渠道可以分为网上发行方式和网下发行方式两种。

(1) 网上发行方式。网上发行方式是指将所发行的基金单位通过与证券交易所的交易系统联网的全国各地的证券营业部，向广大的社会公众发售基金单位的发行方式。主要是封闭式基金的发行方式。

(2) 网下发行方式。网下发行方式是指将所要发行的基金通过分布在一定地区的银行或证券营业网点，向社会公众发售基金单位的发行方式。

按基金的发行范围不同，可以将基金，分为定向发行和公开发行 2 种，具体内容如下。

(1) 定向发行。主要出售给经其选择或批准的投资者认购，又称配售。

(2) 公开发行。所有合法的社会投资者都可以参加认购。

按基金的发行渠道不同，可以将基金分为直销、包销和销售集团 3 种，具体内容如下。

(1) 直销。通过基金公司或基金公司网站进行买卖基金的一种方式，基金的股份按净资产价值出售。

(2) 包销。指首先由经纪人按 NAV 购买基金股份，然后再以公开销售的价格出售给投资者。

(3) 销售集团方式。通过许多包销的经纪人组成一个或多个销售集团。

204 基金账户的开设

投资者在选择好购买渠道后，即可办理基金开户手续，即开设基金账户和交易账户。

1. 开设基金账户

基金账户又称 TA 基金账户(Transaction Account，简称 TA 基金账户)，是指注册登记人为投资人建立的用于管理和记录投资人交易该注册登记人所注册登记的基金种类和数量变化情况的账户。

投资者申请开设基金账户时应向销售网点提出书面申请，并出具基金招募说明书以及基金契约中规定的相应证件。

2. 开设交易账户

交易账户用于记录投资者通过该销售机构办理基金交易所引起的基金份额的变动及结余情况的账户，通常是由销售机构为投资者开立。

基金账户和交易账户是一对多的关系，一个投资者在银行只有一个交易账户，但是可以同时买多个基金公司的基金，这时是一个交易账户对多个基金账户。

205 购买基金的步骤

女性要清楚，购买基金分为认购期和申购期。基金首次发售基金份额称为基金募集，在基金募集期内购买基金份额的行为称为基金的认购。投资者参与认购的步骤如下。

(1) 基金认购。投资者提供本人身份证、基金账户卡(当场发放)、代销网点当地城市的本人银行借记卡(卡内必须由足够的认购资金)和已经填好的"银行代销基金认购申请表(个人)"等资料进行基金认购。

(2) 缴纳基金款。到指定银行账户所在的银行，将足够的认购资金从指定银行账

户按规定划入"基金管理人申购专户"，并确保在规定时间内到账。

(3) 确认。投资者可以在基金成立后向各基金销售机构咨询认购结果，并且也可以到各基金销售网点打印成交确认单。此外，基金公司将在基金成立之后按预留地址将"客户信息确认书"和"交易确认书"邮寄给投资者。

注意，由于不同的开放式基金在发布招募说明书时内容各不相同，因此具体的开户注意事项应以对应的基金公告为准。

206　申购基金程序

在基金募集期结束后，申请购买基金份额的行为通常叫作基金的申购。申购基金份额的数量是以申购日的基金份额资产净值为基础计算的，具体计算方法必须符合监管部门有关规定的要求，并在基金销售文件中载明。下面以开放式基金为例，一般的申购步骤如下。

(1) 开立基金账户。到银行填写有关个人信息的表格，出示身份证明及客户印章(或签名)，存入一定量的现金开立基金账户和交易账户。

(2) 确认申购金额。开放式基金的申购价格一般是当日基金净值加上一定比例的申购费。

(3) 支付申购款。将申购资金划入相应的基金管理公司。

(4) 确认申购。基金管理公司在交易日后，一般 3 天左右，会为客户提供成交确认书，客户也可以自己通过电话来查询成交情况。

9.2　网上炒基金

随着证券分析技术和软件技术的发展，炒基金软件进化出很多功能：基金交易、收益管理、净值及行情查询、筛选分析等多项实用基金分析管理功能。比较著名的软件有大智慧、同花顺爱基金、数米基金宝、通达信等。这些软件都支持网上操作。

207　查看基金走势详情

女性投资者在进行网上基金的时候，如果要查询基金的走势可以打开相关的基金交易软件，进行查询。以数米基金宝平台为例，用户只要登录这个平台，然后输入要查询的基金代码就可以看到该基金的单位净值走势，如图 9-1 所示就是在数米基金宝软件上查看的"信达利 B"这个基金某一时间段内的走势详情。同时，用户还可以设置涨幅区间、叠加品种、时间段等条件。

图 9-1　基金走势图

208　基金的报价分析

　　女性投资者在网上进行基金投资时还可以查看自己关注的基金的报价分析，以数米基金宝为例。当投资者打开软件的时候，可以看见在这个软件的"基金数据"界面列出了如图 9-2 所示的份额变动、持有人统计、资产配置、行情配置、交叉持股等基金数据报表。接着单击右上角的"过滤"按钮，可以在弹出的功能区中设置相应的过滤条件，如基金公司、基金类型、申购状况和赎回状况等，如图 9-3 所示。

图 9-2　"基金数据"界面

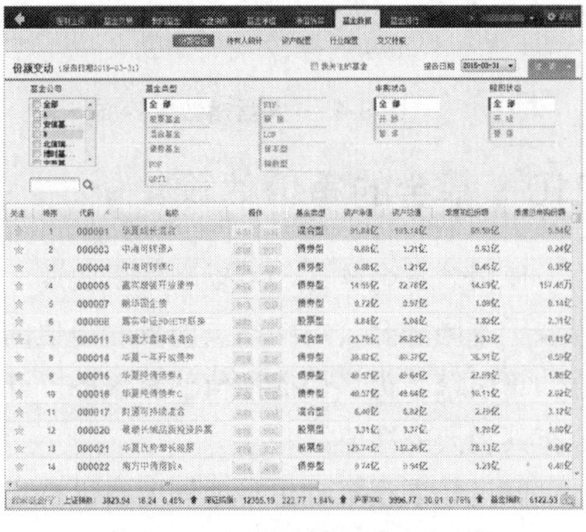

图 9-3　"过滤"功能

　　在"持有人统计"选项区中，显示基金的持有人统计情况，包括基金类型、资产净值、资产总值、持有人户数等；在"资产配置"选项区中，显示基金的资产配置情况，包括市值、占净值比例、占总值比例、季度总值比例增减等；在"行业配置"选

项区中，用户可以在右上角的列表框中选择查看基金的行业配置情况，在"交叉持股"选项区中，显示了不同的企业之间互相参股情况。

209　查看大盘指数

如果女性基金投资者想要查看基金的大盘指数，了解基金的市场情况也可以通过网上操作来达成这一目的。以数米基金宝为例，女性投资者只要单击顶部的"大盘指数"按钮进入其界面，就可以在此对比查看上证指数、深证成指、沪深 300 与基金指数的走势图，查看大盘指数的操作方法，具体如图 9-4 所示。同时，女性如果单击"基金指数"窗口中的"K 线"按钮，即可查看基金指数的日 K 线走势图，如图 9-5 所示。同样，女性投资者还可以在此查看基金指数周 K 线走势等。

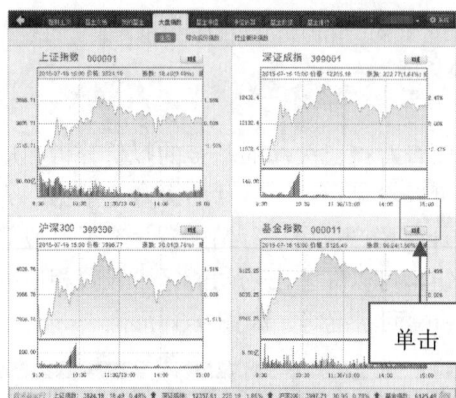

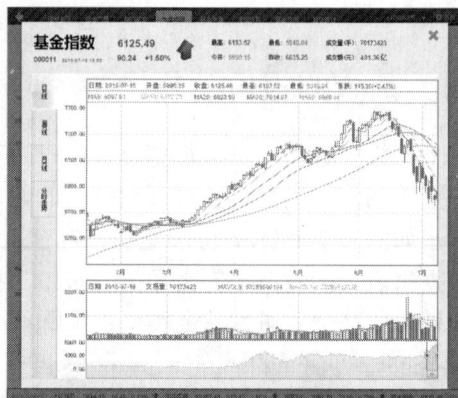

图 9-4　"大盘指数"界面　　　　图 9-5　基金指数日 K 线走势图

210　基金的净值估算

使用炒基金软件，可以准确、快速、实时获得所有基金的每日净值，省去投资者奔波于不同基金公司网站页面查看净值的烦恼。另外，这些软件通常还具有先进的净值估算引擎，提供快捷净值估算服务。开放式基金只有在每天收盘后几个小时，才会公布其当天的净值。

但是如果投资者想马上知道自己持有基金的实时近似净值，可以使用炒基金软件进行估算。这些软件会根据基金持有的股票数据，以及当前大盘和股票的走势，对基金的净值进行估算，以供投资者参考。需要注意的是，基金的净值估算只是根据当前市场走势进行的近似估算，并非基金的真实精确净值，只作为参考用途。

211 基金的财务分析

在基金投资的分析中，其中有一项是针对基金管理公司的财务数据图表分析，这项分析中，某些程度上是建立在投资者对财务有一定专业知识的基础上。而现在，就算投资者没有这方面的专业知识，也可以通过对炒基金软件工具的应用，来弥补知识的空缺，了解和掌握更多的知识，同时为他们的投资活动助力。

基金交易软件通过将各种复杂的财务数据以图形和表格的形式表达出来，使基金管理公司的经营绩效清晰地展示在投资者的面前，并可以在基金管理公司之间、板块之间做各种比较、计算，还配以丰富的说明，让以前没有财务分析经验的投资者轻松地掌握这种新的强大的工具。

9.3 手机炒基金

如今，理财越来越智能化和方便化，投资者使用手机即可随时随地进行查询基金份额、购买基金、赎回基金等操作。

212 手机上开设基金账户

对于初入基金投资市场的女性来说，如果是第一次使用手机炒基金那么就需要先开设基金交易账户。以在建设银行开设基金账户为例，首先需要进入建设银行手机银行的"投资理财"界面，点击"投资理财"按钮，即可进入界面，然后点击"基金投资"按钮，如图9-6所示。

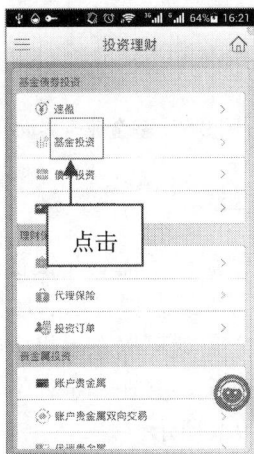

图9-6　建设银行"基金投资"界面

进入这个界面之后，投资者只要根据提示一步步操作即可完成手机开设基金账户的过程。

213 手机上查看基金信息

女性投资者在使用手机银行购买基金时，拥有的最大优势是可选品种全面，用户可以通过手机银行客户端，查看大部分基金的信息。

以建设银行为例，女性投资者只要在建设银行手机银行的"投资理财"界面点击"基金投资"，在"基金投资"界面最上方的"搜索"栏中输入基金关键字或代码进行搜索，也可点击下方的"查询"按钮查询。如图 9-7 所示就是建设银行手机银行里的基金投资界面。投资者如果想要查看某一具体基金的详情，只要点击该基金名称，即可查看详情。

图 9-7　基金业务界面

214 手机上银行买卖基金

女性投资者在完成上面的步骤后，还需要在银行柜面签署基金合同并办理相关业务，才能使用手机购买基金。所有手续办理好以后，使用手机银行购买与赎回基金。

当女性投资者手续都办理好之后就可以在手机上购买基金，以工商银行购买基金为例，用户按照前述方式挑选好基金，并在基金详情界面点击"购买基金"按钮，即可进入"购买基金"界面，如图 9-8 所示。

用户填写购买金额等信息后，点击"下一步"按钮，确认购买信息无误后，点击"确定"按钮，如图 9-9 所示。按照页面提示输入密码后，即可完成基金的购买。

图 9-8　点击"下一步"按钮

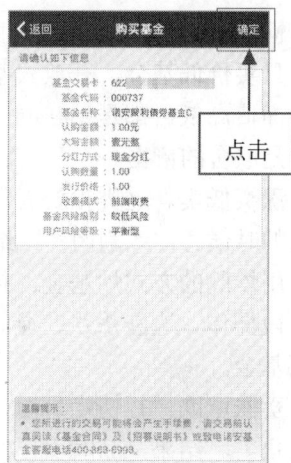

图 9-9　点击"确定"按钮

9.4　女性进行基金投资的技巧

215　要正确看待基金评级

基金评级是对基金过往业绩定量计算的结果，每家投资基金每周都要公布资产净值，基金评价机构对基金以净值增长率为核心进行评级排名。基金排名不是问题，问题是如何看待基金排名？

(1) 基金排名只代表其过往表现，并不是对其业绩的预测。 评级排名的结果，最多只能说在一定程度上，过往业绩优秀的基金此后业绩好的概率大一些而已。

(2) 基金排名榜没有谁是常胜将军。 如果投资者选择了排名高的基金，那么当市场出现其他变化、基金的排名下降时，投资者可能就会遭受损失。

(3) 基金评级的结果只是在帮助投资者缩小筛选范围。 有了基金排名，投资者可以缩小筛选范围，掌握基金调整风险和收益后呈现何种分布状态。

(4) 结合短期、中期和长期业绩表现分析基金排名。 短期、中期和长期的业绩都与其存续期有关。另外，短期、中期和长期业绩均表现较好的基金之后业绩优秀的可能性相对更大些。

216　不可犯的 6 种基金投资陋习

基金投资者们总会有一些投资的不良习惯，归纳起来，基金投资者在投资时不可犯以下 6 种不良投资习惯。

(1) 见涨就买。 部分投资者发现牛市行情降临，价格大幅上涨，由于担心错失机会，慌忙买进，结果不是买的基金有问题，就是买的时机出差错，有时甚至在强势基

金的阶段性顶部位置介入，因而很难获利。

(2) 只买价低基金。 开放式基金并没有"贵贱"之分，在某个时间点上，所有的基金不问净值高低，都是站在同一起跑线上的，基金管理人的综合能力和给投资者的回报率才是取舍的依据。

(3) 涨买低卖。 这类投资者惯性思维比较严重，市场行情上升时全力追涨，市场行情下跌的时候急忙"割肉"，结果使得市值在反反复复的操作中不断缩水。

(4) 用炒股的方式炒基金。 把基金等同于股票，以为净值高了风险也高，用高抛低吸、波段操作、追涨杀跌、逢高减磅、短线进出、见好就收、买跌不买涨等买股票的方法买基金。

(5) 卖涨留跌。 行情走好时，大多数投资者会选择将获利的基金卖出，将被套的基金继续捂着。结果，获利卖出的基金仍在继续上涨，而捂在手中的被套基金却依然在低位徘徊。

(6) 跟风赎回。 很多投资者没有主见，看到别人赎回，唯恐自己的那份资产会受损失，也跟着赎回。决定你进退的依据，应该是基金管理公司的基本面、投资收益率，和你对后市的判断。

217 挑选基金须遵守 5 个原则

不同类型的基金，风险和收益水平各有不同，其交易方式也有差别。买基金前，首先就要弄明白自己要买什么类型的基金。挑选基金可遵循以下几点原则。

(1) 挑业绩好的基金。 基金的业绩包括短期、中期与长期业绩以及业绩的持续能力等，投资者要考虑投资的安全性、流动性以及现金分红等方面。

(2) 抗风险强的基金。 只有找到最适合自己的基金投资，才会有更好的把握投资风险。

(3) 符合市场特点的基金。 由于不同类型的基金存在很大的差异性，所以投资者应选择最适合当前市场特点的基金进行投资。

(4) 挑成本低的基金。 例如，买卖货币市场基金一般都免收手续费、认购费、申购费以及赎回费，资金进出很方便，既降低了投资成本，又保证了流动性。

(5) 进行基金组合投资。 如果每只基金的投资范围雷同，那就会出现"一荣俱荣、一损俱损"的局面，风险太过集中，实不可取。

218 购买基金需考虑的 6 个方面

在证券市场上，基金与股票的重要程度差不多，是众多理财产品中较稳定的一种。其种类繁多，不同的基金也适合不同的投资者。因此，在购买基金时，也需要从不同的角度考虑。

(1) 购买老基金需全方面考虑。 申购老品种基金类型时，则应该注意该基金的上市时间、资产规模、抵御风险能力和累计份额的大小程度，分析它的收益情况。

(2) 基金规模。 大基金灵活性较差，规模太大运作难度相对较大，仓位难以进行及时调整，获取超额收益的能力也比较差。

规模太小的基金可能令某些个股出现过度配置，导致业绩波动性加大，容易让投资者对其能力产生怀疑。

(3) 基本面分析。 基金的所谓基本面主要包括基金公司管理、投资管理和服务管理的综合实力，在风云变幻的市场上，经过历练的投资团队胜算会更高。

(4) 观察基金的运作情况。 买了基金后还需要观察基金公司的投资风格是否稳健、业绩是否良好以及服务是否跟得上等。

(5) 用定期定投的方式申购。 "定期定投"是指设定一个日期，每个月银行就会在那天自动扣款，购买所指定的基金。这种方式可以规避股市调整出现的风险，还能利用每个月固定拥有基金的潜在价值来加快投资者的资产增值。

(6) 利用复利的投资方法进行投资。 复利投资是指利息除了会根据本金计算外，新得到的利息同样可以生息，因此俗称"利滚利"或"利叠利"，会使所拥有的基金具有发展潜力。

219 降低交易成本的 5 个方法

目前，主流的开放式基金交易成本较高，基金投资金额较大甚至要支付上万元的费用，尤其是有的投资者将基金当股票一样高卖低买、频繁申购赎回，使投资基金的成本侵蚀了自己的大量投资收益。那么，该如何降低基金交易成本呢？

(1) 网上交易。 投资者要善于利用网络交易，网络交易方式不仅方便快捷，更重要的还可以"天天特价"，很好地降低投资成本。

(2) 后端收费模式。 后端收费是赎回时再支付费用，如果投资者打算进行中长期投资，就要选择后端收费方式，这样会大大降低投资成本。

(3) 团购。 女性投资者可以结合朋友和同事一起购买，也就是基金团购，使得一次性购买基金的额度达到享受手续费优惠的金额，从而就可以达到节省大笔费用的目的。

(4) 减少买卖基金次数。 基金本身所奉行的价值投资理念决定了其收益是细水长流式的，适合于长期投资，因此投资者不要频繁地买卖基金。

(5) 多次建仓拉低成本。 如果基金投资的费用比较高，投资者可以利用分摊成本的方法来降低成本，增加收益。即按照股票建仓那样分批买进，这样一来降低风险，二来降低交易成本。

220　采用基金套利的方式获利

基金是适合长期投资的一个品种，买了之后长期持有才是最好的方案，但是这其中可能会出现一些"另类"的基金。

例如，由于可以在两个市场中交易，投资者买进的目的实际上只是为了在另一个市场上卖出，或是在一个市场上卖出的同时会在另一个市场上买入，以实现基金的套利计划，取得不错的收益。另外，要注重套利的策略，才会有不错的收益。投资的目的是为了赚钱，如果出现好的套利机会，自然要把握时机。

221　基金业务转换节省手续费

通常，投资者遇到在市场行情不好时会赎回基金，等待行情转好后再申购，这样一来一回要花费很多的手续费，因此可以利用基金转换业务节省这部分费用。不少基金公司为了推广基金转换业务，推出了不少的优惠措施。

基金转换是指投资者将所购买的基金转换为同一基金公司旗下其他类型基金的一种业务。基金转换与赎回后重新购买最大的不同是转换更及时，一般只需要两个工作日即可完成，并且可以节省手续费。

222　进行多种基金组合投资

高收益、低风险和高流动性是证券市场上所有投资者追求的目标。通过构建投资组合，投资者虽然不能凭空增加利润或者消除风险，但却能够调整投资的收益性、安全性和流动性，将其控制在自己可以接受的范围之内。

(1)　分析整体效益分析。对整体基金投资组合的整体收益进行分析，当组合中多数投资项表现不佳时，整个组合是否得当就值得斟酌了。

(2)　着重分析高收益基金的影响。仔细分析高收益的单项基金投资对组合整体风险的影响。因为高收益的投资往往伴随着高风险，当市场发生动荡时，高风险产品很容易使投资者产生严重的亏损。

(3)　分析各项基金作用。观察基金投资组合的整体表现，分析各项基金投资在整个组合内的作用。如果只纠结于某只基金的投资结果而忽视组合收益，就像盲人摸象一样片面。

223　见好就收确保已有收益

基金的赎回是非常重要的，如果掌握了赎回的技巧，就会获利，反之可能遭受损失。对于投资者来说，要掌握恰当地赎回基金技巧，才能保证投资。

(1)　根据行情买卖基金。行情好则卖，行情差即买。宏观经济景气度高可以带动股市行情，是卖出基金的最佳时点。当经济景气循环落入低谷时，股市行情也变差，此时可买入基金。

(2) 适时赎回基金。 考虑基金的费率规定，选择合适的赎回时机。在准备赎回基金时一定要问清相关的赎回费率及相关规定，如有些基金公司对持有者满半年或 1 年之后，会将赎回费率降低一半甚至全免。

(3) 舍弃"坏"基金。 要勇于舍弃业绩不佳的基金，或转换为其他基金。如果手中的某只基金亏损时期超过了 1 年，便可以考虑将其卖掉，然后将手中资金转为业绩较为优秀或者表现较为稳定的其他基金。

(4) 发现黑幕就撤。 发现基金公司存在操作问题时，就要及时将手中的基金赎回。有些基金管理人为了给特定人谋取利益，会牺牲投资人的权益，一旦发现有这种情况，应该立即卖掉该基金，并不再申购此种基金，甚至要考虑放弃这家基金公司。

9.5　进行基金定投轻松理财

俗话说："不怕收入少，就怕不投资。"现在很多银行推荐的基金定期定额投资，门槛宽松，重在长期，日积月累，聚沙成塔，是很适合社会新人的理财方式。哪怕每次只投一两百元，也比让钱闲置着好，更不会在不知不觉中花光了。

224　适合基金定投的人群与时机

基金定投有懒人理财之称，其独特的优势深受广大投资者的青睐。那么在进行基金定投之前，投资者必须明确基金定投究竟适合什么人群、投资者如何选择定投时机、如何进行误区分析等内容。

(1) 基金定投适合人群。 总的概括起来，其适合的人群可以分为以下几类：年轻的"月光族"、领固定薪水的上班族、在未来某一时间有特殊(或较大)资金需求的投资者以及不喜欢承担过大风险投资者。

(2) 基金定投的时机选择。 定期定额投资时要选择在上升趋势的市场，即只要长线前景看好，短期处于空头行情的市场最值得开始定期定额投资。

225　进行基金定投要做好的 4 点

基金定投是一种中长期的理财工具，既省去了购买手续，对投资时机也有所弱化。只有掌握了基金定投的交易要点，才能使投资者在投资中得到更多的收益。

(1) 做好基金定投准备工作。 只要投资者根据自身财务状况和理财目标，选定好相应基金，去任何一家金融机构就可以办理该业务了，然后每个月就像银行扣取水电费一样，扣取投资者的钱用于基金投资，即可开始进行基金定投。

(2) 选择基金定投产品。 在进行挑选定投基金时应该注意几点：要先考察基金累计净值增长率；应该选择投资经验丰富且值得信赖的基金公司；不是每只基金都适合以基金定投的方式投资，还要考虑投资的市场；最后，要注重市价波幅的大小。

(3) 中途退出基金定投的方法。 出现以下情况，可以中途退出基金定投：基金面临的市场环境发生了很大变化；基金的性质发生了变化；自身的投资条件有了变化；基金的交易方式发生了转变；基本实现了收益目标。

(4) 不同市场表现的定投方法。 股市调整期以及"超跌"但本质不错的市场最适合开始基金定投。但在快速上涨的市场，定投则不如单投。

226　4 大诀窍做好基金定投

基金定投的方式不但能平均成本、分散风险，而且其类似于储蓄的方式是很多投资者认可的。基金定投有如下投资技巧。

(1) 组合定投。 组合定投保持较高投资效率。组合定投的投资对象一般由 2~3 只基金组合而成。

例如，可以选 2 只风格比较激进的股票型基金作为定投的对象；同样可以选择一只稳健型的基金和一只成长型的基金构成一个组合。

(2) 持续投资。 低位市场，不要停止进行定投。因为基金定投可以平摊风险，因此在下跌的市场里，应该坚持定投，有条件的还可以增加定投资金。

(3) 适当增减投资金额。 变额定投，突破交易规则限制。例如，准备每月定投 1000 元的 ETF，可以设立一个波动区间，比如，100 点：即股指(股票价格指数)每上涨 100 点，每月投资金额就应减少 50 元；反之，股指每下跌 100 点，每月的投资金额就应增加 50 元。

(4) 定时赎回资金。 选择定赎，预备应急资金。在你面临资金需求时，可以选择定时定额赎回的方式，从而使获得的收益逐步变现，还可以降低投资者一次性赎回基金的风险。

9.6　不同类型基金的不同投资策略

俗话说："不进行研究的投资，就像打扑克从不看牌一样，必然失败。"因此，只有充分了解市场行情，掌握基金的交易要点，才能正确地进行投资，并利用其各种技巧获取最大限度的投资收益。

227　指数型基金的投资方法

指数基金是一种以拟合目标指数和跟踪目标指数变化为原则，实现与市场同步成长的基金品种。从理论上来讲，指数基金的运作方法简单，只要根据每一种证券在指数中所占的比例购买相应比例的证券，长期持有即可。

228　保本型基金的投资方法

保本型基金从本质上讲是一个平衡型基金，主要通过投资组合中固定收益类资产(债券为主)和股票、衍生金融产品(期权)的策略配置来达到基金保值、增值的目标，此类基金产品风险较低，并不放弃追求超额收益的空间，所以此类产品颇受投资者的青睐。

但是，保本型基金有投资期间的限制，提前赎回不但无法保障本金，还必须支付赎回费用，且越早赎回所付出的赎回费率越高。因此，在投资这类基金时，必须注意赎回手续费的比例与相关赎回条件。

229　LOF 基金的投资方法

LOF 基金的发行一般采用开放式基金和股票结合的发行方式，在交易所发行，对于投资者来说，认购 LOF 和认购一只新股基本没有区别。由于 LOF 在交易所的交易价格与基金的单位净值可能会产生一定的差价，因此投资者可以通过转托管来进行套利。从长期以来的 LOF 基金净值表现来看，基金净值与场内交易价格一般为每天相差 1%～2%，每天的套利空间为 0.4%～1.4%。

由于办理转托管和计算交易手续费等比较复杂，这种操作只适合于比较有经验的投资者。同时，完成 LOF 套利全过程至少需要 3 个交易日，在这 3 个工作日中，如果行情变化较大，则存在一定的风险。

230　封闭式基金的投资方法

封闭式基金就是在一段时间内不允许再接受新的入股以及提出股份，直到新一轮的开放，开放的时候可以决定投资者提出多少或者再投入多少，新人也可以在这个时候入股。

由于封闭式基金成立之后不能赎回，除了成立时投资者可以在交易所或者指定单位购买之外，一旦封闭式基金成立，投资者只能在证券公司通过交易所平台像买卖股票一样买卖。封闭式基金的收益分配方式只有现金分红一种，所得红利由深、沪证券交易所登记机构通过证券商直接划入投资者账户。

231　货币市场基金的投资方法

货币市场基金有"活定期"之称，通常被认为是储蓄的替代品。货币基金只有一

种分红方式，即红利转投资，货币市场基金每份单位始终保持在 1 元，超过 1 元后的收益会按时自动转化为基金份额，拥有多少基金份额即拥有多少资产。

货币市场基金是稳健投资者的首先，在整个市场不被看好的情况下，很多投资者会把其他风险较大的基金转换为货币市场基金，减少风险的同时，还可以获取一定的收益。

9.7　认识基金风险和误区并避开它

正所谓"小心驶得万年船"，投资者要想很好地从投资中获利，必须充分明确基金投资的风险和误区，并加以衡量和防范。

232　认识基金投资的 5 个风险

基金只是专家代你投资理财，他们要拿着你的钱去购买有价证券，和任何投资一样，具有一定的风险，投资基金主要有以下 5 个风险。

(1) 流动性风险。流动性风险是指投资者在需要卖出时面临的变现困难和不能在适当价格上变现的风险。对于封闭式基金的购买者来说，当要卖出基金的时候，可能会面临在一定价格下卖不出去而要降价卖出的风险。

(2) 金融市场风险。金融市场风险是指由于政治、经济或上市公司的经营情况等方面的影响和变化，导致有价证券价格的下跌，从而给基金持有人带来的损失。

(3) 经纪公司的风险。由于参与基金的成立、运作涉及不同的机构，如果基金经纪公司的经营或管理等出现了问题，将会给投资者带来资金损失的风险。

(4) 不同基金投资的风险不同。不同的基金投资，有着不同的投资风险。收益型基金投资风险较低、平衡型基金风险居中，而成长型和股票型基金投资风险最高。

(5) 申购、赎回价格未知风险。由于开放式基金的申购数量和赎回金额是按照基金交易日的单位基金资产净值加减有关费用计算，因此存在申购、赎回价格未知的风险。

233　投资者对基金的 7 大错误理解

马克思说："一旦有 20%的收益，资本就活跃起来。"虽然基金投资是再简单不过的事情，但大多数人是不可能完全理解和掌握的。因此，很多人容易对基金产生主观上的误解，主要包括以下 7 个方面。

(1) 把基金当股票。基金的优势在于其长线价值，对于广大散户来说，买了基金就多省省心，不要把基金当股票炒。

(2) 投资目标不明确。投资者必须多了解基金的基础知识，制定明确的投资目标，并明白如何进行投资。

(3) **基金投资无风险**。基金是专家代理投资者进行投资理财，和任何投资一样，任何时候买基金都存在风险。

(4) **以价格定基金好坏**。基金的卖出净值比买入净值高出的幅度，即净值增长率，才是判断基金赚钱能力的重要指标，而不是买入时净值的高低。

(5) **认为分红越多越好**。对于具有长期投资价值的基金来讲，多分红将使投资者得到更多的现实收益，但也使投资者失去了应有的长期投资机会。

(6) **盲目崇拜**。投资者在进行选择基金经理时，应该重点观察他的为人、水平和口碑，要对基金经理的投资风格和能力有一定感性认识。

(7) **盲目操作**。由于基金配置的资产不同会呈现不同的风险收益特征，因此投资者要保持冷静，不能见异思迁，盲目地对基金产品进行追涨杀跌的操作。

234 基金投资者操作的 6 个误区

投资者除了对于基金的理解容易产生错误外，在进行基金投资的操作过程中，也会存在着多种误区。

(1) **没有基金核心组合**。在基金的投资过程中，有很多的基民虽然付出了很多，但是收益却并不是很理想，其中重要的原因之一就是没有建立基金的核心组合。

(2) **握有基金数目太多**。购买多只基金能够在一定程度上避免风险，但却并不明显。在基金投资中，要想避免风险最重要的应该是看基金经理的投资策略。

(3) **混淆死守跟长期持有**。长期持有不等于死守不放，而应顺应不同的时机、环境与个人的投资目标及阶段，建立最适合自己的资产配置和投资组合。

(4) **全额资金投资基金**。倾其所有进行投资基金，既影响了正常的生活开支，也应付不了不时之需，同时，遇到市场下跌，投资心态也会受到很大的影响。

(5) **过分依赖基金公司**。对于投资者来说，了解投资者基金的经营变动情况和市场上优秀基金的业绩表现，定期检查投资收益，根据市场的节奏变化，及时转换手中的基金，十分必要。

(6) **忽略投资细节**。在基金的投资过程中，有些基民只注意大环节，而忽略了一些细节性的问题，从而增加了投资成本和风险，减少了收益。

第 10 章
黄金投资：做名副其实的"黄金美人"

学前
提示

　　黄金，金灿灿的诱惑。因为它的安全和珍贵，中国人历来就有"藏金于民"的传统。如今，由于其保值、恒值和避险功能，黄金更成为一种优良的投资理财工具。黄金不仅是女性最喜爱的饰物，也是适合女性的投资品种之一，比首饰更值得拥有。

要点提示

> 了解黄金的秘密
> 网上炒黄金
> 手机炒黄金
> 如何做好纸黄金投资
> 其他黄金类产品投资
> 炒金时要做到的 4 个"不"
> 做好黄金投资的风险控制

10.1　了解黄金的秘密

"黄金——永不过时的发财路"，当通货膨胀发生时，当美元贬值时，当投资市场风险增加时，只要投资者对未来有些许不确定性，黄金便会出现一轮热潮，受到人们追捧。刚进入黄金市场的家庭投资者一般来说对市场了解都不深，投资者需要了解黄金交易入门的基础知识。

235　黄金的分类

黄金是在自然界中以游离状态存在而不能人工合成的天然产物。按其来源的不同和提炼后含量的不同分为生金和熟金。

(1) 生金。生金又称为天然金、荒金或原金，是从矿山或河底冲积层开采出来、没有经过熔化提炼的黄金，分矿金和沙金两种。

(2) 熟金。生金经熔化、提炼后得到熟金，可分为纯金、赤金以及色金等。

236　黄金交易单位

黄金交易单位，是每个进入黄金市场参与交易的家庭投资者必须事先了解和掌握的基本知识。国际黄金市场上比较常用的黄金交易的计量单位主要有以下几种。

(1) 金衡盎司。欧美黄金市场上专用的交易计量单位，其折算如下：1 金衡盎司=1.0971428 常衡盎司=31.1034807 克。

(2) 司马两。中国香港黄金市场上常用的交易计量单位，其折算如下：1 司马两=1.203354 金衡盎司=37.42849791 克。

(3) 市制单位。我国黄金市场上常用的一种计量单位，主要有斤和两两种。其折算如下：1 市斤=10 两；1 两=1.607536 金衡盎司=50 克。

(4) 日本两。日本黄金市场上使用的交易计量单位，其折算如下：1 日本两=0.12057 金衡盎司=3.75 克。

(5) 托拉。常用于南亚地区的新德里、卡拉奇以及孟买等黄金市场的一种比较特殊的黄金交易计量单位，其折算如下：1 托拉=0.375 金衡盎司=11.6638 克。

10.2　网上炒黄金

随着投资理财的多样化，网上炒黄金也成了一种不错的理财赚钱的方式。女性投资者在网上进行黄金交易能享受简单、便捷的服务。

237　查看黄金投资品种

　　女性投资者在进行网上炒黄金的时候，可以借助某一银行的投资理财功能进行投资。如果女性投资者在招商银行进行黄金投资时，想要查看黄金投资品种，首先要在电脑上进入工商银行网上银行的首页，然后下拉找到"理财产品"中找到"黄金"按钮，然后单击进入"黄金"页面，单击"产品介绍"按钮，就可以搜索黄金投资产品，查看黄金投资的品种，如图 10-1 所示。

产品搜索	猜你喜欢	热卖商品	新品上架		
筛选	■单选 ■多选				
产品类型	不限	黄金	白银	其他	
供应商	不限	百泰公司	长城金银	程氏花丝	翠绿首饰	德诚黄金
	繁荣恒业	国富黄金	国金公司	金叶珠宝	金一公司	上海金币
	西安嘉金	永根文化	豫光金铅	元隆雅图	招行金 1	招行金 2
	招行金生利	中钞国鼎	中国金币纪念币	中金国礼		
产品规格	不限	10g以下	10g-30g	30g-50g	50g-100g	100g以上
	1/4盎司以下	1/4-1盎司	1-5盎司	5盎司以上	1套	

图 10-1　招商银行网上银行"产品搜索"页面

238　查看黄金产品详细介绍

　　女性投资者在进行网上黄金投资时，如果想要查看某一黄金产品的详细信息，只要单击该产品的图片任意一处就可以进入产品的详细介绍页面。以招商银行网上银行搜索出的产品页面的产品为例，如图 10-2 所示。

□（不入库）第三套人民…	□（不入库）第三套人民…	□ 福禄万代金葫芦（不入…	□ 福禄万代金葫芦（不入…
¥158,200.00　购买	¥410,100.00　购买	¥1,350.00　购买	¥2,248.00　购买

图 10-2　招商银行网上银行"黄金产品"页面

　　如果女性投资者想要详细了解"福禄万代金葫芦"，只要单击金葫芦图片的任意处就可以进入该产品的详细介绍页面，如图 10-3 所示。

图 10-3 "福禄万代金葫芦"产品详细介绍页面

239 查看不同黄金品种行情

女性在炒黄金的时候肯定要对黄金产品的行情有一个了解，了解黄金行情在网上就可以实现。以招商银行为例，只要单击"黄金首页"页面上的"实时行情"按钮就可以查看不同黄金品种的行情，如图 10-4 所示。

品种	最新价	开盘价	昨收盘	最高价	最低价	平均价	成交量	涨跌		时间
Ag(T+D)	4265.00	4256.00	4241.00	4274.00	4251.00	4262.00	918942.0	41.00	↑	22:22:59
Au(T+D)	285.46	285.47	285.18	285.88	285.23	285.42	6744.000	0.87	↑	22:22:59
Au(T+N1)	288.90	288.20	288.20	288.90	287.25	288.35	30.00000	1.25	↑	22:16:16
Au(T+N2)	0.00	0.00	285.30	0.00	0.00	0.00	0.000000	0.00		22:22:31
Au100g	285.99	285.31	285.58	286.00	285.31	285.89	28.00000	0.41	↑	22:18:25
Au99.95	285.86	286.00	285.36	286.00	285.70	285.89	52.00000	0.34	↑	21:55:16
Au99.99	285.48	286.25	285.33	286.25	285.40	285.50	2874.000	0.15	↑	22:22:52
Pt99.95	244.75	244.75	244.07	244.75	244.75	244.75	8.000000	0.68	↑	20:11:53

图 10-4 不同黄金品种行情

240 网上黄金账户登录

投资者要在网上进行黄金交易，就需要登录自己的账户，以招商银行的微商银行个人黄金账户登录为例，首先按照上述所说的方法进入"黄金首页"，然后在首页单击"产品介绍"按钮，进入"产品介绍"页面，将网页往下拉，就可以看见如图 10-5 所示的黄金账户登录页面，然后单击"登录"按钮，进入如图 10-6 所示页面，然后用户要根据自己的情况选择一个登录版本再单击，然后根据系统提示即可完成登录。

需要注意的是，投资者在登录的时候一定要确保自己已经开通了招商银行的黄金账户。

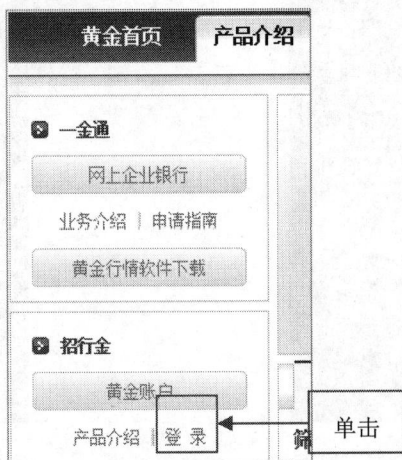

图 10-5　"黄金账户"登录页面

图 10-6　投资者账户登录版本选项页面

10.3　手机炒黄金

如今，理财的方式越来越多样化，投资者使用手机即可随时随地查询黄金的交易行情。

241　查看黄金实行情

女性投资者在利用手机炒黄金的时候，需要借助一些专门的交易平台才能进行交易，"掌上贵金属"APP 就是一款不错的专业手机掌上贵金属行情分析软件，它能让用户在各种移动设备上运筹帷幄，彻底改变了只能依靠电脑来操作的封闭局面。

"掌上贵金属"APP 是一款及时准确的贵金属报价软件，结合强大的财经资讯，消息建议的及时推送等全方位消息面解析实时行情。它拥有黄金行情、全球市场、资讯中心、模拟交易等多种功能，如图 10-7 所示。

女性投资者只要单击主页上的"黄金行情"按钮就可以查看各种黄金的实时行情，如图 10-8 所示。

图 10-7　"贵金属"界面

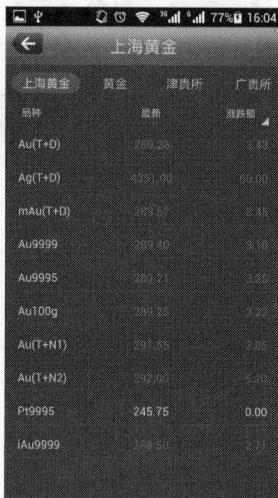

图 10-8　各种黄金行情界面

242　查看黄金资讯

女性投资者在进行黄金投资的时候，如果要查看黄金的相关资讯也可以通过"掌上贵金属"APP 查看。

投资者只要在该 APP 的首页单击"资讯中心"按钮，就可进入如图 10-9 所示的"要闻"界面，接下来投资者单击要闻界面上的"金银"按钮，即可进入黄金相关的资讯页面，如图 10-10 所示。

图 10-9　"要闻"界面

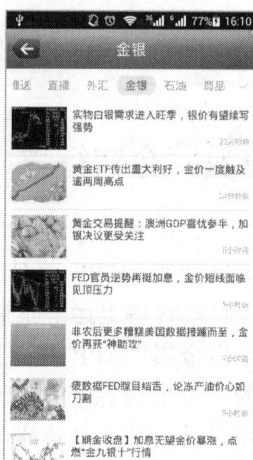

图 10-10　"金银"相关资讯界面

10.4 如何做好纸黄金投资

随着国内黄金市场逐步开放，个人黄金投资品种先后出台，给普通投资者提供了更多投资选择，人们开始关注起黄金这个新兴的投资品种。

243 3 种纸黄金投资品种

纸黄金是指黄金的纸上交易，不涉及实物金的提取，省去了黄金的运输、报关、检验和鉴定等步骤，其买入价与卖出价之间的差额要小于实物金买卖的差价。

下面将依次进行介绍比较重要的几个纸黄金投资品种。

(1) 黄金账户。黄金账户是商业银行为黄金投资者提供的一种黄金投资工具，具有周转速度快、存储风险小、交易费低的特点。

(2) 黄金存折。所谓的黄金存折类似于银行的零存整取项目，每次存入一定的黄金，也就是按照当时的金价买入一定价值黄金，存满一定的期限后可以将黄金取出。黄金存折一方面杜绝了追逐细微波动的幻想，另一方面也强化了操作纪律。

(3) 黄金 ETF。黄金 ETF 就是交易所交易黄金基金，是一种与黄金挂钩的证券，可以通过交易所的经纪商进行买卖，与股票和基金的买卖类似。

244 3 个策略做好纸黄金投资

股神巴菲特曾经说过一句广为流传的话"规避风险，保住本金"，这是巴菲特几十年来最为精辟的总结之一。

如果当投资者买进之后，价格出现上涨时投资者可以选择适当时机卖出，从而获利；可是如果当黄金价格跌到投资者的买价之下时，投资者就需要采用以下 3 种策略来应对。

(1) 设置止损位策略。止损位在买入时就要设定好，设置的标准是根据金价下跌程度确定，而且要及时果断，不能犹豫，更不能拖泥带水地分期、分批止损。

(2) 降低成本策略。是指如果投资者对未来金价走势抱有信心，随着金价的下跌而采用越跌越买的方法，不断降低黄金的买入成本，等金价上升后再获利卖出。

(3) 捂金策略。捂金是指金价下跌后既不买也不卖，耐心等待金价恢复上涨的方法。

245 了解纸黄金投资技巧

纸黄金相对于实物金而言，具有交易更为方便快捷，交易成本也相对较低的特点，适合专业投资者进行操作。投资者在投资纸黄金前，需要掌握纸黄金的相应投资

技巧，才能获得盈利。

(1) 掌握买卖时机。股市俗语说"股票好买难卖"，在黄金市场上也不例外。黄金投资如外汇投资、股票投资一样，要时刻关注行情的变化和走势。"低买高卖"的投资原则同样适合"纸黄金"操作。

(2) 拥有明确目的。投资者炒金的目的需要明确，应该看准金价趋势，选择一个合适的买入点介入金市，做中长线投资。

(3) 买涨不买跌。黄金买卖和股票、外汇交易一样，都要遵守"买涨不买跌"的原则。另外，在进行黄金买卖时，还要时刻关注金价是处于"大熊"还是"大牛"的趋势，不应片面看重价格水平。

(4) 保持稳定心态。黄金既有盈利又有风险，因此投资者要有赚的希望和赔的准备，将输赢置之度外，保持一个稳定的心态。要做到"失败时别气馁，设法忘掉失败的痛苦，重新再来"，这样才能做到"不败于金市"。

(5) 短线投资。大部分投资者都能够理解短线投资这个概念，其实在炒黄金的时候也可以进行短线投资，并有可能获得一些套利的机会。

246 进行纸黄金投资时需注意事项

纸黄金市场优势大起大落，风高浪急；有时多空交着，波澜不兴。再加上很多投资者很盲目，资金有限，情绪波动很大，缺乏足够的市场预测能力，这些因素都会导致决策失误。下面将介绍个人进行纸黄金投资的注意事项。

(1) 结合自身财务状况。首先要明确个人炒纸黄金的目的，是在短期内赚取价差，还是作为个人综合理财中风险较低的组成部分，意在对冲风险并长期保值增值。

(2) 投资资金合理分配。参与纸黄金买卖的资金应该不超过个人总资产的 25%，不要将生活开支的钱投入到纸黄金买卖中。另外，在日常的纸黄金交易活动中，不要重仓，甚至满仓进行交易。

10.5 其他黄金类产品投资

黄金投资，投入的不仅仅是热情，还有你的财富，因此投资者尤其是投资新手应多加注意。黄金投资除了投资纸黄金还有以下几种黄金产品投资。

247 实物黄金投资

实物黄金投资包括金条、金币以及黄金首饰等，以持有黄金实物作为投资。
目前市场上实物黄金主要有以下 3 大类。
(1) 标准金条。标准金条是按照统一标准而浇铸成条块状黄金的简称，也称为实金和金条。

(2) 铸金货币。 金币是以国家或中央银行的名义发行并具有规定的成色和重量，浇铸成一定形状并标明其面值的铸金货币，是黄金投资交易的传统工具，具有悠久的历史。

(3) 黄金饰品。 从投资理财的角度来看，金饰品的保值功能和实用价值大于投资价值。

248 黄金期货投资

黄金、白银、铜、白金是金属期货的 4 大主要产品，以黄金和白银的交易量较大。当黄金期货投资者认为价格比较合适时可以入市交易，具体过程如下。

(1) 开设账户。 投资者一般要向黄金期货交易所的会员经纪商开立账户，签署风险《揭示声明书》和《交易账户协议书》等，授权经纪人代为买卖合约并缴付保证金。经纪人获授权后就可以根据合约条款按照客户指令进行期货买卖。

(2) 下达指令。 指令包括品种、数量、日期，以及客户意愿价格。关键性指令有市价指令、限价指令、停价指令、停止限价指令、限时指令以及套利指令等。

(3) 执行与结果通知。 经纪人在收到客户发出的交易指令后，该指令就迅速传送到期货交易厅中。当该指令被执行后，即买卖成功，有关通知会返回经纪人，并书面通知投资者。

249 黄金期权投资

黄金期权交易以期货交易为基础产生，由于既可对冲风险又可投资获利，为黄金交易商提供了更加灵活的投资避险和获利工具。

(1) 黄金期权。 黄金期权投资具有较强的杠杆性，以少量资金进行大额的投资；若是标准合约的买卖，投资者则不必为储存和黄金成色担心；具有降低风险的功能等。

(2) 看跌期权。 看跌期权是指期权买方按照一定的价格，在规定的期限内享有向期权卖方出售商品或期货的权利，但不负担必须卖出的义务。

(3) 看涨期权。 看涨期权是指期权买入方按照一定的价格，在规定的期限内享有向期权卖方购入某种商品或期货合约的权利，但不负担必须买进的义务。

(4) 双向期权。 双向期权又称"双重期权"，是指期权购买方在向期权卖方支付一定的权利金后，获得在未来一定期限内根据合同约定的价格买进或卖出商品、期货的权利。

250 黄金基金投资

黄金基金是黄金投资的衍生工具，由专家组成投资委员会，在充分分析股市、金

市和其他市场的投资收益比以后，作多样化的投资组合。

黄金基金投资品种主要有以下 3 种。

(1) 公募黄金基金。 该黄金基金往往采取公司型基金的组织形式。因此，投资者购买黄金基金公司的股份类似于购买股票或债券共同基金的股份。

(2) 私募黄金基金。 该黄金基金往往采取有限合伙形式，在操作上较公募基金灵活，所受监管较少，运作成本较低，但是透明度低、风险大。

(3) 个人管理账户。 投资者可以自己聘请一个黄金基金投资公司顾问管理自己的资金，开设个人管理账户，不过这种方法只有较高收入的投资者使用。

251　黄金保证金投资

保证金，通俗地打个比方，一个价格为 10 元钱的物品，你只要用 1 元钱的保证金就可以拥有并使用，用 1 万元的本钱，即可做 10 万元的黄金交易。保证金交易就是利用这种杠杆原理，把钱用活。黄金保证金有以下两个投资技巧。

(1) 关注市场动态，注意投资风险。 投资者要关注经济、市场以及政治等方面带来的投资风险，也要研究汇率变化、经济景气度、国际主要股市走势以及黄金供给等因素，都会使金价出现大幅波动。

(2) 多进行短线操作。 在目前国内没有相关的监管条例及监管不足的情况下，黄金保证金交易虽然将大大提高投资者炒金的热情，但是也提高了获得高额收益的风险，因此适合短线投资者。

10.6　炒金时要做到的 4 个"不"

炒黄金新手都有一些通病，这些通病在那些屡战屡败的老手身上也能看得到。之所以这么多炒黄金者会犯同样的几个毛病，最为主要的原因还是在于人性使然。下面将剖析一下炒黄金新手最容易犯的错误，帮助女性投资者走出炒金误区。

252　不过分追求暴利

老子曾说："持而盈之，不如其已；功成名遂身退，天之道也。"意思是：贪得无厌的人，不如适可而止。功成名就急流勇退的人，就叫作：识时务者为俊杰，此乃顺应天道之人。

女性投资者之所以从事黄金投资，大部分是为了利益，但是追求暴利反而会妨碍利润的获得。当投资者通过频繁交易或是重仓交易的策略来追求暴利时，会产生以下缺陷。

(1) 影响决策。 由于分配到每次决策上的时间和精力减少，影响单次交易的决策质量。

(2) 影响情绪。 频繁交易必然使得投资者距离市场太近，从而容易受到市场波动的引诱，导致投资者的情绪产生较大的波动。

(3) 增加成本。 虽然单次交易的手续费不高，但是将交易成本和交易成本的复利累计则是非常大的一笔开支。

(4) 影响投资心态。 重仓交易则使得投资者的心态失衡，同时交易者在市场中暴露的头寸过多，会面临更多的风险。

俗话说："赚一分利，可以家道永昌；赚十分利，就要讨口逃荒。"这里的"一分利"指的是按照市场规则赚取的合理利润；"十分利"指的是不按市场规则赚取的不合理利润。

253 不可抱有侥幸心理

进行实物黄金投资让不少投资者觉得"手里有货，心里不慌"。但是投资黄金并不是一本万利，存在很大的风险，并不是所有的时候都能赚钱，一旦国际金价下跌，那么黄金的买卖就会受到影响，而且受时间约束较大，涨幅速度很难预测。

女性投资者之所以在面对错误时不能及时停损，而寄希望于市场等外部因素来拯救自己，最关键的原因是她们存在侥幸心理。

当一个炒黄金者在市场中抱着希望和侥幸心理，破产的结局已经离他不远了。炒金并不是下注，不要心存侥幸，心态要随时市场变化。

254 不可没有停损点

在不同的盈亏状态中，止损的目的是为了减少损失，保住利润。因此止损位的设置必须围绕市场价格和盈亏状态合理调整。没有了停损，就好比汽车没有了刹车，遇到路况不好和突发情况时，肯定是"在劫难逃"。

黄金的短线交易风险高，加上杠杆使得市场出现些许波动就会带来巨大的波动，如果一进场就处于赢利状态，则立即提高止损位，将当日最高价向下跌多少作为止损位。以后随着利润的上升，逐步修改止损位。

炒黄金者如果没有预先设定停损，要不了多久就会被市场淘汰出局。

255 不要急着回本

如果家庭投资者想要进入黄金市场，那就不要急于把本钱赚回来，应该有个长期打算，如果有信心，成本赚回来不是问题，关键看投资的心态。

很多投资者发生损失后都急于回本，这种心理使得他们仓促应战，进行重仓交易和频繁交易。在亏损后，炒黄金者必须做到以下几点。

> ➤ 切勿过量交易，应该更好地把关做单的质量。
> ➤ 如果已经亏损惨重，千万不要孤注一掷。
> ➤ 勤奋工作，苦心研究市场，熟悉交易品种的基本面。
> ➤ 整理思路，判断市场的趋势，找回自信心。
> ➤ 详细做好交易日记，找出失败和成功的线索，即时做好调整。
> ➤ 耐心和节制，只要大势判断准确，即可"放长线钓大鱼"。

10.7 做好黄金投资的风险控制

"把损失放在心上，利润就会照看好自己"，这句话表示黄金市场并不是一个遍地黄金的市场，面对这样一个迅速发展并成为热点的理财市场，一定要注意规避风险，谨慎操作。

256 正确认识黄金投资的风险

黄金是全球市场，无庄家，交易活跃，是最佳保值产品之一，升值潜力大，但黄金投资中也蕴藏了很大的风险。要想成功地进行黄金投资就必须首先认清黄金投资中蕴藏的各种风险，正确的投资必然基于正确的风险认识。

(1) 不能把握市场规律的风险。 由于黄金市场很难找到规律，因此参与黄金投资的投资者不可盲目操作，必须要有充分的知识准备和国际视野。

(2) 市场价格波动的风险。 黄金投资不像股票易受人操纵，在全球是一个很大的市场，没有人能够坐庄，唯一的风险就是市场价格波动的风险，适合长线投资。

(3) 没有利息收益的风险。 黄金没有利息收益，所以在长期持有黄金必然面临孳息损失。因此，在经济稳定增长时期，投资黄金不如股票带来的收益大。

(4) 监管缺陷的风险。 例如，黄金投资市场缺乏相应的全球性监管，内地的黄金投资法规还不完善，许多黄金公司进行着各种形式的欺骗活动，都存在很大风险。

257 当心 3 个黄金投资的陷阱

炒黄金在国内才刚刚兴起，股票、房地产以及外汇等市场基本饱和了，黄金则潜力无穷，而且双向更灵活。那么，对于这样一个迅速发展并成为热点的理财市场，家庭投资者更应该擦亮眼睛，当心黄金投资陷阱。

(1) 以小博大的陷阱。 所谓"以小博大"就是一种保证金交易的方式。付大概占总金额 5%～10%左右的保证金，就可以进行全额的黄金交易。

(2) 回购风险的陷阱。 目前市场上已经出现很多实物黄金的品种，如果没有一个固定、方便的回购渠道，在急需用钱的时候也可能在变现时受到折价的损失。

(3) **外盘投资的陷阱**。目前，国内只有中国银行、工商银行、农业银行和建设银行四家获准参与国际黄金市场。而外盘市场鱼龙混杂，要时刻警惕投资陷阱。

258　了解黄金投资风险的特征

女性投资者要清楚每一种投资都会有一定的风险存在，黄金投资也不例外。黄金投资因其自身的特点，风险主要有以下几个特征。

(1) **广泛性**。风险几乎存在于黄金投资的各个环节，如行情分析、投资决策、资金管理以及账户安全等因素导致的风险。

(2) **不确定性**。投资风险是由不确定的因素作用而形成的，投资者无法预期未来影响黄金价格因素的变化，因此这些不确定因素是客观存在的。

(3) **相对性**。黄金投资的风险是相对于投资者选择的投资品种而言的。

(4) **可变性**。影响黄金价格的因素会经常发生变化，因此投资者也有可能出现盈利和亏损的反复变化。

(5) **可预见性**。影响黄金价格波动的因素，如原油和美元的走势等，存在一定的可预见性，进而对黄金市场的动态也有一定的可预见性。

因此，降低黄金投资风险的最有效方法就是：要意识并认可风险的存在，积极地去面对、去寻找，才能够有效地控制风险，将风险降低到最小程度。

259　黄金期货交易中存在风险

各位女性投资者在进行黄金期货交易的时候需要清楚的是，在黄金期货交易中，存在以下 3 个风险。

(1) **不受法律保护**。目前在国内做黄金期货都是法律所不允许的。

(2) **以实物金为基础**。国内"保证金交易"性质的黄金投资品种都是以实物金为基础的，主要有黄金交易所的延期交收合约(T＋D)和高赛尔公司的黄金延迟交收交易。

(3) **强制平仓**。根据有关规定，黄金期货个人投资是不能进行交割的。进入交割月之后，如果还有持仓则会被期货公司强行平仓，因此一定要高度重视。

风险和收益是双刃剑，所以只有把风险管理做好，才能有更好的投资收益。因此，投资者在黄金期货的交易过程当中，应牢固树立风险防范意识。

260　3个方面控制黄金投资风险

有专家指出，投资黄金也有风险，并非"包赚不赔"，因此，投资占用的资金最好是"闲钱"，这样才会让你有足够的耐心等待盈利。在进入黄金市场后，还需要学会控制黄金投资的风险。

(1)　控制投资心理风险。家庭投资者投资黄金时必须有较强的自控能力，不可太贪心，不要惧怕失败，要将投资的目的着眼于未来的收益。

(2)　控制网络技术风险。网络交易的业务及大量风险控制工作均是由电脑程序和软件系统完成，所以在交易时要预防网络外部的攻击和计算机病毒破坏等因素。

(3)　控制实物金回购风险。对于家庭投资者来说，控制黄金的最大障碍在于回购渠道的不畅通，因此投资者应该多关心国家政策和黄金商家推出的回购业务。

第 11 章
债券投资：选择属于自己的稳定幸福

学前提示

"低风险、收益稳定、流动性强"是债券投资最诱人的三大特点。与储蓄投资相比，债券的收益性要高得多。因为债券投资可以很好地帮助投资者实现风险分散和规避的需求，所以可以给女性投资者带来可观的收益。

要点提示

➢ 了解债券的秘密

➢ 网上炒债券

➢ 手机炒债券

➢ 债券的 4 个特性

➢ 挑选债券的技巧

➢ 规避债券风险的方法

11.1　了解债券的秘密

债券是发行人依照法定程序发行的、约定在一定期限向债券持有人还本付息的有价证券。

债券的投资风险小且收益稳定，是许多投资人的必选产品，因此被人们称为无风险证券。在投资风险日渐强盛的今天，债券有着它存在的独特意义。

261　债券的 4 个要素

债券是一种债务凭证，反映的是发行者与购买者之间的债权债务关系。债券尽管种类多种多样，但是在内容上都要包含一些基本的要素。这些要素是指发行的债券必须载明债权人和债务人的权利与义务。

1．债券价值

债券的面值是指债券的票面价值，是发行人对债券持有人在债券到期后应偿还的本金数额，也是企业向债券持有人按期支付利息的计算依据。债券的面值与债券实际的发行价格并不一定是一致的，发行价格大于面值称为溢价发行，小于面值称为折价发行。

2．债券价格

债券的价格包括发行价格和交易价格。债券的发行价格与债券价值不等同。债券价格是债券交易中买卖双方以货币的形式对其价值达成的共识。它取决于债券的利率和期限以及其他一些因素，其价格是波动的。当债券发行价格高于债券面值时，称为溢价发行；当债券发行价格低于债券面值时，称为折价发行；当债券发行价格等于债券面值时，称为平价发行。

3．偿还期

债券偿还期限指企业债券上载明的偿还债券本金的时间段，即债券发行日至到期日之间的时间间隔。债券期限的长短主要取决于债务人对资金的需求、利率变化趋势和证券交易市场的发达程度等因素。

一般来说，偿还期限在 1 年之内称为短期债券；偿还期限在 1～10 年之间的为中期债券；偿还期限在 10 年以上的称为长期债券。

4．票面利率

债券的票面利率是指债券利息与债券面值的比率，是发行人承诺以后一定时期支付给债券持有人报酬的计算标准。债券票面利率的确定主要受银行利率、发行者资金状况、偿还期限和利息计算方法以及当时资金市场上资金供求情况等因素的影响。

262　债券的 4 种类型

债券的划分方法有很多，根据债券的流通与否可将债券分为可流通债券和不可流通债券，或者上市债券或非上市债券等。一张债券可以随便归于许多种类。如：国债可以是附息债券，也可以是长期债券或上市债券，还可以归于无担保债券和公募债券。目前，我国主要实行的债券大致可以分为国债、金融债券、公司债券和可转换公司债券。

1．国债

国债，又称国家公债，是国家以其信用为基础，按照债的一般原则，通过向社会筹集资金形成的债权债务关系。国债是由国家发行的债券，是中央政府为筹集财政资金而发行的一种政府债券，是中央政府向投资者出具的、承诺在一定时期支付利息和到期偿还本金的债权债务凭证。

从债券形式来看，我国发行的国债可分为凭证式国债、无记名(实物)国债、储蓄国债和记账式国债 4 种。

2．金融债券

金融债券是银行等金融机构作为筹资主体为筹措资金而面向个人发行的一种有价证券，是表明债务、债权关系的一种凭证。债券按法定发行手续，承诺按约定利率定期支付利息并到期偿还本金。它属于银行等金融机构的主动负债。

3．公司债券

公司债券是指公司依照法定程序发行的，约定在一定期限还本付息的有价证券。公司债券是公司债的表现形式，基于公司债券的发行，在债券的持有人和发行人之间形成了以还本付息为内容的债权债务法律关系。因此，公司债券是公司向债券持有人出具的债务凭证。

4．可转换公司债券

可转换公司债券的全称为可转换为股票的公司债券，是指发行人依照法定程序发行，在一定期限内依照约定的条件可以转换为股票的公司债券。一般要经过公司股东大会或董事会的决议才能发行，而且在发行时，应在发行条款中规定转换期限和转换价格。

263　发行债券的条件

根据《中华人民共和国公司法》的规定，我国债券发行的主体是公司制企业和国

有企业。按照《中华人民共和国证券法》规定，对企业发行债券有以下 6 个方面相应的规定。

(1) 净资产额。股份有限公司的净资产额不低于人民币 3000 万元，有限责任公司的净资产额不低于人民币 6000 万元。

(2) 累计债券总额。企业的累计债券总额不能超过净资产的 40%。

(3) 可分配利润。最近 3 年平均可分配利润足以支付企业债券 1 年的利息。

(4) 资金流向。筹资的资金必须投资于符合国家政策的产业。

(5) 债券利息率。发行企业的债券利息率不得超过国务院限定的利率水平。

(6) 国家临时调控。国务院可以根据市场经济发展的情况，规定其他一些发行条件。一旦国务院予以规定，企业就必须符合这些规定才可发行债券。

264 债券的发行价格

债券的原始投资者购买债券时必须支付的市场价格就是债券的发行价格，它随着市场而变化，与债券的面值可能有所差别。理论上，债券发行价格是债券的面值和要支付的年利息按发行当时的市场利率折现所得到的现值。债券的发行价格主要受到票面利率、市场利率两个方面的影响。

债券的发行价格须合理，必须符合发行人对成本的考虑和偿债现金流量的实际情况，也要使投资人可以接受，品种要具有良好的市场适应性，能给发行人和投资者双方都带来经济效益。

11.2 网上炒债券

随着投资理财的多样化，网上炒债券也成了一种不错的理财赚钱的方式。女性投资者在网上进行债券交易能享受简单、便捷的服务。

265 查询产品

女性投资者要进行债券投资，就必须先清楚有哪些债券产品。不同的理财软件产品会有一些差别，下面笔者以工商银行网上银行为例，给各位投资者介绍一下怎样在网上查询债券产品。

首先，进入工商银行网上银行的首页，然后下拉至"投资理财"页面，即可看见"债券"选项，投资者只要将鼠标放在"债券"按钮上，即可查看到工商银行债券投资产品的种类，如图 11-1 所示。

图 11-1 工商银行网上银行债券产品种类

266 查看净价走势

女性投资者在进行债券投资的时候，需要先了解债券目前的价格走势，这样才能做出投资判断。接下来笔者以工商银行为例，给大家介绍怎样在网上查看债券交易价格。首先，进入工商银行网上银行首页，在首页上找到"个人业务"按钮，然后将鼠标停留在"个人业务"按钮上，会出现如图 11-2 所示的页面，然后选择"债券"按钮，单击进入，之后就可以看见如图 11-3 所示的"债券产品列表"页面。

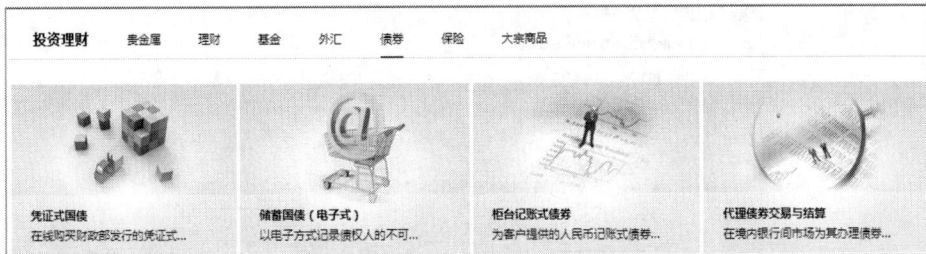

图 11-2 工商银行网上银行"个人业务"页面

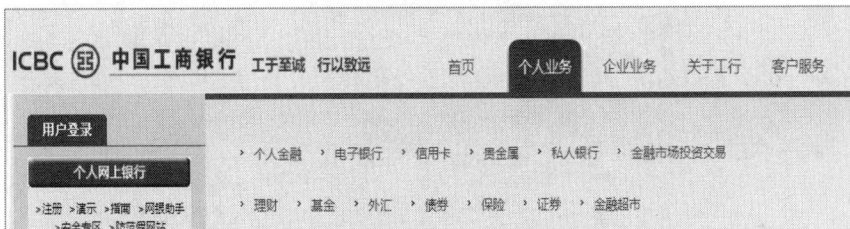

图 11-3 "债券产品列表"页面

以债券代码为 160020 的债券为例，如要查看它的净价走势，只要单击该债券栏的"债券名称"下相对应的该债券的名称，即可进入如图 11-4 所示的该债券的"债券总览"页面，在这个页面投资者即可查看该债券的净价走势。

图 11-4　"债券总览"页面

267　查看历史价格

女性投资者还可以查看该债券的历史价格。下面以债券代码为 160020 的债券为例，只要按照上述操作方法进入该债券的"债券总览页面"，在如图 11-5 所示的历史价格处，单击"查看"按钮，即可看到该债券的历史价格，如图 11-6 所示。

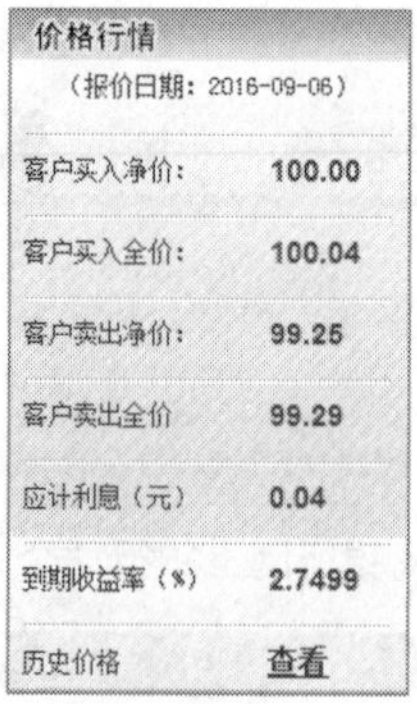

图 11-5　单击"历史价格"后的"查看"按钮

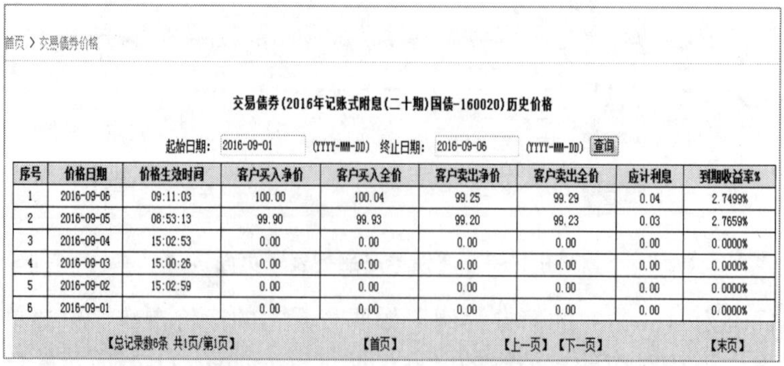

图 11-6　债券代码为 160020 债券的历史价格

268　网上进行购买

以工商银行为例，女性投资者如果看中了该银行的某个债券产品，只要按照上述的操作方法进入"债券产品列表"，单击相对应的债券后面的"购买"按钮，即可进入如图 11-7 所示的个人网上银行登录页面，投资者登录后即可按照提示购买债券。

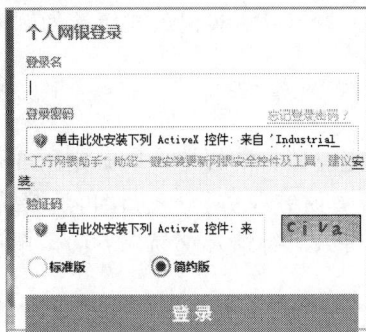

图 11-7　工商银行"个人网上银行"登录页面

269　查看相关资讯

女性投资者要想做好债券投资，了解债券相关资讯是非常有必要的。下面笔者给大家介绍一下怎么查看在工商银行的网上银行上查看债券资讯。首先进入工商银行网上银行首页，按照之前介绍的操作方法进入债券页面，然后单击"债券资讯"按钮，即可进入如图 11-8 所示的债券相关的资讯页面。女性投资者可以在该页面查看各种债券相关的新闻，作为自己的投资依据。

图 11-8　债券资讯相关新闻的页面

11.3 手机炒债券

女性投资者在投资债券的时候，除了可以在网上进行交易操作之外，还可以在手机上进行。以工行手银客户端为例，可以购买的债券分为记账式、储蓄式两种，而储蓄债券又分为凭证式和电子式。本节以购买记账式债券为例，讲解购买债券的方式。

270 查看行情

女性投资者用户可先行查看债券的行情，以确定所要购买的品种。在工行手机银行的"投资理财"界面单击"债券业务"按钮，再选择需要查看的债券类型，单击"行情及交易"按钮，即可进入"行情及交易"界面，单击任意品种可查看详情，还可以查看债券的历史价格。

271 开户

女性投资者要在手机上进行债券投资交易操作，首先需要开立一个账户。开户的操作很简单，用户可以选择在网上进行开户，也可以选择在手机相关的平台上进行开户。在开户的过程中，需要认真阅读相关协议，尤其是其中某些需要注意的问题，然后才能进行下一步操作。

272 购买

当女性投资者完成账户的开立后，就可以通过手机银行购买债券了。用户只要按照手机上的操作进行就可以了。如有的手机在债券详情界面上，会有"购买"的按钮，用户只要单击该按钮，就能进行债券购买了，然后再根据系统提示操作即可完成债券购买。

273 卖出

若女性投资者需要卖出所持有的债券，也可以在手机上进行操作。通常来说，在售卖债券的时候，会有债券类型的选择，用户只要根据自己的实际情况进行选择操作即可。

11.4 债券的 4 个特性

挑挑选选，到底要买什么样的债券，女性投资者可能还没有定论。要挑选出好债券，就必须清楚债券的 4 个特性。

274　安全性

安全性总是被放在首位，因为这是债券的最大特点。债券规定有固定的利率，与企业绩效没有直接联系，收益比较稳定，即使企业破产，债券持有者也享有优先于股票持有者对企业剩余财产的索取权。总体来说，债券投资还是比较安全的。

1. 政府债券和企业债券

政府债券的安全性是绝对高的，企业债券则有时面临违约的风险，尤其在某些时期，经营一旦不善就会遇到倒闭的风险，导致偿还全部本息的可能性就不大。因此，企业债券的安全性远不如政府债券。

2. 抵押债券和无抵押债券

有抵押品作偿债的最后担保，其安全性就相对要高一些。

3. 可转换债券和不可转换债券

因为可转换债券可随时转换成股票、作为公司的自有资产对公司的负债负责，能承当更大的风险，故其安全性要低一些。

因此，想要稳定投资，国债和金融债券都是不错的选择。

275　偿还性

债券一般都规定有偿还期限，发行人必须按约定条件偿还本金并支付利息。在历史上只有无期公债或永久性公债不规定到期时间，这种公债的持有不能要求清偿，只能按期取得利息，而其他的一切债券的偿还期限有严格的规定，且债务人必须如期向持有人支付利息。

276　流动性

债券流动性指收回债券本金的快慢速度。金融债券如果不流通，就等于是一堆废纸，而且其价值也就体现在流通的过程中。债券的流动性强意味着能够以较快的速度将债券兑换成货币，同时以货币计算的价值不受损失，反之则表明债券的流动性差。影响债券流动性的主要因素是债券的期限，期限越长，流动性越弱；期限越短，流动性越强。另外，不同类型债券的流动性也不同。

(1) **政府债券。** 政府债券在发行后就可以上市转让，故流动性强。

(2) **企业债券。** 企业债券的流动性往往有很大差别，对于那些资信卓著的大公司或规模小但经营良好的公司，它们发行的债券其流动性是很强的。反之，那些规模小、经营差的公司发行的债券，流动性要差得多。因此，除信用等级的因素之外，企业债券流动性的大小在相当程度上取决于投资者在买债券之前对公司业绩的考察和

评价。

债券如果一直在流通的过程中，那么它的无形损失就会减少，而如果一直处于静止状态，就很容易造成财产的隐性流失。因此，进行债券投资，一定要观察其流动性，尤其是以赚取买卖差价为目的的短线投资者。

277　收益性

没有比收益好不好更值得投资者关注的事情了。收益是每一位投资者的目的，谁都不愿意投了一笔血本后，结果收益为零，甚至血本无归。根据投资的原理，风险与收益成正比。如果想得到高回报，就应将钱投在风险高的债券上。

(1) 政府债券。 国家(包括地方政府)发行的债券，是以政府的税收作担保的，具有充分安全的偿付保证，一般认为是没有风险的投资。

(2) 企业债券。 企业债券则存在着能否按时偿付本息的风险，作为对这种风险的报酬。企业债券的收益性必然要比政府债券高。当然，这仅仅是其名义收益的比较，实际的收益情况还要考虑其税收成本。

有的人希望风险和安全能两全，尽管这很难兼顾，但是也不妨根据自己的条件来进行比较分析，选出自己满意的收益率。

11.5　挑选债券的技巧

债券是一种能让家庭投资者进退自如的投资，它进可攻，退可守，具有低风险性和安全性。例如，与储蓄相比，投资债券具有较高的收益率；与股票、期货相比，投资债券又可以承担较低的风险。因此，对于想获得高于银行利息回报而又不愿意承担风险的家庭投资者来说，债券无疑是一种很好的投资品种。那么，投资债券到底有哪些方法和技巧呢？

278　抓准买卖时机

家庭投资者若准备进军债券市场时，首先应该掌握债券买卖的时机，亦即以怎样的方式来预测债券行市。债券投资发展至今，预测其行市的方式大体以下有 3 类。

(1) 清楚净价。 若扣除按债券票面利率的应计利息后的债券价格未发生变化，投资人任何时候买入债券都没有差别，投资成本也不会增加。

(2) 计算好债券最短持有时间。 投资者应该计算出一个不亏本的最短持有天数，即持有期间内含利息减去买卖价差后的收益应高于存活期的税后利息收入，肯定比存活期划算，且时间越长，收益越多。

(3) 准确预计债券利率升降。 若预计某只债券的利率将上升，可先卖出持有的债券，获得利息收益，等由利率真正上升导致债券价格下跌时，再买入该债券，即可获得高于票面利率的实际收益率。

279 拉动投资收益

要驾驭某一事物，必须先摸清它的运行规律，然后再来按这个规律办事，投资债券也应如此。

例如，王先生准备新购的一种债券有 1 个星期的发行期，他选择在最后一天购买。在到期兑付时也有 1 个星期的兑付期，王先生在兑付的第一天就去银行进行兑现。这样，可以减少资金占用的时间，并拉动了债券投资的收益率。

280 逢低买入高卖出

购买记账式国债与凭证式国债，都可以得到固定的利息收入，但是由于债券的价格在不断波动，入股选择在低价时买入，高价时卖出，即可赚取差价。不过，国债的波动与股票不同，一般都在一个合理区域内起伏，可以赚取的差价收益比股票要小很多，但风险也要小得多。例如，某只债券的面值为 100 元，固定利息为 3%，当价格跌破 100 元时，投资者得到的实际收益就会相应提高。因此，家庭投资者可以等国债的价格出现跌落时再买入，赚取更多收益。

281 合理运用金融债券

在股市震荡、楼市受控的背景下，很多投资者将目光放到了金融债券市场。我国各大金融债券销售点非常火爆，许多债券产品几乎被抢购一空。不过在金融债券火爆的背后，投资者还应保持冷静的头脑，合理应用投资技巧。

(1) 多种渠道买债券。最让投资者头痛的是已经选好了心仪的债券产品，但是在购买时却因为购买方式不对而不得不放弃。其实，目前许多银行已经开通了网上销售金融债券的服务，投资者只要持有该银行相应的银行卡，便可通过网络"秒杀"金融债券。同时，一些银行有预约购买金融债券的服务，也可以让客户轻松买到金融债券。对于不熟悉网络应用的老年人来讲，可以让儿女们帮忙在网上购买金融债券，免去一早排队的辛苦。

(2) 根据自身情况买债券。金融债券的特点是投资安全、收益稳定、享受免税待遇，可上市交易并且每年付息。不过，对于没有经验的投资者来说，应该更多地关注在交易所挂牌的金融债券，通过积极的投资策略，获得更大的收益。

282 比较新旧债券利率

由于国债是具备长期性、低风险等优势的"防守型"理财品种，因此一定要多关

注新国债的发行时间。当有新国债即将发行时，则要提前卖出旧国债，再连本带利买入新国债，所得收益可能比旧国债到期才兑付的收益高。

另外，在准备卖旧买新时，一定要比较卖出前后的利率高低，以及估算转卖后是否能增加利益。

某些凭证式国债可以提前支取和质押贷款，但不能流通交易，发行期内如遇利率调整，未发行的部分会按新利率执行。家庭投资者如果买了此类国债，在遇到利率上升的情况时，可到原网点提前支取并购买新收益率的国债，即使扣除手续费也能获得更多收益。

283　抢购债券的技巧

国债虽好，但购买太难，不少地区还出现了上百人排队抢购的场面，大部分银行在几小时内即宣告售罄。那么，如何才能快速买到国债？

(1) 股份制银行购买。一般情况下，在国债销售方面，银行只是代理。不少股份制银行在服务上较为灵活，会提供一些便利的购买方法。所以，在股份制银行购买国债，不失为一种好选择。最好在周边大多是商铺或写字楼，而没什么居民区的银行网点购买，因为购买国债的都是居民，商业区的网点购买者会少很多。

(2) 网上、电话购买。很多银行在国债发行方面提供了电话和网络优先于柜台销售的服务，使家庭投资者无须出门即可在家购买到国债。但是，要注意网银的使用安全，最好去银行购买网银安全保护工具，并在固定电脑上登录网上银行。

(3) 持卡 VIP 预约购买。据悉，工行、中行和农行等银行都对本行的贵宾 VIP 客户推出了预约购买国债的服务。因此，有贵宾卡的家庭投资者不可错过这种机会。

284　"可转债"投资的技巧

投资有回报才是硬道理，股票型基金曾让熊市里的投资者品尝了无数亏损的苦果，而债券型基金虽然回报稳定，但收益却少得可怜。如何能让风险增加一点点，预期收益成倍上升呢？投资"可转债"便可达到这样的效果。可转债具有上不封顶、下可保底的特点，在熊市中有极好的避险功能，在投资时不妨注意以下 3 点。

(1) 可转债面值附近购买。例如，国内可转债的面值都是 200 元，在 205 元以下购买，可以最大化地控制亏损。

(2) 卖走势好的可转债。债券发行公司的成长性好，股票就可能出现长期上升的走势，而转债也就会随股票基本保持同步上涨。

(3) 买有利息补偿的可转债。不同的可转债利率有高有低，有的设计了利息补偿条款，利率可以随着存款利率的上调而调整，家庭投资者选择这样的可转债更能够避免利率风险。

285　记账式国债投资的技巧

记账式国债的券面特点是国债无纸化(投资者购买时并没有得到纸券或凭证)，而是在其债券账户上记上一笔。记账式国债具有成本低、收益好、安全性好、流通性强的特点。投资银行柜台记账式国债大体有以下 3 种投资方法。

(1) 零存整取法。女性投资者可以选择每月用固定资金投资一只，等待到期。除了每月定期投资国债外，每年记账式国债付的利息也继续投资国债，这样到期收益高，并可积累大量财富。

(2) 差价法。记账式国债通过无纸化方式发行，以电脑记账方式记录债权，并可以上市交易和随时买卖，流动性强，每年付息一次，实际收入比票面利率高。因此，家庭投资者可以判断好一只国债，做这只国债价位的低买高卖，赚到一段国债利息的同时，主要来赚取差价。

(3) 长期投资法。为了有效地规避风险，女性投资者可长期地持有一只相对收益高和票面利率高的国债。

11.6　规避债券风险的方法

"把损失放在心上，利润就会照看好自己"，这句话表示债券市场并不是一个遍地收益的市场。面对这样一个迅速发展并成为热点的理财市场，一定要注意规避风险，谨慎操作。

286　规避利率风险

利率是影响债券价格的重要因素之一，它是由于利率变动而使投资者遭受损失的一种风险。

(1) 风险特征。当利率提高时，债券的价格就降低；当利率降低时，债券的价格就会上升，这些情况下，都会有风险存在。

(2) 防范措施。分散债券的期限，长短期配合。如果利率上升，短期投资可以迅速地找到高收益投资机会；若利率下降，长期债券却能保持高收益。

287　规避经营风险

经营风险是指发行债券的单位管理与决策人员在其经营管理过程中发生失误，导致资产减少而使家庭的债券投资者遭受损失。经营风险源于对被审计单位实现目标和战略产生不利影响的重大情况、事项、环境和行动，或源于不恰当的目标和战略。为了防范经营风险，可以从以下两个方面入手。

(1) 了解发行公司。 选择债券时一定要对公司进行调查，对其报表进行分析，了解其盈利能力和偿债能力、信誉等。

(2) 权衡收益与风险。 由于国债的投资风险极小，而公司债券的利率较高但投资风险较大，所以，需要在收益和风险之间做出权衡。

288 规避违约风险

违约风险是指发行债券的公司不能按时支付债券利息或偿还本金，给债券投资者带来损失。违约风险越高，投资者则可要求发行人为高风险支付更多利率。由政府做担保、财政部发行的国债，被市场公认为"金边债券"，没有违约风险；但其他由地方政府或公司改选的债券，或多或少都会有违约风险。为了防范违约风险，可以从以下两个方面入手。

(1) 详细了解再购买。 在选择债券时要仔细了解债券发行公司的经营状况和以往债券支付等情况，如果发行经营状况不佳或信誉不好的公司债券，则要放弃投资。

(2) 买后多关注。 一旦已经购买了债券，则应尽可能对公司经营状况进行了解，以便可以及时卖出债券，避免亏损。

289 规避购买力风险

购买力风险又称通货膨胀风险，是指由于通货膨胀而使货币购买力下降的风险，是债券投资中最常出现的一种风险。通货膨胀期间，投资者实际利率应该是票面利率扣除通货膨胀率。例如，年利率 5%，通货膨胀率 8%，即实际利率为-3%。由于许多家庭投资者错误地认为货币越多越富裕，这种货币幻觉使投资者忽视了通货膨胀的问题。为了防范购买力风险，可以从以下两个方面入手。

(1) 关注实际收益率。 投资者只有把注意力集中在债券的实际收益率上，才能克服货币幻觉问题，而且只有当债券的实际收益率为正值，购买力才真正有增长。

(2) 多产品投资。 例如，将一部分资金投资于股票和期货等收益较高的投资品种上，以分散风险，使购买力下降带来的风险能为某些收益较高的投资收益所弥补。

290 规避变现性风险

变现性风险是指投资者在短期内无法以合理的价格卖掉债券的风险。

(1) 风险特征。 如果投资者遇到一个更好的投资机会，但在短期内没有找到愿意出合理价格的买主，则需要把价格降低或者过很长一段时间才能找到买主。这样，投资者必定会遭受一定的损失或失去新的投资机会。

(2) 防范措施。 针对变现性风险，投资者应尽量选择交易活跃的债券，如国债等，便于得到其他人的认同，冷门债券最好不要购买。

291　规避再投资风险

任何家庭投资者都不能完全预测市场，对于投资人来说，再投资风险尤其重要。购买短期债券而没有购买长期债券的家庭投资者，则很可能出现再投资风险。

例如，长期债券利率为 10%，短期债券利率 8%，为减少利率风险而购买短期债券，但在短期债券到期收回现金时，如果利率降低到 6%，就不容易找到高于 6% 的投资机会，还不如当时投资于长期债券，仍可以获得 10% 的收益。

总的来说，再投资风险还是一个利率风险问题。为了防范违约风险，可以通过长短期配合来分散债券的期限。

如果利率上升，则短期投资可迅速找到高收益投资机会；如果利率下降，则长期债券还可以保持高收益。

292　规避柜台交易风险

柜台债券交易很容易出现利率风险，利率是影响债券价格的重要因素之一，它是由于利率变动而使投资者遭受损失的一种风险。

一般来说，利率上升时，固定利率债券的价格会下降；反之亦然。如家庭投资者在买入债券后，遇到利率上升，债券价格下跌，此时卖出债券将会产生损失。

债券的期限常用来衡量利率风险，为了避免出现利率风险，只需记住一句老话：不要把所有的鸡蛋放在同一个篮子里，即投资者应进行多元化(多种债券以及不同期限的债券组合)的债券投资。

293　规避凭证式国债风险

凭证式国债是家庭投资者最喜欢的投资理财产品之一，其因免税和利率较高而受到追捧，但一般很难买到。

凭证式国债的风险主要有两点，即加息和时间成本。银行的利息升了也就意味着债券的利息收入减少。例如，预测央行存款会加息 0.3%，若投资者买了 20 万元一年凭证式国债，利率为 2%，他一年后的实际收益为 4000 元。而加息后，每年收益达到了 6000 元，因此投资者买国债反而亏损了 2000 元。

凭证式国债类似于银行定期存款，如果提前支取要收取千分之一的手续费，而且半年之内是没有利息的。如果转买新一期利率更高的国债能获得更高收益，则可以提前支取。

对于提前兑取的凭证式国债，经办网点还可以二次卖出。另外，由于凭证式国债不能上市，提前兑取时的价格(本金和利息)不随市场利率而变动，因此凭证式国债可以有效避免市场价格风险。

294　规避记账式国债风险

　　记账式国债是一种较好的投资理财产品，固定利率一般会高于银行存款利率。记账式国债的风险主要来自债券的价格，如果进入加息周期，债券的价格就会下跌，债券的全价(债券净价加利息)可能会低于银行存款利率甚至亏损。为了防范购买力风险，可以从以下 3 个方面入手。

　　(1)　考虑各银行特点。要考虑各国有商业银行各自的特点，就其报价、服务进行全面的比较。

　　(2)　选择交易时机。还需要根据物价、经济增长指数等相关数据，分析当前的经济形势，判断债券的价格走势，选择适当的交易时机。

　　(3)　关注债券利率。若预计利率将上升，可卖出手中债券，待利率上升导致债券价格下跌时再买入债券，则实际收益率会高于票面利率。

第 12 章
保险投资：给女人的人生之旅保驾护航

学前提示

保险是一种风险管理工具，是"为无法预料的事情做准备"。有些事情一旦发生，会严重危及家庭的理财规划。投入少量资金购买保险，可以在意外情况发生时弥补女性的经济损失，使理财规划得以顺利进行，所以说保险是女性理财规划中必备的一项。

要点提示

➢ 了解保险的秘密

➢ 网上保险投资

➢ 手机保险投资

➢ 选保险要多方面考虑

➢ 购买保险时不可不知的事项

➢ 不同类型女性的投保技巧

➢ 认识保险中的陷阱与误区

12.1 了解保险的秘密

死亡是生的终结，保险却是生的开端。人生在世，疾病和死亡是不得不面对的，而当这些重大事件降临时，保险就是您最好的经济保障。为了保证自身的幸福生活，提高家庭生活的安全度，我们应当了解一些必需的基本知识。

295　认识保险

在法律和经济学意义上，保险是一种风险管理方式，主要用于经济损失的风险。严格意义上讲，保险是指投保人根据合同约定，向保险人支付保险费，保险人对于合同约定的可能发生的事故因其发生所造成的财产损失承担赔偿保险金责任，或者当被保险人死亡、伤残、疾病或者达到合同约定的年龄、期限时承担给付保险金责任的商业保险行为。

保险行为包括 3 个因素：投保人、保险人和合同约定。投保人就是购买保险的人，保险人则是出售保险的人，而合同约定则是双方约定在指定时期内，保险人对特定事件或事件组造成的任何损失给予一定补偿的规则。

296　5 种常见的保险种类

保险是家庭和经济生活的稳定器，是家庭理财中最基础的避险工具。对于家庭经济支柱来说，保险就是一份承诺与爱；而对于家庭弱势群体来说，保险就是一种呵护。保险的分类方式很多，按保险标的可以分为人身保险和财产保险；按保险合同双方的关系可以分为原保险和再保险；以经营保险是否以盈利为目标分为商业保险和社会保险；其他的保险种类如按执行力区分，分为强制保险和非强制保险等。

而平时人们常见并且与人息息相关的保险种类主要有以下 5 种。

(1) 人寿保险。人寿保险是一种社会保障制度，是以人的生命身体为保险对象的保险业务。

(2) 财产保险。财产保险是指投保人根据合同约定，向保险人交付保险费，保险人按保险合同的约定对所承保的财产，及其有关利益因自然灾害或意外事故造成的损失承担赔偿责任的保险。

(3) 社会保险。社会保险是一种为丧失劳动能力、暂时失去劳动岗位或因健康原因造成损失的人口提供收入或补偿的一种社会和经济制度。

(4) 养老保险。所谓养老保险(或养老保险制度)是国家和社会根据一定的法律和法规，为解决劳动者在达到国家规定的解除劳动义务的劳动年龄界限，或因年老丧失劳动能力退出劳动岗位后的基本生活而建立的一种社会保险制度。

(5) 医疗保险。 医疗保险，是指以保险合同约定的医疗行为的发生为给付保险金条件，为被保险人接受诊疗期间的医疗费用支出提供保障的保险。

297 投资型保险的类型

投资型保险是国内保险市场近年来出现的新险种，它兼具保险保障与投资理财双重功能，目前，市场上常见的投资型险种主要分为以下几种。

(1) 分红险。 分红型保险是指保险公司将其实际经营成果优于定价假设的盈余，按一定比例向保单持有人进行分配的人寿保险新产品。分红险投资策略较保守，收益相对其他投资险为最低，但风险也最低。

(2) 万能寿险。 万能寿险是一种缴费灵活、保额可调整、非约束性的寿险。该险种是风险与保障并存，介于分红险与投资连结险之间的一种投资型寿险。万能寿险设置保底收益，保险公司投资策略为中长期增长，主要投资工具为国债、企业债券、大额银行协议存款、证券投资基金等，优点是存取灵活，收益可观。

(3) 投资连结保险。 简称投连险，是一类集融保险与投资功能于一身的险种。投资连结险主要投资工具和万能险相同，不过投资策略相对进取，无保底收益，所以存在较大风险，但潜在增值性也最大。

298 投资型保险的形式

现今投资型保险大致分为三种，分别是变额寿险、变额万能寿险及变额年金，以上三种投资型商品最大的特色是均设有一般账户及分离账户，此点亦是与传统型商品最大区别之处。

(1) 变额寿险。 变额寿险是一种固定缴费的产品，可以采用趸缴或分期缴。

(2) 变额年金。 与变额年金相对应之传统型商品是定额年金，定额年金分为即期年金及递延年金，而变额年金多以递延年金形式存在。

(3) 变额万能寿险。 变额万能寿险乃结合变额寿险及万能寿险，不仅有变额寿险分离账户之性质，更包含万能寿险保费缴交弹性之特性。

12.2 网上保险投资

随着投资理财的多样化，网上炒债券也成了一种不错的理财赚钱的方式。女性投资者在网上进行债券交易能享受简单、便捷的服务。

299 查看保险品种

女性投资者进行保险理财之前首先要清楚保险的品种有哪些，这样才能进行有针

对性地投资。以招商银行为例，如果女性在招商银行网上银行查看保险产品时，只要在电脑上进入该银行的官网首页，找到如图 12-1 所示的"理财产品"栏，然后单击"保险"按钮，进入保险首页，在保险的首页单击"保险产品"即可进入如图 12-2 所示的页面，该页面列有招商银行所有的保险产品，女性投资者可以选择自己想要的产品进行投资。

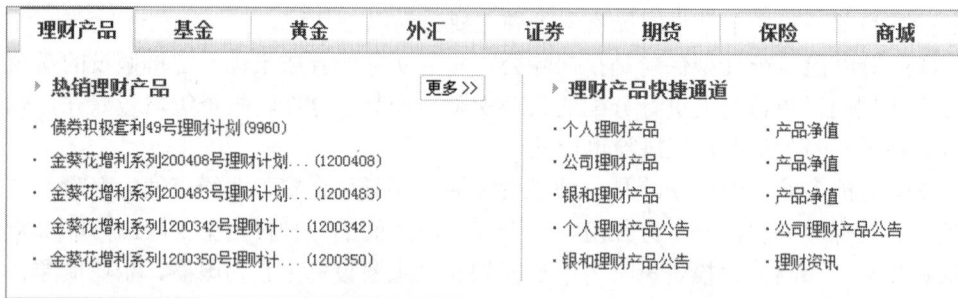

图 12-1　招商银行网上银行首页"理财产品"栏

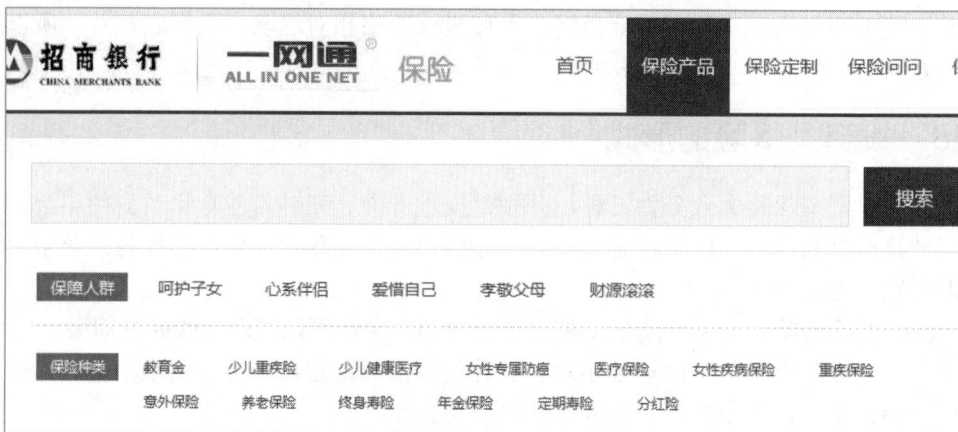

图 12-2　招商银行网上银行保险产品页面

300　查看保险详细内容

女性投资者在考虑好投资哪种类型的保险之后，需要查看该保险的详情，这样才能确保保险方案是否满足自己的需要，以女性在招商银行给自己购买保险为例，女性投资者只需要在网上查看一下保险方案的详细内容就可以确定该保险方案是否适合自己。首先进入招商银行网上银行的保险首页，找到如图 12-3 所示的产品介绍栏，然后选择"成年保险"按钮，就会出现该保险类型下所有的保险方案，以"重疾险"为例，单击该选项即可进入重疾险的详情页面，该页面会给投资者详细介绍该方案的优势及投保须知的事情，以及告诉投资者投保的流程，如图 12-4 所示。

图 12-3　招商银行网上银行保险产品介绍栏

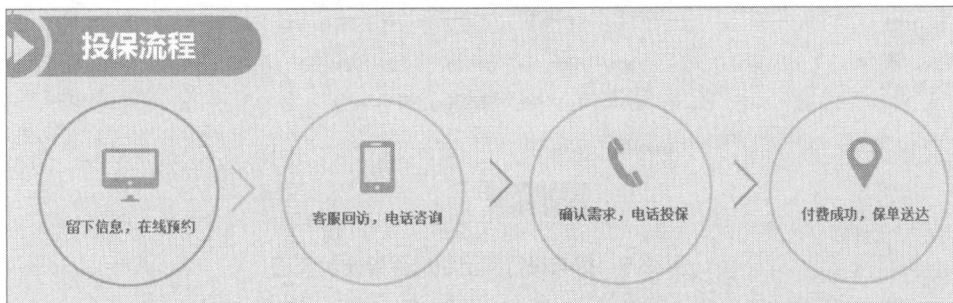

图 12-4　招商银行网上银行投保流程

301　查看保险资讯

女性投资者在购买保险时还可以浏览一些保险相关的资讯，充实自己的保险投资知识，以招商银行为例，投资者可以在招商银行的网上银行首页单击"保险资讯"按钮，即可看到一些保险相关的资讯。招商银行的保险资讯主要分为保险问答、保险知识普及、保险案例以及保险专题四个模块。女性投资者可以在这四个模块中获取不同的资讯信息。

以保险知识模块为例，女性投资者可以了解重疾险知识，如购买重疾险需要掌握的三个要点，以及了解养老险、意外险等知识，为自己购买该类保险时提供参考依据。

302　进行定制保险

女性投资者除了可以在招商银行购买其已经推出的保险产品类型，还可以进行个性化的保险定制，定制专属于自己的个性化保险，给自己提供最暖心的保护，同时也可以给自己的父母、丈夫、儿女定制保险，给家人带来更多关怀。

在招商银行上定制保险，女性投资者只要先用电脑进入招商银行的首页，然后单击"保险定制"按钮，即可以进入如图 12-5 所示的保险定制页面。然后即可结合实际情况按照上面的提示进行操作，最后系统会根据你所填写的信息推荐合适的保险方案。

图 12-5　招商银行网上银行保险定制页面

12.3　手机保险投资

女性投资者在投资保险的时候，除了可以在网上进行交易操作之外，还可以在手机上进行。下面给各位女性投资者介绍怎样在手机上进行保险投资。

303　下载保险产品客户端

手机购买保险是非常方便、快捷的，首先得学会如何在手机上查询保险客户端，挑选适合自己的保险产品。本节将介绍如何使用手机一键查询保险 APP。

第一步：进入手机的软件商店，输入"保险"就可以看见各类保险 APP，选择一款保险 APP，以国寿掌上险为例，然后点击"下载"，如图 12-6 所示。

第二步：点击下载后，就可以看见软件正在下载中，如图 12-7 所示。

第三步：下载成功后，点击如图 12-8 所示的"安装"按钮，即可按照操作步骤安装该 APP。

图 12-6　输入并选择保险 APP　　图 12-7　保险 APP 下载中　　图 12-8　安装保险 APP

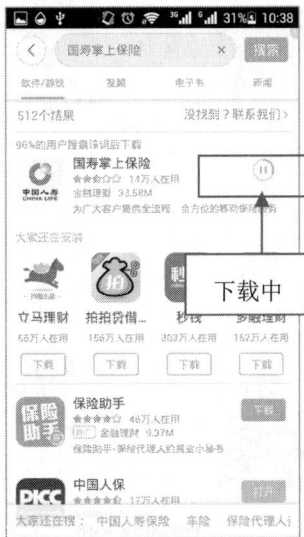

移动保险服务系统的基本功能有很多，具体包括以下几种。

(1) 保险服务。在客户端可以实现对不同险种的具体条款的查询，输入相关的投保信息，实现移动过程中(如游客购买保险)保险的购买和生效。

(2) 保单查询。通过客户端平台向服务器查询保单的状态。其中，状态信息包括保单信息输入、查询结果输出等。

(3) 账户管理。用户可以通过移动终端设备客户端对用户的支付账户进行管理，包括账户余额查询、用户密码变动、账户充值等功能。

(4) 客户管理。在投保购买过程中避免重复的数据输入。本地的客户信息管理包括客户查看、客户增加或删除、资料修改等功能。

(5) 保单管理。查询本地的保单数据。投保成功后，手机等客户端自动保存的投保数据，除投保时用户输入的数据外，还包括该保单的具体信息，如投保时间、生效时间、保单号等。

304　中国平安移动保险平台

中国平安保险股份有限公司，于 1988 年诞生于深圳蛇口，是中国第一家股份制保险企业，至今已经发展成为融保险、银行、投资等金融业务为一体的整合、紧密、多元的综合金融服务集团。本节将介绍如何使用"平安金管家"查询电子保单。

第一步：打开"平安金管家"APP，在首页点击"保单"按钮，如图 12-9 所示。

第二步：进入如图 12-10 所示的寿险保单服务界面，输入个人信息后点击"一账通登录"按钮，之后即可根据提示查询自己的电子保单。

图 12-9　打开"平安金管家"首页　　图 12-10　点击"查验"按钮

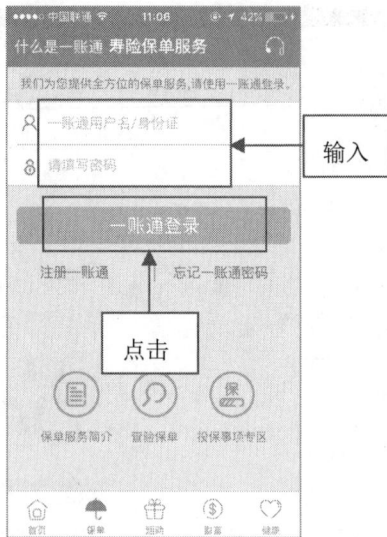

中国平安是国内金融牌照最齐全、业务范围最广泛、控股关系最紧密的个人金融生活服务集团。平安集团旗下子公司包括平安寿险、平安产险、平安养老险、平安健康险、平安银行、平安证券、平安信托、平安大华基金等，其涵盖了金融业各个领域，已发展成为中国少数能为客户同时提供保险、银行及投资等全方位的金融产品和服务的金融企业之一。

中国平安是中国金融保险业中第一家引入外资的企业，拥有完善的治理架构，国际化、专业化的管理团队。公司一直遵循对股东、客户、员工、社会和合作伙伴负责的企业使命和治理原则，在一致的战略、统一的品牌和文化基础上，确保集团整体朝着共同的目标前进。通过建立完备的职能体系，清晰的发展战略，领先的全面风险管理体系，真实、准确、完整、及时、公平对等的信息披露制度，积极、热情、高效的投资者关系服务理念，为中国平安持续稳定的发展提供保障。

305　中国人寿移动保险平台

中国人寿保险公司是国有特大型金融保险企业，总部设在北京，世界 500 强企业。1996 年分设为中保人寿保险有限公司，2003 年，经国务院同意、保监会批准，业务范围全面涵盖寿险、财产险、养老保险(企业年金)、资产管理、另类投资、海外业务、电子商务等多个领域，并通过资本运作参股了多家银行、证券公司等其他金融和非金融机构。中国人寿的手机 APP 叫作国寿掌上保险，本节将介绍如何使用手机购买中国人寿保险产品。

(1)　打开并登录"国寿掌上保险"APP，然后在首页就可选择保险产品，以房产为例，点击"房产"按钮，如图 12-11 所示。

(2) 进入"如 E 家庭财产保险计划"界面，点击"立即购买"按钮，如图 12-12 所示。

(3) 进入方案选择界面，然后根据自己的需求选择好方案，点击"下一步"按钮，之后根据提示即可完成购买，如图 12-13 所示。

图 12-11　点击"房产"按钮　图 12-12　点击"立即购买"按钮　图 12-13　点击"下一步"按钮

12.4　选保险要多方面考虑

挑挑选选，到底要买什么样的保险，女性投资者的心里可能还没有定论。要挑选出好保险，就必须清楚保险的 3 个原则。

306　3 个原则助你选保险

永远没有最好的保险，只有最适合自己的。在选择保险时，女性投资者必须遵循以下 3 个基本原则。

(1) 选最需要的。选择保险要有针对性，不能不分类型随便选择。保险的目的主要有生命保障、收入保障、养老保障、伤残保障、疾病医疗费用保障等。投保者要根据个人或家庭面临的风险种类选择相应的险种。

(2) 根据自己实力购买保险。选择保险要根据自己的经济收入状况，确定适当的保险额数。一般来讲，寿险的保险金额确定为一个人年收入的 3 倍左右，而意外险的保额一般确定为一个人的年收入的 10 倍左右。

(3) 合理搭配保险。 许多险种除了主险以外，一般都有附加险，所以投保者可以通过多个险种的搭配，达到最佳保障效果。这样做既可以使保户获得较周全的保险，也可以节省一定的保险费用。

307 选一家优秀的保险公司

随着我国金融行业的发展，不同种类的保险公司也如雨后春笋般层出不穷，这一方面给投资者很大的投保选择空间，另一方面却让投资者面临更多的困惑，应该怎么样选择保险公司呢？

(1) 公司实力。 具有较强实力的保险公司，外在的表现就是建立时间较长，规模较大、资金雄厚，更为主要的是这样的保险公司的偿付能力比较强。此外，还要看一下保险公司的经济实力，一般来讲，只有经营况良好、保费收入稳定的公司才是一家值得依赖的公司。

(2) 服务水平与质量。 服务质量好的保险公司，能够为投保人着想，从客户一开始投保，就能够从各个角度体现服务的理念。一旦发生保险责任，客户能够及时地得到理赔。

(3) 保险公司的地理位置。 那种具有多家分公司的企业是选择保险公司的一个条件，因为如果客户一旦迁往异地或异地出险，而在当地又无这家保险公司的分支机构，无疑会给客户的缴费、理赔造成许多不便。

308 找一个可靠的代理人

购买保险产品时，通过选择一个"靠谱"的代理人，进而拥有"靠谱"的保障计划，可以少走弯路。

(1) 查代理人资格。 要求保险代理人出示身份证、保险代理人业务许可证或者工作证，还可以打电话到有关的保险公司核实保险代理人的有关情况。

(2) 验代理人业务素质。 看他是在单纯推销保险还是真正能从客户的实际需求和财务状况出发考虑问题，以及他能否把险种的优缺点讲清楚。

(3) 测代理人业务能力。 好的保险代理人，业务知识相当娴熟，而且能提供良好的售后服务。

309 认真研究保险条款

保险不是无所不保。对于投保人来说，应该先研究条款中的保险责任和责任免除两部分，以明确这些保单能提供什么样的保障，再和自己的保险需求相对照，要严防个别营销员的误导。

保险单是具有法律效力的，投保人不能只听保险人或推销员的口头保证，而是要看懂保险合同上的条款，因为没根据的承诺或解释是没有任何法律效力的。

同时，投保人要明确自己的需要，首先考虑自己或家庭的需要是什么，如担心患病时医疗费负担太重而难以承受的人，可以考虑购买医疗保险，为年老退休后生活担忧的人可以选择养老金保险；希望为儿女准备教育金、婚嫁金的父母，可投保少儿保险或教育金保险等。

310 3 个方面选择分红险

分红保险之所以受大众欢迎，就在于它在保障功能之外，还增加了投资功能，既然是投资，就应该关注其收益。

(1) 公司经营能力。公司每年向客户派发红利不是定值，而是随保险公司的实际经营绩效而波动。客户获得红利的多少，取决于保险公司业务经营能力的强弱。

(2) 自身需求。自我需求也就是为什么要买，买多少。客户要根据自身的需求选择合适的保险产品，以获取最大利益，保障投资安全。

(3) 看保障功能。分红保险本质是保险，保险产品与其他理财工具的本质区别是保障。因此，购买分红保险首先要看重其保障功能。

12.5 购买保险时不可不知的事项

即使一个穷人，也可以用保险来建立一笔资产，因为他知道，倘若有任何事件发生，他们家庭也可受到保障。目前，已经买了保险的人不在少数，然而，在投保观念和技巧方面，不少人只是听从保险推销人员的"忽悠"，没有自主性。其实投保也是有策略的，即使您是完全不懂保险的新手，在了解了保险的关键知识后，投保就会变成很简单的事情。

311 对购买保险的正确认知

女性投资者在购买保险的时候需要弄清楚自己购买保险的目的以及正确认识保险的功能。

➢ 弄清自己的保障需求和怎么买保险比买保险更重要，否则有可能没有相应保障还要损失金钱。

➢ 寿险、重疾险及医疗险的观察期很重要，因为观察期内出险还是自己埋单。

➢ 所谓除外责任条款，就是买了保险以后也应由自己承担的风险，保险公司不会赔。

➢ 不是指定的医院的住院治疗保险拒赔。

➢ 不同的保险其保险责任是不同的，不要认为买了保险都可以获赔。

➢ 现在就开始返还的保险并不见得好，往往是高保费低保障。

➢ 购买保险指定受益人相当重要，否则会引起纠纷不说还要给公证处交不菲的费用。

312 拥有成熟的投保心理

购买保险的心态是十分重要的，如果您真的想为自己和家庭寻找一份保障，首先要摒弃对保险的偏见。现在的保险市场比较混乱，很多保险的推销员让人烦不胜烦，大家提到"卖保险"的，就好像看到了"过街老鼠"一样，总觉得买了保险就像上当受骗了一样。

其实这并不是保险的错，而是市场运作方式的错误，许多保险公司的业务员并不是公司的正式员工，而只是雇用来的，所以他们不会顾忌公司的形象和信誉，而是仅靠业绩赚钱。想要摆脱推销员的烦扰，最好的方式就是自己学点保险知识，然后自己到保险公司投保。

此外，保险虽说是一份保障，但是仅仅针对出现事故之后。人人都希望自己的保险用不上，因为没有人希望自己出现危险。而如果没有事故，那么保险就只是心理上的安慰而已，并不能作为我们的完全依靠。

313 把买保险当作一种投资

保险是一种风险管理工具，是"为无法预料的事情做准备"。在如今经济市场的金融危机下，购买适当的保险产品，可让资产获得理想的保值和增值，抵御通货膨胀的同时，还可拥有灵活的调配资金。

首先，我们可以利用保险产品的保障功能，来管理理财过程中的人身风险，保证理财规划的进行，在保障后方安稳的情况下，我们就可以拿出更多的流动资金投入到其他金融产品中去，创造更多收益。

其次，近年来，保险公司设计出很多新产品，可以在保障功能的基础上，实现保险资金的增值。相对其他金融产品，因为其风险很低，所以收益总体来说比不上基金、股票，但是非常稳定。

不过，保险理财不是发横财，保险产品的主要功能是保障，而一些投资类保险所特有的投资或分红则只是其附带功能，而且投资是风险和收益并存的，如果投资者看中保险的理财功能，建议在整体规划中占到 20%～40%。

314 购买分红险进行投资

随着股市的冷却，分红险凭借其保本增值和提升保障的双重优势，得到投资者的认可，受到市场追捧。大多数投保者是看中了分红险的稳定和保障，但是需要提醒投资者的是，不同险种的作用是不一样的，普通家庭购买分红险不一定合算，购买分红险不要盲从。

目前来看，分红险比较适合家庭较富裕、有稳定收入，且不太急于用此部分资金的人群，可以为未来资产保值或者给孩子储备未来的生活资金。因为保险产品在短期内取得高收益，并不意味着一直取得高收益，其收益是浮动的，而且，并非所有人都适合投资分红险，投资方式也需要根据个人的长期理财规划而定。

315　选择合适的缴费方式

买保险时，很多人会专注于产品的选择，对于如何缴纳保险费用，则是保险代理人怎么说就怎么去做。其实，保险缴费也有讲究，选择合适的缴费方式，也是一种理财之道。

(1) 趸缴。趸缴就是一次性付清，优点在于手续简单，省却了今后每年续缴保费的麻烦和保单失效的风险，比较适合收入高但不稳定的人。如果购买的是投资类保险，如万能险、投连险等，在经济能力许可的情况下，则可考虑选择趸缴。

(2) 期缴。月缴、季缴、半年缴及年缴都称为期缴，期缴周期长，每次所缴保费金额比较少，每次只需将远远少于趸缴保费的一部分资金投到保险中，便可享有同等保障，适合保障类保险。

316　保险品种搭配的原则

保险没有最好的，适合的才是最好的，投保人要在了解自身基本情况的基础上，科学合理地安排保障计划。

在选择健康保险的时候，重大疾病保险应该是每个家庭的首选。重大疾病保险的给付都是一次性的。

如客户投保了保额 5 万元的重大疾病保险，一旦发生了合同中的重大疾病，保险公司就会给客户 5 万元保险金。其次要考虑的是，应该拿出多少钱来投保。

女性投资者在购买医疗保险的时候，可以将投保的费用定为年收入的 7%，但是如果没有社会医疗保障的话，这个比例可以适当地提高一些。

317　女性快速获得赔偿的诀窍

保险理赔有一整套科学务实的业务操作流程和层层把关的审核监督机制，每一笔赔款费用的支出都有明确界定。只有依规运作，照章办理，履行义务，合理维权，才能加快赔付进程，切实维护自身的合法权益。

(1) 细读保险条款。在投保之前要特别注意保单中的保险责任、理赔申请等，避免出险后自己理解的保险保障范围与合同规定的存在出入。

(2) 及时报案。 保险合同中一般有"保险事故通知条款"，对报案时间进行限制，不同险种、不同保险公司的报案时间不同。

(3) 备齐理赔所需资料。 报案时要将出险人姓名、出险的性质、所购买的险种名称、出险人所在治疗医院的名称和科室以及出险人的联系方式等相关资料备齐。

如果客户提供的理赔资料不全，不但增加了保险公司理赔的难度，也会延长保险理赔的时间，并且容易造成理赔纠纷。

(4) 出示事故认定证明。 在出险后，保险公司为了准确认定责任损失，防止骗保现象的发生，一般都会需要相关权威部门出具的相关证明。

318　降低退保损失的方法

俗话说：投保容易退保难。虽然现在多数保险公司不会有想退也退不掉的保险，但一般情况下，退保损失很大。所以可以通过以下几招降低退保的损失。

- ➢ 利用宽限期适当地推迟交费日期。
- ➢ 利用保单质押贷款。
- ➢ 利用自动垫交保险费。
- ➢ 办理减额交清保险。
- ➢ 将保险的期限缩短。

319　购买保险后需注意的事项

买保险的过程，是了解、比较和决定的过程，而一旦购买之后并不意味着万事大吉，有些问题一定要注意，否则您的保险单的价值可能会大打折扣。

(1) 管理好保单。 保单是将来出现事故后办理赔付的主要依据，所以各位女性投资者一定要小心保存。

(2) 及时缴费。 投保人要按时缴纳保险费，维持保险单生效。

(3) 个人信息变更及时通知。 如果投保人的住址、投保金额或受益人等信息变更，要及时通知保险公司。

12.6　不同类型女性的投保技巧

对于其他投资，一般人是看到才相信，而保险是相信才看得到。买保险就是在买保障，是应对未来不可预测的各种危机的最佳方法。

320　"月光族"女性如何买保险

对于许多刚参加工作、收入不高的年轻女性"月光族"而言，买保险离自己很遥远，她们认为自己年轻力壮，买保险也用不上，同时觉得保险是有钱人才能选择的理财工具，自己作为一名"月光族"，每月要负担的房租、交通、通信、人情往来等各项支出已经很困难了。其实这种想法是错误的，由于年轻人收入普遍较低，抗风险能力较弱，更需要买保险来转移风险。

首先，虽说年轻人身强体壮，平时很少生病，但是就怕不幸患上重大疾病，所以年轻人要重点考虑对自己经济状况冲击非常大的大病或者大手术的保障险种，门诊类和住院类的险种相对次要。

其次，年轻人收入较低，可以根据经济能力，首先考虑意外伤害保险，然后依次考虑健康保险、养老保险等。

因为意外伤害保险可以在万一发生意外事故后获得较高的经济补偿，还能获得对医疗费用的赔付。

321　成熟不婚女性如何购买保险

仙仙今年 28 岁，一直单身，她决定以后不结婚，领养一个小孩，没有什么固定资产，没社保、保险和股票。就目前来说，父母能独立养老，有一定资产。仙仙每月收入约 8000 元，存款约 15 万元，没有车和房贷，开销每月 1000 元左右。仙仙表示，她希望两三年后可以有一笔可观的资金投资生意和购房，也希望若干年后可以领像养老金那样的收入安心养老。

有的女性到了一定年龄，不想结婚生子，而是选择继续单身。无论是"不婚族"还是把婚期无限推迟的成熟单身女性，到了 30 岁后，也应加强自身的保障，因为保险不但是个人对家庭责任的表现，也是个人对未来责任的体现。

(1) 买社保。由于仙仙没有社保或者商业保险，靠储蓄应付风险是远不足够的，建议仙仙通过杠杆化的方式加强对自己身体的保护，建议仙仙可以通过适当的渠道购买社保。

(2) 规划商业险。相较已婚女性，单身女性没有家庭负担和教育费用支出，所以在寿险方面的需求相对比较低。

但是，单身女性没有家庭负担也意味着在发生风险时没有家庭作为依靠；所以在规划保险时，应侧重于医疗保障和财富积累方面。

(3) 养老规划。因为仙仙计划不结婚，养老规划显得格外重要。养老的准备，应该以稳健的渠道去解决，可通过购买养老保险和基金定投的方式来储备。

322　准妈妈如何购买保险

对于处于怀孕期的准妈妈们，一方面享受着迎接新生命的喜悦，可一方面却要担心着生育风险，如何安心地成为妈妈，是准妈妈们必须要考虑的。准妈妈购买保险可

以分以下 3 个部分：

(1) 孕前。 女性在怀孕前可以购买女性健康险，对准备生孩子的家庭来说，如果觉得怀孕期间有保险的需要，最好在计划怀孕期间就去投保女性险，以便保障期可涵盖妊娠期。

(2) 孕后。 女性怀孕后可以买母婴保险，对于已经怀孕的女性，可以投保专门为孕妇以及即将出生的小宝宝设计的母婴健康类保险。

(3) 团体生育险。 有些单位会为员工购买社保之外的生育保险，在符合社保报销的范围内，员工从怀孕到宝宝出生，或者中间出现意外中止怀孕，都可以报销一定的医疗医药费用，报销的金额看具体情况而定。

323 家庭女性如何购买保险

女性投资者在给家庭购买保险时，要知道家庭购买保险的基本原则是"先大人，后小孩"，作为家庭主要经济支柱的大人是主要保障对象。所以在设计方案时，要考虑家庭稳定的开支风险、子女成长教育期的风险、父母(双方)赡养方面的开支、家庭还贷(包括供房供车等)能力保障等各项预算开支作为身故保障(即最高保额)，选择适合自己和家庭保障需求的险种。

而适合家庭购买的保险种类也有很多，主要包括家庭财产保险、人寿保险、人身意外保险、健康保险、机动车辆保险以及商品房按揭保证保险等。

在做好了家庭大人的投保之后，小孩的保障相对就简单多了，以意外和健康为主，有条件的可以考虑教育储蓄方面的保险计划。

324 老年女性如何购买保险

人们都说家有一老，如有一宝。随着社会经济的发展以及医疗水平的提高，我国老年人人口的比重大大增加，养老成为备受关注的问题。而保险成为保障老年人的首选，那么，女性老年人该如何购买保险呢？

(1) 医疗保险。 老年人最怕的就是病，又因老年人身体状况较差，自身患病的概率比较大，所以非常需要通过商业医疗保险来寻求更全面的健康保障。此外，意外伤害保险也可以作为老年人购买保险的重要选择。

(2) 适量购买寿险。 老年人绝大多数已经退休，一般不需要再照顾子女、父母，也不再有房贷等负担，所以在购买寿险时，适量购买就可以，所占比例不用过重。

(3) 选稳定性好的养老保险。 在养老保险的选择上，应选择有稳定性和持续性的产品，即到退休年龄就能保证每年可以领取固定的年金，并且确保活多久领多久。

12.7 认识保险中的陷阱与误区

　　风险是保险存在的道理。保险正是人们长期以来总结出来的抵御风险危害的有效方法，但是保险自身并不是没有风险的。我们在投保之前，必须了解保险行业中的危险和骗局，避免掉入保险陷阱。

325　保险投资中的 4 种陷阱

　　保险的风险主要包括买到超过自己经济能力的保险、买到不是自己所需要、解决不了问题的保险、发生在除外责任内或是疾病(寿险)观察期内的事故以及没有如实告之和本人签名等。这些风险很容易被不法人士利用，设下陷阱，骗取钱财。

　　(1)　不良保险代理人陷阱。很多代理人会在前期与投保人混熟，然后趁机骗取钱财，一旦得手迅速消失，投保人防不胜防。

　　(2)　保险合同中的文字陷阱。目前多数保险合同专业术语多，内容复杂，合同附件太多，不可避免地给普通的消费者设下了文字陷阱。

　　(3)　收益陷阱。这种陷阱经常出现在分红险、万能险、投连险等投资型保险产品中，推销人员往往片面夸大保险投资功能，殊不知保险的主要功能是保障，并不是投资收益。

　　(4)　买一送一陷阱。"搭售"之风在车险领域比较普遍，消费者在买车时就应事先做好功课，了解哪些险种是要强制购买，哪些是自愿性质的。

326　远离 6 种保险误区

　　买保险是件大事，不是说买了之后就高枕无忧，不管不问了。我们不仅要明白买什么、怎么买，还要避免一些保险误区。

　　(1)　年轻不需要买保险的误区。很多年轻人觉得买不买保险无所谓，认为年轻人没有必要花钱买健康医疗保险，并且意外发生的概率那么小，轮到自己很偶然，买保险不如投资更赚钱。

　　(2)　只给孩子买保险的误区。很多家庭觉得买保险只为孩子投保就行了，大人无所谓。诚然，孩子是家庭的未来，但是父母才是孩子的保险，作为家庭的支柱，遭受意外、疾病伤害的概率更大。

　　(3)　只给贵重物品买保险的误区。很多人觉得房子和车子都是花大钱买来的，应该投高额保险，唯独自己不投保。但是我们要明白的一点是，生命是最重要的。如果生命都无法保证，房子和车子都是浮云。

(4) **受身边环境影响的误区。** 相当多的人受环境影响，周围朋友不买保险，他也不买，而一旦出现问题，没有资金解燃眉之急。

(5) **"保险收益没有储蓄利息高"误区。** 很多人认为保险不如银行存款稳妥，认为存款可随时取用，还有利息。其实，保险是保障，同时又有储蓄不具有的优势。

(6) **保险金额越多越好的误区。** 有些喜欢走极端，认为不投则已，既然买了就多买点，反正保险是越多越好。其实，购买越多的保险，同时也就意味着将要缴纳越多的保费。

第 13 章
宝类理财：女性轻松玩转互联网金融

就目前而言，"宝宝"不仅是"余额宝"一家独有，各大电商平台、基金销售公司，甚至银行、证券公司都推出了自己的"宝宝"。女性投资者只有在深入分析自己的现金管理需求后，对症下药才能选到最合适的宝类理财产品。

学前提示

要点提示

➢ 网上宝类理财——余额宝

➢ 手机宝类理财——理财通

➢ 更多宝类理财产品介绍

13.1 网上宝类理财——余额宝

女性进行各大宝类产品理财指的是通过阿里平台的余额宝、招财宝、微信里的微信理财通、各大银行推出的理财品以及一些理财交易软件推出的理财功能等理财产品的统一称呼。下面笔者就以余额宝为例，给各位女性投资者介绍一下网上进行宝类理财产品的操作。

327 注册和登录

虽然余额宝并不是收益最高的互联网理财产品，但绝对是广大用户认可度最高的。支付宝可以在网上或手机端进行注册，两种方式注册流程类似，这里以网上注册做重点介绍。

首先进入支付宝官方网站 https://www.alipay.com/网站的欢迎页，有账号的用户就可以直接登录，没有账号的用户单击"立即注册按钮"，之后就可以看到和手机支付宝类似的注册页面，如图 13-1 所示，女性投资者只要按照这个上面的流程操作即可完成注册和登录。

图 13-1　支付宝网上注册页面

328 绑定银行卡

支付宝绑定银行卡同样也可以在网上或者手机端进行操作，因为手机端和网上端操作极其相似，所以这里以网上用户绑定银行卡操作为例。

广大女性投资者可以直接登录支付宝的官方网站(https://www. alipay.com/)，登录以后，可以看到在主页面右侧有一个银行卡管理，单击进入后单击"添加银行卡"的按钮，如图 13-2 所示。之后就可以按照系统提示进行银行卡绑定。

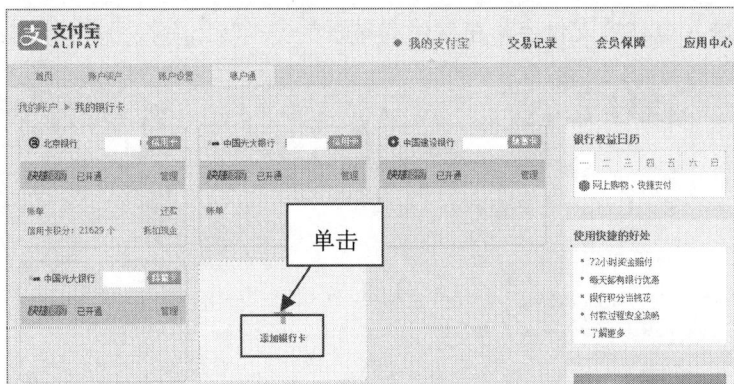

图 13-2　网上绑定银行卡

329　将资金转入余额宝

女性投资者注册好账户并绑定银行卡后，即可将银行卡内的资金直接转入余额宝中，开始理财投资，下面为女性投资者介绍网上的资金转入操作流程。

首先在支付宝首页上登录支付宝后，在支付宝的主页面单击"转入"按钮，如图 13-3 所示。之后按照系统提示的指令操作即可完成将资金转入余额宝的操作。

图 13-3　单击"转入"按钮

支付宝可以绑定多张银行卡，用户可以将自己所有银行卡内的资金转至余额宝。一个账户绑定多张卡，还可实现无手续费跨行转账。

330　转出资金赎回余额宝

余额宝内的资金可以随时转出，下面介绍如何在网上将余额宝内的资金转出。

首先，进入电脑端支付宝，在支付宝界面单击"转出"按钮，如图 13-4 所示。

图 13-4　单击"转出"按钮

然后选择"转出至银行卡"并填写相关信息后，即可将资金直接转至自己的银行卡内，女性投资者也可以选择"转出至账户余额"按钮，将余额宝内的资金转入到支付宝中。

331　查看收益

余额宝里的资金每天都会有一定的收益产生，女性投资者如果要查看余额宝收益，只要进入余额宝主界面即可查看收益详情，单击"七日年化收益率"可查看余额宝以往每日的收益率。

332　开通自动转入功能

对于一些支付宝的用户(如淘宝卖家)来说，可以开通余额宝的自动转入资金功能，以确保支付宝里的资金完全被利用。

女性投资者在支付宝的主界面单击"管理"按钮，然后单击"自动转入"功能栏里的"开通"按钮，再设置账户余额保留金额、输入支付宝支付密码后，单击"同意协议并确定"按钮即可完成自动转入的开通。

13.2　手机宝类产品——理财通

宝类理财产品也可以在手机上进行理财操作。下面笔者就以微信理财通为例，给各位女性投资者介绍在手机上进行宝类理财产品的操作方法。

333 绑定银行卡

理财通是腾讯财付通与多家金融机构合作，为用户提供多样化理财服务的平台。与余额宝等相似，微信理财通可实现余额增值，让闲置的资金动起来。微信理财通门槛为 0.01 元起存，可随时取出金额并转入绑定的银行卡中。

女性投资者在登录自己的微信账号后，在"我"界面中，找到"钱包"选项，点击"钱包"进入微信安全支付界面，就可以看到右上角有个银行卡的标志，点击进入就可以按照提示进行银行卡绑定。

334 理财通购买货币基金

女性投资者在注册好账户并绑定银行卡后，即可将银行卡内的资金直接转入理财通中，开始理财投资。接下来笔者为客户介绍手机微信端资金转入操作流程，首先进入微信主界面，在"我"选项卡界面中，点击"钱包"按钮，进入钱包后点击"理财通"按钮，然后即可进入"今日"界面看到汇添富基金全额宝的理财界面，在这个界面点击"查看详情"按钮，即可查看汇添富基金全额宝理财产品的详细情况，之后进入"汇添富基金全额宝"理财的界面，点击下方"买入"按钮即可购买该货币型基金，整个操作过程如图 13-5 所示。

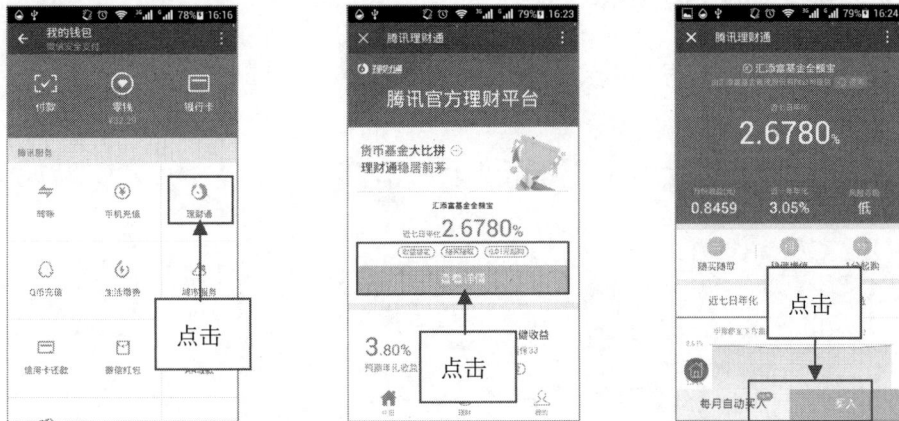

图 13-5 理财通中购买"汇添富基金全额宝"货币基金的过程

335 在理财通中查看我的总资产

当女性投资者想要查看自己理财通中的总资产的时候，只要在"我"选项卡界面中，点击"钱包"按钮，进入钱包后点击"理财通"按钮，然后就会进入理财通的首页，在首页的最上方会显示投资者的总资产，如图 13-6 所示。

图 13-6　在理财通中查看"我的总资产"

336　在理财通中查看产品排行

在使用理财通购买理财产品的时候，可以进行理财产品排行查看，收益高的产品的排行就会越靠前，这样对于女性投资者在选择好的理财产品的时候可以有一个参考依据。女性投资者只要在理财通的"今日"界面中点击"理财"按钮，即可进入"产品排行"界面，如图 13-7 所示。

图 13-7　理财通中"产品排行"界面

337　查看所有理财产品类别

理财通是一个互联网金融理财平台，包含了各个种类的理财产品。女性投资者可以在这里购买多种理财产品，如保险理财、专项理财、基金理财等多种类型的理财产品，如图 13-8 所示。

图 13-8　理财通中"所有类别"界面

338　理财通中设置工资理财

在理财通中有一个"工资理财"功能，女性投资者可以通过这一功能将自己的工资准时投入到理财通中购买理财产品，以实现理财目的。女性投资者只要在理财通的"今日"界面中找到工资理财，点击"立即设置"按钮即可进入"工资理财"界面，按照界面的提示，设置好每月理财金额和转入日期，点击"下一步"按钮，再即按照提示即可将工资卡里的钱转入理财产品中，操作过程如图 13-9 所示。

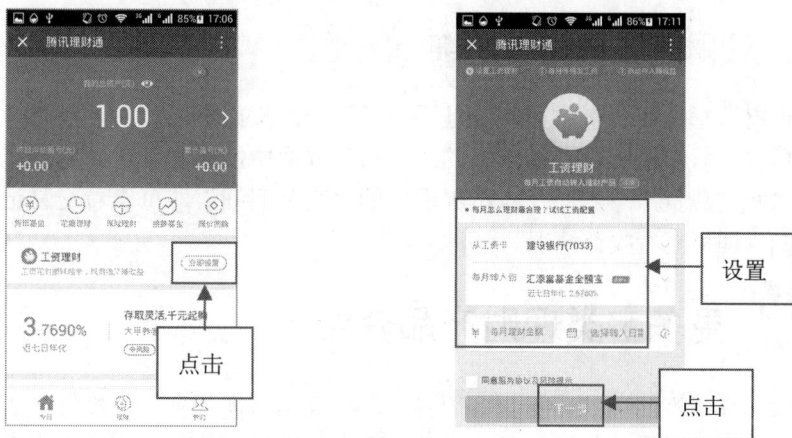

图 13-9　理财通中设置工资理财

339　微信支付注销的方法

理财通的使用和微信支付密切相关而且会默认第一张购买理财产品的银行卡为"安全卡"，因此微信支付在之前成功绑定他人的银行卡后，无法直接更换为本人

姓名的银行卡，这让日常使用理财通时有诸多不便，如何更改微信支付为本人的姓名呢？

如果用户出现以上问题需要更改，必须先注销微信支付(清空资料)，然后再重新绑定本人姓名的银行卡即可。整个操作过程十分简单，只要进入"钱包"界面，如图 13-10 所示，点击右上角的菜单按钮，然后点击"支付安全"按钮，进入"支付安全"找到并点击"注销微信支付"按钮，然后输入姓名和有效证件后点击"确认注销"按钮，即可完成注销。

图 13-10 "我的钱包"界面

340 理财通查看交易明细

理财通每天都会有收益，并且不同类型产品收益不同。女性投资者如果要查看自己的情况，只要进入理财通首页的"今日"界面中，点击"我的总资产"按钮，即可进入"我的总资产"界面，点击界面中的"交易明细"即可查看交易记录，点击"收益明细"即可查看收益情况。

13.3 更多宝类理财产品介绍

宝类理财产品因其自身具备的特色，一经推出便受到广大投资者的喜爱。市面上的宝类理财除了上述两种之外，其他平台也相继推出了一系列的宝类产品，接下来笔者就为各位女性投资者介绍以下最常见的几种。

341 蚂蚁花呗

蚂蚁花呗是蚂蚁金服推出的一个消费功能，用户在开通蚂蚁花呗后会根据自己的情况拥有一定的可用额度，女性用户在支付宝的功能中就可以找到蚂蚁花呗。

女性投资者在使用蚂蚁花呗消费的时候，可以先用花呗消费，在一个月内还款即可，是一种先消费后付款的消费方式，如图 13-11 所示就是手机支付宝中蚂蚁花呗的界面。广大女性在用蚂蚁花呗进行消费的同时还可以通过花呗权益享受各种权益活动优惠，如图 13-12 所示，还能够通过花呗分期进行分期购物，如图 13-13 所示。

图 13-11　支付宝蚂蚁花呗界面　　图 13-12　蚂蚁花呗权益界面　　图 13-13　蚂蚁花呗分期界面

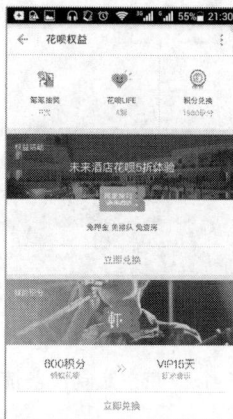

342　京东白条

京东白条是京东商城推出的一种"先消费，后付款"的支付功能，消费者在京东上购买东西时，如果使用京东白条付款就可以获得一个月的推后付款期或者分期付款。京东白条所涉及的范围很广泛，具体如图 13-14 所示。

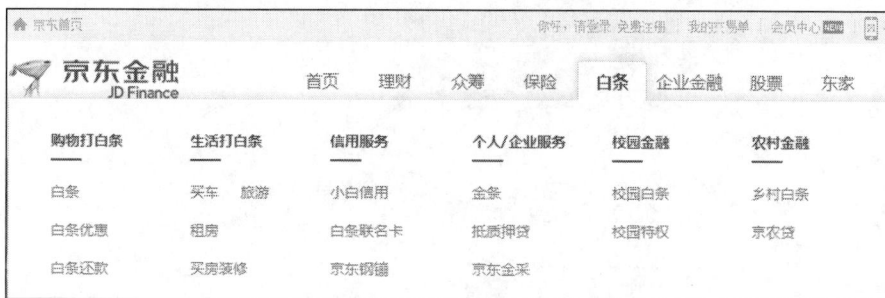

图 13-14　京东首页的"白条"页面

广大女性投资者除了可以使用京东白条购物延期付款，还可以在京东上定制京东白条信用卡，在京东定制京东白条信用卡的时候，女性用户可以对银行、卡样、卡组织以及权益进行选择，具体如图 13-15 所示。女性在办理了京东白条信用卡之后，能

享受一系列的优惠活动，助力女性理财行动。如新用户送京东钢镚、0 元限时抢、扫码领钱等。

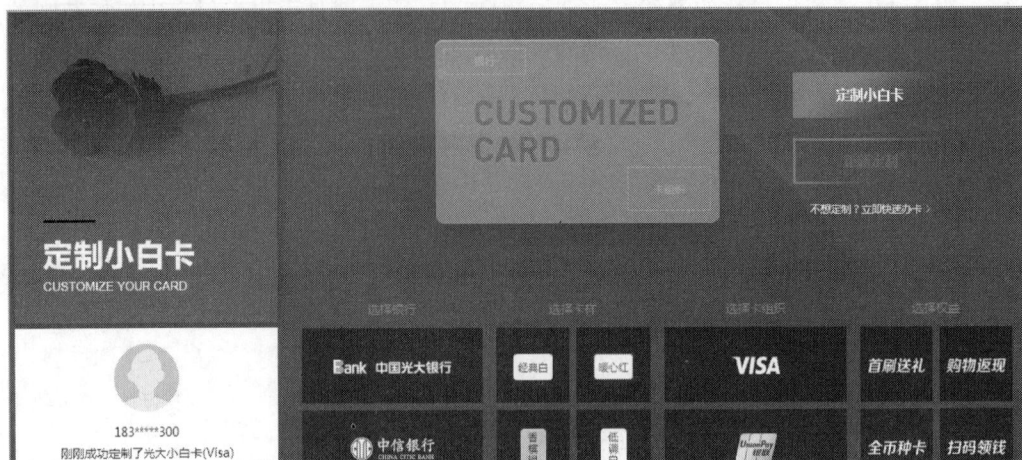

图 13-15　京东定制白条信用卡页面

343　百发百赚

2013 年 10 月 28 日，百度理财平台上线，2014 年 4 月 23 日，百度理财平台升级为百度金融中心。旗下有"百发""百赚"理财计划，如图 13-16 所示就是电脑版百度理财的官网首页。

图 13-16　百度理财电脑版官网

"百发"自上市以来，一直保持着不错的年收益，"百发"是百度和华夏基金共同合作的金融理财产品，支持 1 元起买，随时可以赎回，比起市面上的传统理财产品，门槛要低不少。

"百赚"是百度和华夏基金合作推出的一款理财产品(华夏现金增利 E 类)，该产品主要投资于期限在 1 年以内的国债、央行票据、银行存单等安全性较高、收益稳定的金融工具，不投资股票等风险市场，与股市无直接联系，所以风险较低，因此女性投资者可以将自己手边的闲钱，在百度理财上进行理财。

344 平安盈

平安银行的"平安盈"业务，也是很有竞争力的网银版货币基金 T+0 业务。电脑版在平安银行网上银行的首页有一个"平安橙子"的按钮，如图 13-17 所示。平安橙子是平安银行推出的互联网银行，客户可在这里进行网络理财。

图 13-17 电脑版平安银行首页

什么是平安盈？在平安银行的橙子银行中，有对平安盈理财作出过介绍，如图 13-18 所示。平安盈业务不能用普通的网银直接购买，而需要在平安橙子银行中购买。"平安盈"提供了两只货币基金可选，一只是南方现金增利货币，另一只是平安大华日增利货币。

图 13-18 平安橙子银行中平安盈产品介绍

平安银行的平安盈理财产品具有以下 4 个好处，具体如图 13-19 所示。

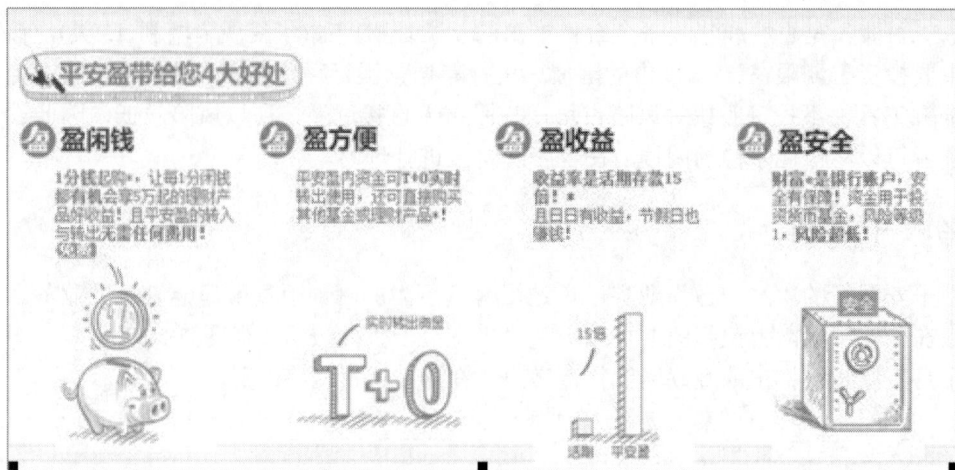

图 13-19　平安盈产品的 4 个好处

345　和聚宝

和聚宝是中国移动"和包"平台推出的首款用户理财产品，如图 13-20 所示为中国移动官网首页，中国移动和聚宝让理财进入 4G 时代。

图 13-20　中国移动官网首页

和聚宝实质是货币基金，是中国移动"和包"推出的首款用户理财产品，用户仅需开通和聚宝账户，将资金转入和聚宝，就可获得远超银行活期的稳健收益；同时，用户还可以使用和聚宝资金随时随地充话费，并可办理"自动充话费"业务。

和聚宝支持 T＋1(2 工作日内到账)和 T＋0(2 小时内到账)两种模式，方便用户灵活处理资金的转出，不过仅支持转出至用户本人的储蓄卡。

和聚宝账户中的资金可签约绑定自动充话费，当手机话费账户余额不足时，和聚宝可自动将定额话费转入手机话费账户，相当于一个资金增值的话费副账户，并且手机用户可以享受永不停机的服务。和聚宝的特点，如图 13-21 所示。

图 13-21   和聚宝的特点

346   添益宝

添益宝：理财收益、支付优惠两不误。添益宝是中国电信旗下的翼支付为广大用户推出的基于货币基金的余额增值服务。如图 13-22 所示为翼支付官网首页。

图 13-22   翼支付官网首页

添益宝的宗旨是：为您添翼每一天。它是一种非常方便、操作灵活而且随时提现还可获得收益的理财产品，其首期合作伙伴是中国民生银行。添益宝将理财、支付账

户二合一，理财收益、支付优惠两不误。用户无须网上分别开设支付、理财两个账户，无须认购，存入翼支付账户的资金自动理财。

在获取收益的同时，用户还可以享受翼支付线上线下支付打折优惠消费。开通添益宝后，中国电信用户的翼支付账户可以随时随地消费(网上购物、转账、信用卡还款、充话费等)。

347　华夏薪金宝

华夏薪金宝是由华夏基金与中信银行 2014 年 7 月 23 日联手为个人用户打造的一项活期资金余额增值服务。华夏薪金宝是一种采用智能自动申赎的货币基金。"薪金宝"特色在于，申购赎回全自动模式及支付取现功能。用户在中信银行网点就可以办理相关业务并购买华夏薪金宝。

华夏薪金宝是能在 ATM 取现的货币基金、能用 POS 机刷卡的货币基金、能转账汇款的货币基金，它的具体功能如图 13-23 所示。

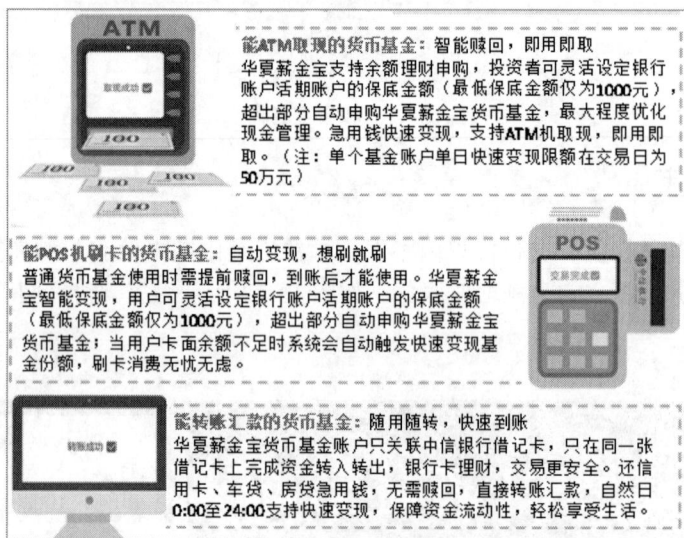

图 13-23　华夏薪金宝的具体功能

华夏薪金宝支持余额理财申购，投资者可灵活设定银行账户活期账户的保底金额(最低保底金额仅为 1000 元)，超出部分自动申购华夏薪金宝货币基金，最大限度优化现金管理。

348　零钱宝

苏宁云商的余额理财产品 2014 年 1 月 15 日正式面市，其下属子公司南京苏宁易付宝网络科技有限公司已获得中国证监会批准，联合广发、汇添富基金公司推出余额理财产品——"零钱宝"，如图 13-24 所示为苏宁易购官网对零钱宝的介绍。

图 13-24 苏宁易购官网对零钱宝的介绍

"零钱宝"转入过程中需要注意以下事项。

(1) "零钱宝"转入单笔最低金额为 1 元，为正整数即可。根据基金行业历史经验，建议"零钱宝"转入金额为 300 元以上，可以有较高概率看到收益。(若当天收益不到 1 分钱，系统可能不会分配收益，且也不会累积)。"零钱宝"持有不超过 100 万，若用户的"零钱宝"金额因收益增加而超过 100 万则不受影响。

(2) "零钱宝"转入创建订单成功，但并未支付，可从交易记录中找到该笔订单再次支付。

(3) "零钱宝"转入后不支持退款，只能转出。"零钱宝"消费发生退款时，"零钱宝"支付部分会退回到"易付宝"账户里。

(4) "零钱宝"转入后需要由基金公司进行份额确认后才会开始计算收益。

349 活期宝

"活期宝"(原天天现金宝)是天天基金网推出的一款针对优选货币基金的理财工具。充值"活期宝"(即购买优选货币基金)，收益最高可达活期存款 10 余倍，远超过一年定存，并可享受 7×24 小时快速取现、实时到账的服务，活期宝的收益不间断，投资更灵活。活期宝的收益收据，如图 13-25 所示。

值得一提的是，天天基金网推出独家功能——"活期宝一键互转"。方便用户在活期宝内多货币基金间的相互转换，满足用户随时将低收益货基转换成高收益货基的需要。同时在互转过程中，收益也不会间断。

图 13-25　活期宝的收益收据

第 **14** 章

P2P 理财：女性必会的新潮流

学前提示

目前，我国 P2P 小额借贷业务发展迅速，使很多无法获得正规金融机构服务、急需小额资金的普通人群得到了民间小额借贷服务，同时也为资金提供方提供了一种新的高收益理财方式。因此女性投资者必须掌握一些 P2P 投资的知识。

要点提示

➢ 初步了解 P2P 理财
➢ 网上进行 P2P 理财
➢ 手机进行 P2P 理财
➢ 5 种 P2P 平台介绍
➢ P2P 投资理财技巧

14.1　初步了解 P2P 理财

随着互联网金融的火热发展，网上理财已被百姓熟识，P2P 理财更是受到众多网民的追捧，近两年发展快速。

350　P2P 理财的概念

所谓 P2P，是"peer-to-peer"的缩写，peer 有"(地位、能力等)同等者""同事"和"伙伴"等意义，因此 P2P 可以理解为"伙伴对伙伴"的意思。

351　P2P 理财的特点

很多人可能并不了解，P2P 理财源于 P2P 借贷。但是 P2P 借贷确实是当下一种比较方便和实用的融资手段，给很多融资者解了燃眉之急！那么 P2P 借贷的特点是什么呢？

(1) 直接透明。出借人与借款人直接签署个人对个人的借贷合同，一对一地互相了解对方的身份信息、信用信息，出借人及时获知借款人的还款进度和生活状况的改善，最真切、直观地体验到自己为他人创造的价值。

(2) 信用甄别。在 P2P 模式中，出借人可以对借款人的资信进行评估和选择，信用级别高的借款人将得到优先满足，其得到的贷款利率也可能更优惠。

(3) 风险分散。出借人将资金分散给多个借款人，同时提供小额度的贷款，风险得到了最大限度的分散。

(4) 门槛低、渠道成本低。P2P 借贷使每个人都可以成为信用的传播者和使用者，信用交易可以很便捷地进行，每个人都能很轻松地参与。

14.2　网上进行 P2P 理财

P2P 网贷平台使用并不困难，主要分为投资、贷款两大部分。本节以操作讲解为主，教各位女性朋友进行贷款融资的具体操作。

352　注册

P2P 网贷平台使用并不困难，主要分为投资、贷款两大部分。本节将以红岭创投为例，教大家如何进行 P2P 投资或是贷款。

女性投资者在使用红岭创投 P2P 平台时，首先登录官网，打开官网首页页面，单击如图 14-1 所示的"免费注册"按钮，便可进行账号注册，切换资料填写页面，各位女性朋友将资料填入以后，输入验证码再单击"立即注册"按钮，便注册成功了。

图 14-1　"免费注册"页面

353　绑定手机号码

注册成功后，为了以后的操作更方便，使用更安全，各位女性投资者还必须绑定手机。在注册成功的页面，单击"立即绑定手机"按钮，切换至手机绑定页面，输入手机号码，单击获取验证码，然后输入手机接收的验证码，填写完所有信息后单击"确定"按钮，即可成功地绑定手机号码。

354　完善

当女性投资者完成上述操作后，重新打开红岭创投的主页，在主页的右上角有会员登录按钮，单击该按钮，切换至会员登录界面，输入密码账号登录账户，完善信息。

需要完善的信息有设置或修改密码、绑定银行卡等，女性投资者只要按照页面提示操作即可。

355　认证

实名认证是对用户资料的真实性进行的验证，以便建立完善可靠的互联网信用基础。

在个人中心界面上，找到安全设置表，在表中找到"实名认证"项，单击设置链接，界面将会切换至实名认证页面，选择中国大陆居民身份验证，进入资料输入界面，然后单击"立即验证"按钮完成操作。

356 设置交易密码

设置交易密码，是指设置企业仅在交易时使用的密码，如企业申请贷款或投资理财，进行交易时使用的密码，与账户登录密码不同。

该密码非常重要，最好使用一个含有数字、字母和符号并且超过 6 位字符的密码，建议交易密码不要和登录密码相同。

357 绑卡

在红岭创投进行网上交易，必须至少绑定一张本人开户的银行卡作为提现的银行卡，具体操作如下：

在安全设置表中找到"绑定银行卡"项，单击"绑定"字样的链接，然后将界面切换为银行卡管理界面，单击添加银行卡，打开银行卡信息录入窗口，输入相关信息单击保存，并设为默认银行卡即完成操作。

358 融资

P2P 网贷平台最大的特点是贷款功能，而 P2P 网贷与传统银行贷款相比，最大的优势在于无须抵押。作为融资人，贷款是最终目的。

只要进入官网，完成上述注册并登录，然后单击首页的"我要融资"按钮，之后切换到贷款选择界面，会出现两种贷款方式，分别是企业申请借款和个人申请借款。选择合适的贷款方式，单击按钮会切换至借款申请书，填写真实信息后提交就完成了借款申请，接下来等待审核和客服的联系，并提供相关材料就可以了。

14.3 手机进行 P2P 投资

女性投资者除了可以在网上进行 P2P 理财以外，还可以通过手机来操作，接下来笔者就给大家介绍一下手机上的操作。

359 实名认证

实名认证是非常重要的一个环节，P2P 网贷讲求的是信用借贷，本节以"拍拍贷"为例，介绍使用手机进行 P2P 网贷实名认证。

女性投资者只要填写手机上显示"实名认证"界面，输入姓名、身份证号、邮箱、文化程度等信息即可完成实名认证。

360 绑定银行卡

女性投资者在手机上进行实名认证后还要绑定银行卡，以便更好地享受手机 P2P

网贷的一站式服务。本节依然以"拍拍贷"为例，给大家介绍绑定银行卡的方法。

实名认证后显示的是"银行卡绑定"界面，之后选择银行，并且输入银行卡号、开户省份、手机号、验证码即可完成银行卡的绑定。

361　贷款

从本质上讲，用户在 P2P 网贷平台贷款便是购买了某平台的理财产品，因此贷款的流程与购买理财产品类似。接下来笔者以陆金所为例，介绍其具体操作。

首先，女性用户登录陆金所主页后，点击"投资理财"按钮然后进入"投资理财"页面，选择"新客专区"再选择理财产品。选择某一产品后，会显示该项目详情，点击"立即购买"按钮即可完成了购买理财产品，也就是向该平台贷款。

362　还款

还款是 P2P 项目里必不可少的一个环节，有借就有还。还款的及时与否关系到个人的信用问题，这是至关重要的。本节介绍如何使用"宜人贷"App 进行还款。

首先，打开"宜人贷"App 首页，选择"我的还款"，之后点击"去申请"按钮，即可进行还款。

363　提额

信用卡能应对各种突发的经济事件，帮助自己很好地制定理财计划。提升信用卡额度的方法很简单，下面以拍拍贷为例。

打开"拍拍贷"首页，选择"提升额度"，就会显示"社交信用等级"界面。选择社交平台，然后显示"身份信用等级"界面，选择授权方式，之后在"人工审核"界面。点击"人工审核"按钮会显示"上传身份证"，添加身份证正反面以及本人手持身份证图片，女性投资者把拍好的照片上传就可以了。

14.4　5 种 P2P 平台介绍

调查显示：中国注册登记从事民间借贷的担保、金融咨询公司有上万家，比较成功和规范的寥寥无几。下面对市场上常见的 P2P 理财平台进行详细介绍。

364　人人贷平台

所谓"人人贷"，即是 P2P(Peer to Peer)借贷的中文翻译，同时也是一家 P2P 网络信贷平台的名称，由人人贷商务顾问(北京)有限公司于 2010 年 4 月创办，为借贷双

方提供 P2P 网络信贷信息服务。人人贷模式具有以下几方面的特点。

(1) 了解度高。出借人与借款人直接签署个人间的借贷合同，一对一地互相了解对方的身份信息、信用信息。出借人及时获知借款人的还款进度和生活状况，最真切、直观地体验到自己为他人创造的价值。

(2) 评估信用。在人人贷模式中，出借人可以对借款人的资信进行评估和选择，信用级别高的借款人将得到优先满足，其得到的贷款利率也可能更优惠。

(3) 风险分散。出借人将资金分散给多个借款人对象，同时提供小额度的贷款。以人人贷网站为例，投资人出借 1000 元，最小投标金额 50 元，出借给 20 个有资金需求的个人，风险得到了最大限度的分散。

(4) 易操作、易参与。人人贷金融模式使每个人都能成为信用的传播者和使用者，信用交易可以很便捷地进行，每个人都能很轻松地参与进来，将社会闲散资金更好地进行配置，将中高收入人群的闲余资金合理地引向众多信用良好且需要帮助的中低收入人群。

人人贷平台主要提供两种服务，即投资理财与信用借款，分别针对放款人与借款人，同时提供较好的安全保障。

365 宜人贷平台

宜人贷是宜信公司 2012 年推出的个人对个人网络借贷服务平台，为有资金需求的借款人和有理财需求的出借人搭建了一个轻松、便捷、安全、透明的网络互动平台。宜人贷是一家集财富管理、信用风险评估与管理、信用数据整合服务、小额借款行业投资、小微借款咨询服务与交易促成、公益理财助农平台服务等业务于一体的综合性现代服务业企业。宜人贷平台主要拥有以下几方面的优势。

(1) 专业的信审服务。宜人贷拥有一支规模超过 300 人的信用管理团队，为借款人和出借人双方提供专业、权威的信用管理服务。

(2) 强大的客服团队。宜人贷拥有一支 100 余人的客户服务团队，能够以最快的速度为客户提供满意的服务。

(3) 安全的借贷平台。宜人贷为出借资金的理财客户提供本金保障制度，避免客户资金损失。

(4) 先进的商业模式。宜人贷融合国外先进经验，打造了一个先进的个人对个人网络借贷模式，为国内千千万万的小额资金需求者和理财者提供一个快捷、安全的网络借贷服务平台。

(5) 雄厚的公司实力。宜人贷依托宜信公司的雄厚实力，在宜信公司过去多年服务国内理财者和高成长人群的经验积累之上，打造了一个全新的网络借贷平台，而宜信公司则为宜人贷提供强有力的支持。

366   拍拍贷平台

拍拍贷成立于 2007 年 6 月，是纯信用无担保的网络借贷平台。网站隶属于上海拍拍贷金融信息服务有限公司。拍拍贷平台的独特之处主要表现在以下几个方面。

(1) 对象多数是中低收入。一般为小额无抵押借贷，覆盖的借贷人群一般是现有银行体系覆盖不到的中低收入阶层，因此是银行体系的必要的和有效的补充。

(2) 多方面借力。借助了网络、社区化的力量，强调每个人来参与，从而有效地降低了审查的成本和风险，使小额贷款成为可能。

(3) 以服务功能为主。平台本身一般不参与借款，更多做的是信息匹配、工具支持和服务等一些功能。

(4) 透明化。由于依托于网络，与现有民间借款不同的是其透明化。

(5) 网站设置最高利率限制。与现有民间借贷的另一大不同是借款人的借款利率是自己设定的，同时网站设定了法定最高利率限制，有效避免了高利贷的发生。

(6) 具有社会效益。由于针对的是中低收入以及创业人群，其有相当大的公益性质，因此具有较大的社会效益。

367   信而富平台

信而富是一家为广大客户提供风险评估和理财咨询服务的平台。信而富将风险决策管理体系、市场营销策划体系、逾期欠账催收体系、后台账务服务体系整合成为 P2P 个人小额信贷信息咨询服务平台。采用先进的风险管理技术体系，结合在中国十余年的风险管理实践经验，以信息咨询为服务方式，为平台借贷两端的客户提供风险评估、信息匹配、风险控制、汇款监督、财富管理等相关服务。

风险控制是借贷双方的共赢基础，控制投资风险能够大大降低出资人因为不确定的信贷损失而造成的信贷成本，使守约、守信的借款人的信贷成本降低，从而消除风险的产生。

(1) 市场风险。信而富服务先进、合理，收费条目清晰、透明，服务内容、服务收费细节透明、公开，没有任何一家 P2P 机构像信而富这样，向借贷款人公开、透明地说明借贷款合同的全部收费细节。

(2) 信贷风险。信而富在国内已经有十年的信贷风险管理经验，参与许多家银行的风险管理服务项目的开发，有独创的风险管理软件，因此风险管理技术国内领先，具备与国际著名的风险管理机构正面抗衡的实力。

(3) 利率风险。信而富为出资人设立风险储备出资人的收益与借款人的协议直接挂钩，不随着市场利率的波动而发生收益率的变化。

(4) 操作风险。信而富拥有完善的客户外访(100%访问客户家庭、100%访问客户单位、100%征信数据评分)体系，经过与多家银行的长期合作，赢得了银行的一致好

评，操作规范符合银行的风险管理操作要求，符合银行风险控制标准。

(5) 欺诈风险。信而富拥有国际先进的欺诈防范策略系统，其技术核心来自于国际先进的操作经验、国内数千万信贷客户的数据分析、欺诈侦测模型算法，在为国内的大型银行信贷机构提供服务合作中表现优异，并获得国家软件版权证书，业界独一无二。

(6) 清偿风险。信而富具备完整的逾期账户催收策略，具备充足的借款风险拨备资金。

368　网贷界平台

网贷界是指网贷行业的第三方机构，以"客观、公正、真实、诚信、权威"的宗旨为广大网贷投资者提供网贷资讯、网贷数据、专家课程讲座、社区交流等服务。

P2P 网贷作为金融业的一个创新形式，发展迅猛、潜力巨大。但随着 P2P 网络借贷平台的数量激增，竞争也愈演愈烈。市场上很多平台模式老旧，缺乏有效、针对性强的创新思路和手段，推广方式也仍然采用陈旧的网络推广方法。网贷界主要以下几个方面的内容。

(1) 财经聚焦。关注财经风云，感知世间冷暖，体验金融大潮带来的变幻与冲击，第一时间呈上最新鲜的资讯，吹响网贷行业先锋的号角。

(2) 权威导航。揭露深层内幕，反思成败兴衰，以权威的姿态透视当下，以理性的视角为投资保驾护航。

(3) 时评新知。百花齐放，百家争鸣，你需要进一步开放自己，倾听来自各方不同的声音，这是智慧的角逐，思想的碰撞，更是时代对正能量的有力呼吁。

(4) 平台访察。纷繁复杂的现状下，大大小小的网贷平台如雨后春笋喷涌而出，如何展现自我，实现更好的发展，我们用视频来客观记录，让广大投资者看见最真实的平台。

(5) 网贷数据。及时采集最新数据，自动将数据以图表的形式呈现，方便投资人查询。

(6) 网贷学院。网贷水深，时有风险，需要不断地学习充实自己。网贷学院包含初级、中级、高级等不同类型的课程，适合更多人，知无不言，言无不尽。

14.5　P2P 投资理财技巧

近年来，P2P 公司如雨后春笋般纷纷在市场涌现，P2P 企业正在以 400% 的增长率迅速扩充市场，P2P 理财因其收益可观，风险较低等特点受到了投资理财爱好者的广泛关注。在进行 P2P 理财时需要掌握以下几种技巧。

369　了解 P2P 担保方式

P2P 理财的担保方式通常包括无担保、风险保证金补偿、公司担保三种类型。

1．无担保方式

无担保方式就是没有风险担保措施或保证金。对于无担保的方式，投资者需要根据自己的风险偏好进行取舍。

2．风险保证金补偿

所谓风险保证金补偿，是指平台公司从每一笔借款中都提取借款额的 2%作为风险保证金、独立账户存放，用于弥补借款人不正常还款时对投资者的垫付还款。风险保证金不足弥补投资者损失时，超出部分由投资者自行承担，但投资者可以自行或委托 P2P 公司向违约人追偿剩余损失。

投资者可重点关注风险保证金补偿方式的以下方面：平台公司风险保证金提取的比例、该比例与公司坏账率大小关系、风险保证金上期末余额与本期代偿数额的比率。

3．公司担保方式

目前采用公司担保方式的 P2P 借贷数量不多，直觉上大家会认为由公司提供担保会很安全，但却未必，提供担保的公司自身出现问题、丧失担保能力在各个行业领域是常有的事。投资者除关注提供担保的公司整体实力外，还需了解该公司自有净资产与对外担保总金额的比例。

370　选择 P2P 平台的技巧

女性投资者在选择投资平台时最应该慎重，一个平台适不适合去投资。投资者只有深入了解各大平台才能正确选择合适的平台，才能做到合理的理财，才能更好地规避风险。

1．平台实力

风控能力，是 P2P 网贷平台生存的关键。自有资金是一个平台的直接实力证明。虽然绝大多数平台宣传本息担保，100%无风险。但大多数平台的自有资金是有限的，能支持多大的交易规模，仍是问题。平台能否稳操胜算，主要是平台的风控能力和模式。拥有强大风险控制能力的平台，才是投资者的首选。

2．借款人来源

借款人来源直接反映了一个平台的模式。在我国，由于个人征信体系的不完善等诸多原因，平台通过评估认为哪些人可以成为借款人是平台发展一个关键因素。借款人主要分为两大类：有信用的和有抵押物的。

选择有抵押的人作为借款人，基本可以保障 100%安全。但信用借款人，主要以征信单、房产证、收入证明等作为评估依据，其风险不可能完全避免。这就需要投资者在选择平台时，认清平台的模式，弄明白借款人的来源，降低借款投资的风险。

3. 经营时长

由于目前 P2P 贷款平台的成立门槛较低，几个合伙人注册一家"信息科技"公司，再做一个网站就可以开业，所以在财富的示范效应下，P2P 平台曾经于 2010—2011 年迎来了大爆发，但是同时淘汰掉的也不少，所以选择 P2P 贷款一定要看它的成立时间。

一个公司能够长时间地在市场的"大浪淘沙"中存活下来，自然在公司经营等方面有过人之处。

4. 资金进出

目前，P2P 平台由于没有贷款牌照，属于民间借贷，借贷资金的进出往往要通过网站创始人的个人账户或公司账户进行，为了规避风险，目前大部分 P2P 平台都选择和第三方支付平台合作，模式为 P2P 公司在第三方支付平台开一个公司账户，出借人的钱进公司账户，P2P 网站再把钱打给贷款人。

尽管这达不到款项直接从出借方的第三方支付账户到达借入方的第三方支付账户的理想模式，但在一定程度上规避了风险。

5. 本金保障

各个 P2P 平台的本金保障基本相同，也就是当坏账总金额大于收益总金额时，会在一定时间内(一般是 3 个工作日内)赔付差额，保障本金可以全额收回。目前大部分 P2P 网站的本金保障措施对于出借方是不另外收取费用的，但是出借人在借出时，要注意有"本金保障"字样的贷款项目。同时还要看本金保障的范围，有的网站是只赔本金，有的可以赔付本息。

371 付息还款的方式

女性投资者要对平台不同的付息还款方式有所了解。下面简单介绍一下红岭创投对还款及付息的规定。

(1) 按月分期。 VIP 用户均可在额度内发布借款标，按月等额本息还款。

(2) 按季分期。 会员等级达到金牌以上可以每月还息，季度还本。

(3) 按月到期全额。 会员等级达到白金，或网站快借客户，可申请发布到期还本方式的借款，但必须经过网站审核确认符合条件后方可开通权限。借款期限在 12 个月以内，每月还息，到期还本。

(4) 按天一次性。 VIP 会员均可发布按天借款标，发标前请保证账户有足额的借款管理费。发布按天借款将冻结相应资金，按天借款标逾期当天将用冻结的资金进行垫付。

(5) 按天计息按月

该类型的还款方式主要有以下几个要点，投资者需要注意一下。

➢ 该类型借款标逾期当天由可信担保垫付本金和利息还款，债权自动转让为可信担保所有。

➢ 该类型借款标利息是以年化利率按天计息，计算公式为：最终实收利息总额=年化利率÷365×(实际借款天数↓2 天)。其中 2 天为借款人多付的奖励利息。

➢ 该类型借款标每月付息，当月利息以当月实际天数根据公式计算所得；在借款期限内可中途提前还款，如提前还款则以实际天数计息并多支付 2 天奖励利息。多付 2 天的利息将在全部还清时一次性支付，整个借款期限内只支付一次奖励利息。

➢ 该类型借款标借款管理费以发标时的借款期限按每个月借款本金的 0.5%收取，投资管理费以投资人实收利息的 10%收取。

372 分散投资风险

俗话说："鸡蛋不能放在同一个篮子里"，P2P 平台为小额资金的分散投资提供了可能，根据经济学原理，每位借款人的还款是独立性极强的事件，这样投资的风险就被分散。例如，投资者将 1 万元借给一个借入者，假设违约率为 1%，一旦出现那 1%的概率，那么所承受的风险将是 100%，但是如果将 1 万元分成 100 元一笔，借出给 100 个违约率为 1%的借款人，在这种投资方式下损失本金的概率将会变得非常低。

因此，建议投资者在 P2P 理财时，应该将资金至少分散投资给 10 人或更多的人，通过分散投资来降低风险。

373 避免私下交易

用户应避免尝试私下交易。私下交易的约束力极低，不受《合同法》的保护，造成逾期的风险非常高，同时个人信息将有可能被泄漏，存在遭遇欺骗甚至受到严重犯罪侵害的隐患。网站将不为任何会员间的私下交易承担垫付。

374 保密工作要做好

一般来说，P2P 平台的密码分为登录密码和资金交易密码，双重密码都是为了保障投资者的资金安全。密码相当于上网的钥匙，投资者必须牢记密码并做好保密工

作。密码可以是任何字符，包括数字、字母、特殊字符等。

长度在 6～16 位之间，区分英文字母大小写，因此密码最好是包含字母、数字、特殊字符的组合，不要设置成常用数字，如生日、电话号码等，也不要设为一个单词。密码的位数应该超过六位，经常修改密码，并为网上理财服务设置独立的密码。

375　注意系统安全

定期进行完全补丁更新，安装防病毒软件及个人防火墙，特别注意间谍软件。间谍软件往往作为某些服务免费下载程序的一部分，或在未经同意或知晓的情况下被下载到计算机中。

间谍软件能够监测和搜集用户的上网信息，如获取输入的个人信息，包括密码、电话号码、信用卡账号及身份证号码。因此强烈建议投资者安装并使用较有信誉的反间谍软件产品以保护您的计算机免受间谍软件的侵害。

376　在熟悉的圈子里投资

同其他 P2P 网站中的借款人相比，P2P 借款人不是完全孤立的，在注册的时候需要选择加入一定圈子或和其他会员进行邀请好友的关联，这样可以确保借款人的真实性，同时也具备一定的关联性。选择自己熟悉的圈子，如校友圈子、同城圈子，跟自己同类型或同区域的人群产生圈内借贷关系比投资给其他不在一个区域的陌生人会更安全。

第 15 章
房车理财：创造属于女人自己的安稳

房、车对于女人来说是一种经济储备，更是一种男人给不了的安全感。有了自己的房子、车子不只是物质的占有，还是精神的独立。因此，创造属于自己的安稳，你的人生会更精彩！

学前
提示

要点提示

➤ 女性该怎样买房
➤ 变身房东收租忙
➤ 女性选车有技巧
➤ 女性用车有诀窍

15.1　女性该怎样买房

很长时间以来，房价是"乱花渐欲迷人眼"，而老百姓则是"为伊消得人憔悴"。一边是国家的调控政策的轮番轰炸，另一边房价非但没有下降，反而节节攀升。这让很多购房人看不懂、猜不透，更加乱了阵脚。究竟是现在就买，还是再等一等，等到房价回落？在房价这么高的情况下，如何买房？

377　选房就是选地段

现在各大楼盘都在狂炒概念，什么奥运概念、高校概念、山水概念等不一而足。但说白了这些都属于一个概念——区域概念。地段的好与坏，对日后生活的便利程度以及楼盘保值、升值的潜力有直接的影响。那么，在购买商品房时到底应该选择什么样的地段呢？

1．交通方便

有这么一句话说出了上班族的梦想——钱多、事儿少、离家近。因此，交通条件是考察位置好坏的一个非常重要的因素，位置的远近，已不仅仅是一个空间概念，更主要是一个与交通条件相联系的时间概念。对交通条件的考察主要从以下几个方面看：道路设施、公共交通、交通管制。

2．生活服务设施周全

选择一个生活附属设施比较成熟的区域地段是很明智的。生活服务设施可分为两大类：商业服务设施，包括综合性及专业性购物中心、百货商场、菜市场、饭店、银行等；文教体卫设施，包括学校、图书馆、书店、电影院、体育场馆、医院等。对这些设施除要考察规模外，还要重视其服务、管理水平、对外声誉和知名度等方面。

3．地段有升值性

如果按照区域划分，越接近市中心、商业密集区的房产保值、升值的潜力越大。而一些生活附属设施建设不太完善的区域，随着建设的深入逐步完善了这些弱点之后，也会具有不错的升值前景。

4．齐全的基础设施

主要市政基础设施内容包括供水、供热、供电、供气、通信以及环卫等方面。购房者应在各种市政设施齐全的地段挑选房子，这些地段一般位于城市主干道、次干道附近，否则有些市政设施难以接通，将给生活带来很大麻烦。

5. 附近环境佳

购房者应挑选空气清新、有早晚休闲运动的场所、社会风气和治安良好的地理位置作为居住之所。

378 抓住"低点"买房

不动产投资一直以风险低、回报高、增值快的传统优势，成为人们首要选择的投资方式，而房地产投资则成为不动产投资的主要代表内容。房市如同股市，政策的扶持，时势的把握都至关重要，房市又不同于股市，小资本的投入难以操作，而不动产的特性决定了大资本投入的相对稳定性。房产投资和投资其他项目一样，既有赚钱之道，也有赔本之时，而买入时就已经决定了输赢、胜负和赔赚，买得贵就赚得少，买得便宜就可能赚得多。

因此，要想在房产市场中赚钱，一定要把握好投资与投资的关系，某些时候，善于投机也不失为一种好办法。买卖价格攻防战，打的是心理战，做功课很重要。买房子要"货比三家"，心里有谱才能讲价——屋主有资金压力或是工作变迁急着卖屋，你就有讲价机会。其实，任何时候都是买屋的好时机，只要你能抓住"低点"。

另外，女人切忌将自己犹犹豫豫的性格移到买房子这件事上，该买当买，游移的态度只会给自己带来明天的后悔。

379 购房要考虑 7 个方面

拥有物美价廉的房子无疑是现实中很多女人的最大梦想，但是对于购房者而言，挑选房子不是寻找最好的楼盘、最好的户型，而是在自己的承受能力范围内寻找最具有性价比和投资价值的房子。那么，女性朋友如何寻觅自己如意的栖身之所呢？

(1) 房子建筑质量好。 俗话说"百年物业"，选择房子，除了舒适以外，房子的质量以及设计结构是最关键的因素，尤其是近几年在地震经常发生，房子的建筑质量问题已经引起了老百姓前所未有的重视。好的房屋品质要从房屋质量和户型结构两方面分析。

(2) 物业服务好。 大部分人不会把物业管理和房产的增值联系起来，总觉得物业管理是物业管理公司的责任，房产增值要看当初选房的眼光。其实不然，作为一种保值增值的投资选择，购买房产不仅要选好房子，更要选择好的物业管理，享受更好的物业服务。

(3) 小区房子密集度。 对于住户来说，容积率直接涉及居住的舒适度。高容积率的住宅项目意味着小区内房子建得多，而高密度的住宅必定会带来高密度的居住人口，最终导致小区中业主的生活舒适度下降。

(4) 要清楚实际价格。 看价格时，要弄清楚所选房屋的实际价格。例如，交房时

是毛坯房、初装房还是精装房，都会对房屋的价格有影响。

(5) 房子面积要合适。 例如，三口之家的面积有 70~90 平方米，即可基本满足日常生活需要。另外，还要看住宅是否经过精心的设计，是否合理地配置了居室、卧室、餐厅等功能，是否把有限的空间充分利用起来。

(6) 合理的公摊面积。 公摊面积过大，会降低房屋的性价比；公摊面积过小，则影响居住的舒适度。

(7) 特殊时间看房。 可以选择一个下雨天去看房子，查看屋里有没有渗漏的痕迹，否则一旦住进去就会后悔莫及了。

380 银行房贷来买房

盼盼今年 26 岁，老家在外地，她是一个潇洒的自由职业者，和别人合租在一个 50 多平方米的老房里。平时专为市区几家大的医药公司跑销售，收入不稳定，高时月薪近万，低时一两千元。因花钱大手大脚，常常不到月底就身无分文，是个典型的"月光族"。现如今，盼盼想要买房了，可手中能用的资金没几个，她后悔没有在有钱的时候给自己留点备用金。

对于盼盼这样的"月光族"来说，选择入住还款方式可以降低交房初期的经济压力。还款人可以申请从贷款第一个月开始，与银行约定一个时间段，仅偿还贷款利息，无须偿还贷款本金。约定期满后，再开始采用等额本息或等额本金的还款方式归还贷款的本金和利息。如果购买的楼盘是期房，用入住还款方式，还可以免除购房者过"一边交着房租，一边交着月供"的生活。

申请"入住还款"要注意以下 3 点。

➤ 要选择在银行办理"一手楼住房按揭贷款"业务。

➤ 在申请住房按揭贷款时，填写书面申请表，采用"入住还款"即可。

➤ "只还息、不还本"的最长时间不超过 12 个月，但也不能低于 6 个月。期满后，按照客户事先与银行约定的等额还款方式或等额本金方式还款。

381 买房楼盘模型很重要

销售大厅中楼盘的位置图，通常会把附近的标志性建筑物标示出来，让人感觉到该楼盘离繁华市区或者交通枢纽的距离相当近。其实，楼盘模型和实际楼盘是不可能完全一样的。因此，女性朋友必须学会看楼盘模型。

(1) 楼盘比例要清楚。 比如，楼盘上注明它和实际楼盘的比例可能是 1：80，但在做楼盘之间的栋距时，比例可能是 1：100，这样我们感觉到楼与楼之间的距离是可以接受的。

(2) 了解模型总面积。 它可以让你准确了解楼盘的位置、相邻关系、住宅开发和交通配套等大致情况。

(3) 楼盘道路要摸清。 楼盘模型中的道路分市政道路和社区道路，市政道路可能就有噪声问题。应该主动问清各道路今后的使用情况，以免造成生活的不便。

(4) 注意小建筑。 有时模型中还有一些小建筑，千万不要忽略这些小摆设，因为它们往往是小区的配套设施，变电站、垃圾房等。这些小东西虽然不会影响基本生活，但可能让恰好住在低楼层附近的你不舒服。

(5) 模型与实际房子外墙的颜色。 因为模型可以选择的颜色非常丰富，而实际建造外墙时，往往就没有那么多，再加上一些实际考虑，所以外墙面的改变可能会比较大，因此不要把模型中的外墙颜色作为喜欢的因素之一。

(6) 实地查看。 如果可能的话，可以到在建的楼盘里近距离看一下，看清毛坯房的本来面目、景观、朝向及墙体的具体分割，这个时候的感觉才是真实可信的。

382 看样板房有妙招

随着现代女性经济和社会地位的不断提高，除了单身女性购房越来越普遍外，很多家庭的购房大事也开始由"她"拍板决定，以至于房地产商们惊呼：楼市步入了"她时代"。但是，女性购房通常只关注交通、小区环境、房间设计、附近是否有超市和商场等，而忽略了其实用性，也因而正中房地产商下怀，因参观样板房而产生购买冲动。参观样板房是购房者了解房间布局的重要步骤，开发商们深谙此理，在样板房上下足血本，通过各种手段扬长避短。经验不足的购房者往往会在收楼时才发现自己的房屋与样板房之间存在着"天壤之别"。

下面我们一起看看样板房的一些惯用招数。

(1) 巧用道具增空间。 样板房总是能把玻璃和镜子用到极致，通透感会让你觉得房子很大，光线很好。

(2) 装饰吸眼球。 通常我们在样板房里能够看到一些新颖的装饰材料，它们被恰当地应用在墙上，看起来非常时尚。可是工作人员会告诉你，这个在交房时是没有的。

(3) 视野开阔。 当我们站在样板房里向外眺望时，通常外面的景观都是好的，视野几乎没有什么阻挡。

(4) 面积大。 我们看样板房的时候，常常都觉得面积似乎够大，可等真正搬进去后，会发现面积其实小了点。所以，我们在看样板房时不妨注意一下其实际面宽，因为实际房子的厚度往往大于样板房。

383 买房砍价有必要

商品房的价格大致可分为底价、表价和成交价 3 种。善于"砍价"者，用低于表价，甚至低于底价的价格来作为成交价，就能真正得到实惠。

上周日，笔者在城南一楼盘的售楼部碰到了来看房的好友张小姐和她男朋友。他们关注这个楼盘很久了，来了很多次，和售楼小姐都很熟络。"我们第一次来的时候，售楼小姐就告诉我们 15000 元/平方米左右的均价；第二次来，她看我们购房意向比较强烈，打了 9.1 折。"因此，笔者建议他们可以和售楼经理谈谈，再谈下三四个点是完全有可能的。

笔者也从一些房产公司的营销负责人处得到这样的消息："第一次上门客户成交率较低，直接将价格底线报给他们也不合适。"事实上，现在的成交一定程度上也要看你的砍价功夫和韧劲。某开发商销售部经理透露，有的客户去得多了，磨得多了，也能在原先的优惠上再谈下两三个点。但是对于一些第一次去的新客户，没有经验，在"价格谈判"上明显没有优势。

384　女性家装有技巧

关注流行趋势的不仅仅是时装界，各个行业的精英们也在不断用发展的眼光追赶潮流的步伐。关注流行成了每个行业必需的功课，进行跨界融合，也成为设计师表达时尚观的新手段。尤其在家装和时装上，两者日益融合也成为一个比较的趋势。如今，家居风格和家居配饰越来越时装化，家装是女人的另一种时装！

下面介绍一些适合女性朋友的家装技巧：

(1) 巧用镜子。我们不仅需要镜子来整理自身的仪容，而且还能利用它整理房间的仪容。镜饰家具不但有装饰美观的效果，还可以将小户型的房子制造出更大空间的感觉。另外，镜子会让整个屋子显得更为明亮，并且还能给人一种晶莹剔透的感觉，不仅看上去梦幻华丽，还能给家居整体的效果带来立体的层次感。

(2) 注意空间布局。合理的空间布局是时尚装饰风格的永恒主题，女性朋友可以把一切能利用上的空间都加以改造，哪怕是 1 平方米的空间也不要浪费。

(3) 通过家具定装修风格。设计者可以通过家具来了解自己想要的装饰风格，并且可以将这些家具融入设计当中，使整个家居风格得到统一。

15.2　变身房东收租忙

随着人们生活水平的不断提高，住房已从原来仅仅满足大家的居住需求而趋向于朝舒适、温馨型发展，不少女性朋友手中现在不只有一套住房，更多的人开始把房产作为一种投资行为纳入个人理财轨道。

将购置的房屋进行出租，定期能收获不少租金收入，还能拥有价值不菲的不动产。让房产成为永不枯竭的"取款机"，做个快乐的房东，何乐而不为呢？

385 房子租客要筛选

女性在想清楚把房子租给谁之前要先清楚租客的情况，目前租房的客户主要分为个人散户和公司客户，如表 15-1 所示。

表 15-1 租房的对象、用途、时长和注意事项

租房对象	租房用途	租房时长	注意事项
公司客户	通过租房解决单身员工的住宿问题。倾向于选择大户型，让员工合租在一起便于生活管理。也有一些公司租用位置较好的大户型民房进行办公	这种公司用户租期都比较长，一般为 2～3 年甚至更长，可以给房东带来稳定的租金收入	公司用户一般人员比较杂乱，住户的流动率较高，给未来房屋的安全带来不利，而且这类公司一般不会支付太高的租金，因此高档住房不适合这种公司用户。那些用于办公的住房，虽然可以收取较高的租金，但办公对房屋的日常损耗会比较严重，将来房东自用需要进行重新装修，因此房东需要在装修成本和租金收益方面作出权衡
个人散户	个人散户由于工作变动比较大，在没有定居之前一般会租用一套住房作为住所	这些租户能够支付较高的租金，但租期不太稳定，短则半年，长则 1～2 年	个人散户对房屋装修要求比较高，而且各种家用设施也须准备齐全，户型面积也不能太大，这些限制都会给房屋的出租率带来一些影响

386 房子出租前要装修

出租房要想租个好价钱，装修等准备工作是非常重要的。

(1) 装修合理。这样将为你省去很多时间和精力，经常会有同一个小区、同一户型相同面积，而租金完全不一样的情况。究其原因并不是装修好租金就高，而是要根据小区的地理位置和交通情况来区分的，如果房子在高档小区内，只是简单装修将会浪费客源；如果房子在普通小区内，则装修得再奢华，也很难租到好价钱。

(2) 将房子打扫干净。这样可以给看房的客户留下良好的印象，毕竟租客都愿意拥有一个整洁卫生的居所；检查各种家具是否破损、家电是否能正常使用。一些细心的租户在看房的时候会认真检查这些屋内物品设施的使用情况。万一存在问题，会大大降低租房者的认可度，从而影响房屋的出租。

387 空房现象要避免

房产投资的最大收益就是房屋出租和房产转让，在正常情况下，房东都是先通过

房屋出租的方式来获取部分收益，然后在适当的时候将房产出售，进而取得转售收益。如果投资房产用来出租收益，就要避免空置现象，可以通过以下两个方面有效提高出租率。

➤ 布置好出租房，个性化的装修设计，配备全套家私家电。

➤ 在相关网站发布出租信息。现在的年轻人，寻找出租房源最主要的方式就是网络。因此房东不妨将自己的出租信息发布到相关网站上，可以省去一笔中介佣金。但这样房东会比较累，因为要自己带着租户看房子。

➤ 满足租户的各项需求，为租户提供更多的额外服务，争取客户续租，降低空置率。

388　房屋中介更省心

随着房屋租赁市场的发展，各种从事房屋租赁服务的房屋中介连锁店大量涌现，这些遍布在大街小巷的房屋中介由于掌握大量的租户资源，成为房东出租房屋较快的途径。而且随着房屋中介的激烈竞争，优胜劣汰使房屋中介一般能为租赁双方提供比较全面而满意的整套服务，让人比较省心。

要出租房子，就选正规中介，方便又省事。那么，房子交给中介公司代为出租真的省心吗？

(1) 服务要周全。目前市面上所谓的全程服务，就是中介公司在接到委托租赁的房源后，和房东商量好房屋每月的租金价格，然后分期将一年的租金交给房东，这样房东就不用亲自去寻找租房人，也不用担心房屋有很长的空置期。而中介公司又在和房东商量好的价格基础上，略为上浮，以保证自己的合理利润。

(2) 选正规中介。房东一定要选择信誉较好的正规中介公司。同时，在和中介公司签订委托合同时，一定要细化付款时间和金额及违约、赔付条款。最好在约定最迟付款时间和最低付款金额的基础上，将付款时间和金额与承租人的付款时间、金额挂钩。另外，最好不要"全权委托"中介公司办理相关事宜，要对其"签约权"进行限制，保证将物业钥匙交给中介公司后对其仍然有一定的约束。

389　找房屋管家来帮忙

金小姐有一套小房子出租，但由于工作忙，无暇打理，听说有一种房屋管家可以帮忙出租房屋，一年可以收 10～11 个月的租金，不用再打理出租房屋的签约甚至缴纳水电费等琐事，因此她与网上一家房屋管家进行了联系。

金小姐了解到，这种房屋管家的模式，其实也细分为两种做法。

(1) 包租形式。经营房屋管家的机构，规定每年除去一定的时间留作招租工作期外，其余时间无论房屋出租与否，业主均可如期收到合同约定的租金。包租的形式不太适合地段好、房客有保证的房屋，因为一般房屋管家都会以一个比市场价低的价格和业主签约。

(2) 托管形式。在房屋出租期间，托管的房屋每月扣去月租金的 10%(自带租户8%)作为托管费外。托管的模式业主可以按照市场水平收到租金，但要防止机构谎称房屋没租出收不到租金并私自将房屋出租。

房屋管家模式美其名曰"房屋银行"，很适合平时工作比较忙，无暇打理出租屋或者经常出差的业主。业主只要将房屋交给专业的机构打理，付出一定的报酬，就可以比较省事地出租房屋，等于付钱请人帮忙租房。需要注意的是，即使是将房屋交给房屋管家，业主也要经常了解一下房屋的出租情况。

15.3 女人选车有技巧

随着经济水平的不断提高，现在许多女性都想利用积蓄买一辆自己喜欢的汽车，世上的女人千千万万，爱车的女人形形色色。说女人喜欢什么车，恐怕很难弄个标准统一的答案。但是，买车是一件很重要的事情，要看实用性和经济性，女人的直觉千万别用在选车上。那么，女性怎样才能买到自己喜欢的汽车呢？

390 根据年龄来选车

不同年龄的女性在选车的时候也会有一定的区别，根据自己的年龄来选择适合自己的车才是省钱又时尚的做法。

(1) 20 岁的女性。20 岁的女人可以称为女生，不是她们不够成熟，而是因为青春靓丽的她们正处在人生中最风华正茂、无忧无虑的美丽季节，活泼开朗、爱说爱笑的她们因为年轻所以怀揣着大把的梦想，她们梦想经历一段刻骨铭心的爱恋，期盼拥有一场浪漫感人的婚礼，渴望得到一辆时尚漂亮的小车。

(2) 30 岁的女性。女人迈入 30 岁年龄的门槛后，生活环境以及境遇的变迁会立刻让她们从一个稚气未脱、不谙世事的小姑娘蜕变成一个成熟优雅从容淡定的女人，事业已经进入稳定发展的阶段。

30 岁的女人在驾驭事业、生活、情感等种种事务时少了 20 岁女生的盲从，多出了几分气定神闲与得心应手，处理起来显得更加游刃有余。另外，30 岁的贤妻良母具有顾家的特质，时时刻刻都想着老公和孩子，这是儒家文化下女人的典范。

贤妻良母对车的要求也是最实惠的：低调，省油，与自己的气质搭调。因此，可以选择一款面向都市白领精英的城市型 SUV，这类型车通常集优秀的动力性能、操控性能及舒适性于一身，并且没有大排量 SUV 那般难以驾驭。

(3) 40 岁的女性。在职场上打拼了十几年，40 岁的女人事业已经小有成就，她

们中的一部分人甚至已经进入各自所从事行业领域的中高级管理阶层，衣着光鲜地出入于各种高档会所、酒楼、SPA。相比年轻女孩的青春之美，40 岁的女性展示更多的是一种成熟韵味。

40 岁事业有成的女人应该比较有钱或有地位，所以给她们选配车的价位会稍稍高一些。此外，事业有成型的女人必定会经常载着客户或领导，所以她们的用车要端庄大方。

要根据她们自身的特点选车，所选择的车型要有适合大龄女人特点的操纵系统和驾驶座椅，座椅最好宽大一些，并可以任意调节高度，操纵系统最好选择简单、易掌握的自动变速。

391　优质售后很重要

"第一辆汽车始于销售，第二辆汽车始于服务。"汽车生产商除了要有优质的产品，还要有优质、完善的售后服务，为消费者提供切实的质量保证。对于消费者而言，买车不仅是一种简单的消费行为，更重要的是售后服务为消费者带来的实在、全面、快捷的体验，可以毫不夸张地说"选车就是选服务"。

现在汽车市场还不是很规范，汽车的价格也有些乱，同样品牌的汽车往往在不同的经销商那里价格相差很多。女性朋友要买一辆货真价实又有完备售后服务的汽车，最好去汽车企业的专卖店，而不要和那些没有厂家经营特许权的经销商打交道。

392　选性能好的车子

女性开车，驾驶省力会使你轻松愉快。如果你的经济条件非常好，最好买一款技术含量较高的汽车。

现在国产中档汽车的价格不高，十几万元的汽车都有自动挡、助力转向，这些装置会使你在驾驶时省很多气力。不要为省几千元而去买那些驾驶系统简单的汽车，那样一时的省钱，换来的是今后的不方便。

女性用户选车时主要有以下 4 大要求。

(1) 有助力转向功能。 女性身材一般较为娇小，因此购车要选方向盘及座椅都可调节的车辆。另外，女性的力量一般较弱，转向时力量不足的问题显得更为突出，因此一定要选择具有助力转向的车辆。

(2) 选自动挡。 自动挡可以免去频繁换挡的辛苦，驾驶时舒适、轻松、易于操作、更为安全的特点得到更多女性车主的青睐。

(3) 安全配置齐全。 安全气囊、ABS、中控锁和防盗系统等都是车的必需配置，尤其是当女性用户经常独自驾车时，这些安全配置就会给你更多保障。

(4) 车内空间大。 女人好购物，车内空间要大，别让你从超市满载而归时尴尬。

此外，还得考虑车子的后备厢要放得下婴儿车。

393　选底盘低的车子

俗话说："轻移莲步恐惊草，微挑月眉斜看花"，说的是女人的一种美态。因此，女性车主为了便于上下车时更方便、体态更美，最好还是买那些底盘低的汽车。尤其是在夏天，无论穿长裙还是短裙，上下车都不会感到尴尬，中老年女性在上下车时也不会感觉到吃力。

此外，女性车主尤其是初学者，开车技巧一般都稍欠成熟，所以标准轮胎的宽度越宽越好，这样开起来会更加平稳。以迷你车常用的轮胎宽度来说，145 毫米或 155 毫米的略嫌太窄，若能超过 165 毫米或 175 毫米会更理想。

394　买安全性强的车子

俗话说："强男人，弱女子"，女人无论是心理上还是生理上都是弱者。从安全角度考虑，女性选购爱车，选主动、被动安全配置越高的越好。一些配置对女性安全非常重要，如具有中控锁的车辆可以随时关闭车门，能更好地防范坏人的侵袭等。

要买安全性强的汽车，保险杠、ABS、中控锁、防盗系统等都是车的必需，尤其是当女性朋友经常独自驾车时，这些安全配置就会给你更多保障；再加上现在的路况条件很复杂，女性朋友的驾车技巧面临考验，多一些安全保障会让家人更放心。好的配置可以增加安全、舒适、转手价格和降低保险费。

395　选好买车时机

任何商品都有价格浮动期，汽车也不例外。对于想买车的女性朋友来说，选对买车时机也能省下不少银子。

(1)　淡季买车。七八月是汽车业传统的销售淡季，销售商为了吸引一部分购车者，也会采取有力的优惠活动，有些车型的打折甚至超过热销时节的打折。

(2)　九、十月。在这两个月里汽车厂商往往会推出更为丰富、更为实惠的促销政策和打折活动，除了平时只送装饰的礼包外，此时可能既有装修又有保养，甚至还有保险或油票。

(3)　年底。绝大部分的经销商都希望在年底把库存的现车换成现金，完成业绩考核，这时他们往往会抛出比较诱人的现金优惠措施，而且优惠的幅度比平时要高出许多。

(4)　出新车后购买。旧车大概会在新车出来之前 3～6 个月开始做降价活动，快要退市的车型也会大幅降价。

(5)　降价后购买。一般来说，一款十几万的车型降价幅度超过 1 万元甚至 2 万元

时，就是最佳的买车时机。一般这个降价的时机过去之后，就很难会出现如此大幅度的降价了。

15.4 女性用车有诀窍

俗话说："人尽其才，物尽其用。"在购买了爱车后，能正确的使用它才算是真正地拥有了它，从省油、停车费、过路费等方面考虑，可以更加省钱的用车。

396 用车省油的技巧

"省油就是省钱"，女性驾车要讲究科学，合理开车可以做到最大限度地省油。

➢ 经常打扫爱车卫生，减少负重。
➢ 选择正确的规定型号的汽油。
➢ 降温时低速开窗，高速开空调。
➢ 选择正确的轮胎，并经常检查。
➢ 不要无故加载，减少汽车无用配件。
➢ 开车要有预见性，要尽量避免急刹车、急踩油门。
➢ 注意保护好引擎，有问题马上修理，不"带病"运行。
➢ 要匀速行驶，不要忽快忽慢，尽量保持经济车速行驶。
➢ 计划路线后再出行，选择简单的路线，并且尽量避开高峰出行。

397 出行时间规划好

女性朋友平时上班应早点出门，尽量躲避塞车时段，这样不但可以节约时间，还可以大大降低油耗。另外，有的女车主经常是上班快迟到了才出门，因此在路上拼命飙车，不停地加速和刹车，其实这种操作方式是非常费油的。因此，每天早几分钟出门，轻松驾驶，才能轻松省油。

398 节省过路费的技巧

高速公路的过路费是用车过程中一笔不小的开支，而且我国过路费较高，出行一趟可能要花几百甚至上千元，那么女性车主们该如何节省过路费呢？

(1) 免费出行日出行。国家规定每年的春节、清明节、劳动节和国庆节小车免费通行，所以选择在这 4 个节日出行可以省下过路费。

(2) 选过路费低的道路。过路费的收取标准也不一样，省道与国道，哪个便宜就选哪个。

399　女性洗车的诀窍

如今，洗车店收费逐步上涨。如果按洗一次车 20 元计算，一星期洗一次，一辆车一年洗车费最低大约是 1040 元。能不能找到洗车效果好、花费又可以有所减少的洗车选择呢？

(1)　办卡。假设，在上海不办卡洗车需要 25 元，但是利用会员卡洗车每次折合下来大概只要 15 元。需要注意的是，有些小的洗车店信誉不佳，一旦出问题会员卡里的钱就很难退回来了，因此会员卡要尽量去大型的洗车店办理。

(2)　刷信用卡。信用卡除了让女性车主们享受提前消费的快感以外，还有很多其他的附加功能。许多银行办理信用卡后会每周为车主提供一次免费的洗车，部分信用卡在加油时还能打折。

(3)　自己洗车。有条件的女性车主可以选择在家洗车，除了水费可以说是零成本，还可以在网络上选购相对专业的洗车器，手基本不用沾水，并且可直接清洗掉污渍，最后只需要擦干即可。

400　给车穿上"防护衣"

给车穿上防护衣的意思就是，打蜡是不可少的。打蜡具有以下作用。

(1)　防雨水污染。打蜡的作用首先就是防水和酸雨，由于车蜡的保护，会使车身的水滴附着量降低，效果十分明显。

(2)　隔断摩擦。汽车在行驶时与空气摩擦产生静电，而车蜡层则可以有效地隔断车身与空气、尘埃的摩擦。少了静电，车体自然少了灰尘的吸附。

(3)　减少光反射。汽车常年在外行驶或存放很容易因光照(尤其是在天气炎热时)而导致车漆老化褪色，而打蜡形成的薄膜可以将部分光线反射，有效避免车漆老化。

(4)　美观。车蜡能起到上光的作用，使汽车显得更新更美观。

洗车打蜡最好选用去污力比较中性的清洁剂和不含研磨剂成分的车蜡为佳，几个月打一次蜡，效果便可保持很久。每次打蜡花费将近 100 元，频繁打蜡并不值当。

401　停车省钱的技巧

拥有了爱车之后，还要为自己的爱车找个"家"，而让众多有车女性头痛的也正是这个问题，即怎么停车才能省钱。其实，只要从找停车位、正确停车和避免"陷阱"三方面入手，停车也可省大钱。

(1)　挑好行车路线。有经验的女车主在出发之前，会提前考虑目的地的停车状况，包括停车场有哪些、价格是多少等。而如果停车费用大于打车前往，那么果断打车去吧。

(2) 选免费停车处。 许多商业区都设有免费停车设施及优惠，车主只要达到消费额度，即可享受免费停车优惠。

(3) 停车位置要方便。 有些人总是喜欢将车停在靠近电梯的位置，但是电梯附近往往很拥堵，盲目选择会造成来回兜圈，增加停车费用。

此外，有些停车点马路两边的费用也是不一样的，停车者可以多走几步，选择安全便宜的停车位。

402 女性修车省钱的技巧

车在行驶一定年限或里程后，就会出现各种问题而需要维修，那么，如何修车才能省钱呢？平时生活中又有些什么方法能让女车主们免于总跑汽车维修店呢？

(1) 保修期内修车。 汽车的维修保养费用在养车费用中是最具"弹性"的，贵的时候要上千元，便宜的时候可能只要几十元，这就要求女性车主们要算好保修期，在新车的保修期中，一定要到正规的 4S 店做维护保养，即使费用较高，但质量很有保障。保修期过后，则可以去汽配城做常规保养，一些小毛病也可以到那里处理，可以节省不少保养费用。

(2) 自己更换小配件。 自己动手，丰衣足食，对于汽车一些小配件的更换，能自己更换的，可免去到 4S 店做维修。就像机油、空气过滤器和雨刷等简单的部件，如果去专业维修店，不仅价格虚高，而且会收取一定的工时费，非常不值。而如果到汽配城购买材料，然后自己更换，即可减少花在维修保养上的钱。还有像更换机油，4S店的专用机油约 100 元，加上工时费等费用，更换一次机油就需要 150 元左右，而如果自己到汽配城购买材料，不仅价格便宜，而且还可选择更加高档的产品。

(3) 抓住 4S 店的活动。 现在有很多汽车维修店和 4S 店都会定期搞免费检查的活动，虽然很多看似简单，在车主看来似乎没有实质性内容，其实这些免费检测活动是有很多好处的。

女性车主可以利用这些免费检测活动对爱车进行全面的体检，及时发现一些潜在的故障，并将这些故障隐患消除，这样可以省去将来的高额维修保养费用。有时除了免费检查，还会有"免费保养"和"免费维修"等活动，这对于有车一族来说，是非常实惠的。

(4) 找好投保公司。 对很多新手而言，首先就是一定要找一个好的保险公司，给自己的车买个车损险，以减少自己的损失；另外，就只能是自己开车时一定要小心，避免磕碰。

第 16 章
生活理财：做奋斗的女人更要做悠闲女人

学前提示

生活的点点滴滴中都有理财的玄机，利用手机可以很好地对这些"小事"进行管理，省钱的同时还方便快捷。虽然省的钱可能不多，但更重要的是可以帮用户养成节约、理财的好习惯。

要点提示

➤ 轻轻松松解决吃穿住行
➤ 简简单单解决日常娱乐
➤ 搜搜查查解决旅游麻烦

16.1　轻轻松松解决吃穿住行

常言道："吃不穷，穿不穷，算计不到就受穷。"这里蕴涵着基本的理财观念。要想有财可理、有钱可投资，首先需要进行原始积累，从日常的生活中找到适合自己的消费要点，切准可节约的花钱渠道，一步步节省金钱，才能使生活越来越好，达到富足、舒适的生活理财目标。

403　天气通

对于每日要出行的女性上班族、学生族来说，穿多少衣服，要不要带伞是每天必须关注的问题，如果有一款能够随时查询天气信息的手机软件，会让大家的出行更加方便，而天气通就是一款不错的天气软件，支持塞班(Symbian)、安卓(Android)、iOS(iPhone、iPad)和 Windows Phone 平台。

1．天气预报及时更新

天气通不仅能随时查询天气信息，还能提供更为全面的天气服务，最关键的是费用比阅天气预报短信要低(每日使用的流量几乎可以忽略不计)。

天气通的天气状况是每小时更新，其预报的准确度非常高。第一次进入软件的用户，系统会自动定位手机当前所处的城市，并添加到城市列表中，以后每次打开天气通，软件会直接显示该城市的天气信息。

2．穿衣指数提前掌握

天气通最大的特色之一，就是它对出行的建议、提示功能。天气通会对穿衣指数、带伞指数、紫外线指数和运动指数有一个系统的评估，用户可以根据其建议提前安排自己的行程与衣着。

3．气温趋势一目了然

天气通也可以进行长时间的预报，只要你进入软件，选择屏幕下方的"趋势"选项就会出现要查找的地区未来几天的天气状况，最高气温、最低气温的走势和天气状况一目了然，用户可以很好地根据趋势规划出行安排。

4．身边实景实时展示

天气通还可以进行身边实景展示。用户可以拍摄自己身边的天气上传到天气通，供其他用户作为参考，也可以看看大家身边的实景。

404　支付宝

虽然支付宝是第三方支付平台，但是在手机应用上，支付宝的功能更倾向于成为用户的"钱包"。用户可以通过支付宝还信用卡、转账、付款、收款、缴费以及充话费等业务于一体，是手机理财软件中功能比较全面的一款。它基础的功能有以下几个方面。

1．添加支付项目

女性用户登录支付宝后，主界面上几乎没有功能显示，用户需要将常用的支付项目添加至主界面，让以后使用更加方便。女性用户在进入支付宝后，在主界面上点击"添加"选项，然后选择需要添加的内容即可。

2．充话费

用手机直接缴纳话费是支付宝比较实用的功能之一，用户不仅不用出门缴费，而且还有一定的优惠。女性用户进入支付宝后，点击"手机充值"选项，然后输入需要充值的手机号码以及金额并点击"立即充值"，之后点击"确认付款"即可完成话费充值。

3．面对面付款

如果付款与收款双方是面对面交易，且都有支付宝账户，那么可以使用支付宝的当面支付功能。

用户在进入当面支付界面后，收款方选择"收钱"，手机界面就会显示收款的二维码，并且手机听筒会打开，感应付款方的声音信号，付款方选择"付钱"后，手机会发出支付宝生成的声音信号，只要收款方进入"收钱"功能并接收到该信号，付款方即可自动跳转至支付界面或者扫描收款方的二维码也可以跳转至支付界面，付款方跳转至支付界面后，直接填写转账金额并点击"确认信息"核对信息无误后点击"确认付款"即可完成当面支付。

4．快捷转账

支付宝的转账功能可以实现支付宝之间的转账，或者是支付宝直接转至对方银行卡。用户可以选择"转到支付宝账户"或"转到银行卡"。

5．查账单

支付宝对用户的支出会有详细记录，用户进入支付宝后点击 "账单"选项即可查看账单，点击任意账单项目还可查看交易详情。详细地了解自己的费用支出是帮助女性朋友进行理财的一个重要环节。

405　淘宝支付

广大女性朋友在进行淘宝、天猫等网上购物活动的时候，淘宝为大家提供了多种便捷的为支付方式。

女性朋友在选择使用支付宝付款、银行卡付款、便捷支付、余额宝或者是蚂蚁花呗付款进行付款之余，甚至还可进行江湖求救，申请朋友代付。这些淘宝支付方式使得女性朋友的购物更加简单、快捷。

女性朋友完成一次淘宝购物后，淘宝都会赠送一定的积分，刚好有的店铺会支持积分付款，这样能够节省一部分的金额。

406　微信支付

微信支付是一种类似"支付宝"的支付平台，但微信支付有其独有的优势，如微信每日会给用户推荐一些特价商品。但在使用之前，各位女性朋友应先给账户绑定银行卡。

微信支付的功能比较多，如"手机话费充值""Q 币充值"和"精选商品"、理财、信用卡还款、生活缴费等，这些功能也能大大方便女性用户的日常生活。

微信支付的普及使得女性朋友出行更方便，不用担心身上带的现金不够用也不用担心身上现金太多而不安全。

微信支付让交易过程变得更简单，人们只要扫一扫微信号、点击首付款、接微信发红包或者 AA 收款就能够完成支付。相对于传统的付款方式而言减少了收付钱、找零钱等过程所花费的等待时间。

407　出行软件

在当今快节奏的生活里，很容易因为交通问题错过一些约会，其损失的可能不仅仅是金钱，甚至还有别人对自己的印象。随时查公交线路、叫出租车、查询列车与航班确保自己的出行准确无误，女性完全可以通过自己的手机完成这些功能。以下三款出行软件可以很好地帮助广大女性朋友解决出行麻烦。

1．8684 公交

8684 公交主要功能是提供中国国内各城市的公交信息查询，目前有 Android 及 iOS 两种版本。女性朋友下载软件后无须注册即可立即使用，查询公交线路也比较方便，可以预先把需要城市的信息下载至手机，这样在以后查询该城市的信息时不用使用手机流量，可以省下一笔费用。

2．滴滴打车

滴滴打车是一款叫出租车的手机软件，支持 iOS5.0 及以上、Android2.0 及以上、Windows Phone 8.0 及以上。

滴滴打车可以马上叫车，也可以进行预约。用户进入软件后，点击"现在用车"选项直接说明需求即可。

使用滴滴打车时，女性用户可以预约出租车也可以选择私家车，同时还可以选择跟人拼车也可以独自乘坐，两种选择在同样路程的情况下所需支付的费用都会比出租车更便宜，可以让女性朋友花更少的钱舒适出行。

3．出行伴侣

出行伴侣是一款包含全国航班和列车查询的出行手机软件，其功能相对丰富，能够满足不同人士的需要。打开软件后，选择"列车时刻表"或"航班查询"，可以分别查看列车与航班的详情。

408　大众点评

各位女性女性朋友在日常消费中只要借助一些工具就可以节省一大笔钱。如借助大众点评软件。

大众点评是本地生活信息及交易平台，也是独立第三方消费点评网站。大众点评手机应用可以为用户随时随地提供餐饮、购物、休闲娱乐及生活服务等领域的各种信息，同时可供用户交流评价各个店的优劣。对于常在城市中消费的用户，是不可错过的手机消费理财软件，它可以给广大女性用户的消费带来更多优惠，节省女性的日常开支。

409　今夜酒店特价

当女性朋友出行在外时住酒店时，要想享受舒适的住宿环境的同时还节省一定的而支出就可以借助专门的酒店订购软件。

今夜酒店特价是一款基于移动互联网的手机预订酒店平台，该软件更加突出"特价"二字，是用户省钱的利器。今夜酒店特价软件的两头分别联系着酒店和普通的用户，酒店把当天晚上 6 点钟还卖不掉的剩房便宜卖给今夜特价酒店，今夜酒店特价平台再以正常预订价格 4～7 折的实惠价格卖给用户，最终实现三方共赢。

用户可以根据距离远近、星级、价格、酒店风格等个人喜好，方便地查找和预订这些特价房间。

16.2　简简单单解决日常娱乐

用户在日常的娱乐交友中，可以使用一些免费的手机软件，让自己的娱乐生活更加丰富。如用户使用手机 APP 看电影，可以省下去电影院的票钱；用户也可以用手机 App 聊天，其费用比打电话或发短信要低很多。

410 能省钱的通信神器

微信为用户提供方便的聊天功能，拉近朋友之间距离的同时，还是一种不错的理财方式。

1. 省通信费用

我国短信资费普遍是 0.1 元 / 条，对于有流量套餐的用户，使用微信发送 10 条信息所消耗的流量费用可能还不到 0.1 元。虽说短信也可以包套餐，但费用依然比较高。同样以 5 元钱的套餐计算，一般情况下，短信可以包 100 条，而流量可以包 30M。如果 30M 流量只用来发送微信，几乎可以做到无限发。

而且，微信还能语音电话、视频电话。我国手机卡打电话的资费平均在 0.2 元 / 分钟(市话)左右，若用户每天打 5 分钟电话就需要花费 1 元，10 年同样要花费 3600 元，而视频电话就更贵了。

若用户使用微信进行语音电话、视频电话，则完全可省下这笔钱。

2. 朋友圈赚钱

微信的"朋友圈"功能，是指用户在微信上通过一些渠道认识的朋友形成的一个圈子，类似于微博，用户可以查看朋友发的照片和言论，也可以分享自己的心情。在介绍功能之前，先为大家分享一个用微信"朋友圈"做生意的故事。

贺小姐老家在湖北，盛产野生天麻，某日她父亲给她寄来了半斤，让她炖汤喝补补身体。收到天麻后，王小姐就用它来炖了鸡汤，并在微信朋友圈里"晒"了一下。没想到这一晒，竟引发了很多微信好友的关注。后来还有朋友到王小姐家里想尝尝她做的汤，并要求带些天麻回家。

"朋友圈的人问得多了，有需求的多了，我干脆开始卖天麻了。"贺小姐说。随后她让父亲从家里多寄些天麻过来，而第一批货仅仅在半个月之内就销售一空，这批货让贺小姐赚了足足 3 千多元。

由于微信平台用户基数的巨大，对于有头脑的用户来说，微信的朋友圈功能完全可以作为宣传产品的途径，或是销售的渠道。这是一种新型的理财方式。

3. 微信公众号理财

女性朋友可以添加各种公众微信账户，它们会为用户提供各种各样的功能，如推送新闻资讯、进行售后指导等。

从理论上说，女性用户可以从微信公众号得到一些理财相关的信息。如女性用户需要进行银行转账或者银行产品投资的时候，则可以关注某一银行的微信公众号，查看该号上的相关的推送信息。

411 带在手心的书刊

女性拥有一台小小的手机就可以关注每天各地发生的大新闻，以搜狐新闻软件为例。搜狐新闻手机客户端是搜狐公司出品的一款为智能手机用户量身打造的"订阅平台＋实时新闻"阅读应用。女性朋友只要在手机中下载搜狐新闻这一款软件，就可以免费订阅各种各样的报纸杂志的电子版。相较于传统订阅刊物的方式，使用手机看新闻在省下订阅费用的同时，新闻的时效性更好，而且广告也比较少。可能一个月花费十多元订阅报纸并没有多少钱，但以笔者自己来说，每个月除了买报纸，还有几种杂志是一定会购买的。一年下来，也需要将近 500 元，20 年就要 1 万元了。

搜狐新闻还免费提供各种各样的刊物，如《人民日报》《青年文摘》等，用户可自行订阅需要的刊物。以青年文摘(半月刊)为例，一年的订阅费用是 72 元。如果用户在手机上订阅了 5 种以上的刊物，也相当于一年省下了 350 多元。10 年将达到 3500元，这也是一笔可观的"隐性收入"。

因此，用手机看新闻、报刊绝对能省下一笔可观的资金。

412 免费的影音播放器

听音乐是大多数女性都喜欢的放松方式，而手机完全可以代替 MP3、MP4 等影音工具，女性用户大可不必为此多花钱去购买专用设备，而且使用更加方便，一部手机可下载各种歌曲，对于女性时尚达人们来说，大家肯定不愿意左手拿个手机，右手拿个 MP3。大多数音乐播放器软件还可以收听电台，对于年龄偏大、喜爱收听电台的用户，安装一个音乐播放器在手机里也能物尽其用。

看电影也是广大女性日常生活中必不可少的休闲娱乐活动，以一张电影票为 20元计算，两个人去看电影就要花费 40 元，一年看 10 场就要 400 元。更加关键的是，许多新上映的电影票价甚至会达到 50 元左右，这样的开销将更大。

国内可以免费看视频的手机软件有许多，常用的有爱奇艺视频、优酷视频、土豆视频、百度影音、腾讯视频等，女性朋友只要下载这些播放器就可以看电视、看电影，能够减少更多的电影票开支。

413 不花钱的书籍阅读器

如果女性买一本书平均为 30 元，用手机看 10 本书就能省下 300 元。对于喜爱看书的女性来说，一年省下 1000 元购买书籍的钱不成问题。

女性朋友可以在计算机下载图书后，拷贝至手机，这是看书最常用的方法。女性朋友还可以选择在手机上下载一个电子阅读软件来看书，这样就可以直接在阅读软件的书城中下载自己想要看的书。电子阅读软件里有很多书是免费的，也可以购买电子

书，但是会比纸质书便宜很多，女性朋友可先选择下载电子书，看过后如果觉得这本书很不错想要收藏，就可以再购买该书的纸质版。

国内可以看书的软件有很多，如 QQ 阅读、咪咕阅读、掌阅 iReader、爱阅读等。女性朋友可以在自己的手机中下载一个，看书的同时还能节省一大笔费用。

414　网上相亲平台

找一个心仪的另一半是每一位女性的愿望，手机刚好给女性朋友提供了这样一个平台。女性朋友只要在自己的手机上下载一个像百合网这样的一个婚恋软件就可以寻找自己的另一半。

百合婚恋是百合网推出的婚恋交友应用，用户注册后，只需花费 2 元钱即可与心仪的对象进行网上交友、相亲。相较面对面的婚恋交友，一起吃饭动辄几百元的消费来说，绝对是超值。

国内类似于百合网这样的婚恋交友软件还有世纪佳缘、珍爱网等。女性朋友可以可以借助这样的软件，早日找到自己的良缘。

16.3　搜搜查查解决旅游麻烦

某位女性名人曾说过："旅游会改变一个人的气质，女人要想自己的气质变好，一定要出去旅行。"

外出旅游是很多悠闲女性享受生活的一种理想选择，如今很多旅行社都推出了女性旅游线路，包括踏青、温泉、采摘、赏春等内容，可以说旅游已成为很多女性生活中不可或缺的活动。

415　选择合适的旅程

不同性格、爱好和兴趣的女性，在选择旅游行程时会有不同的偏好。选择自己想要的旅行才能够收获真正的乐趣。

1．购物行

对于爱购物的女性来说，全球各大都市是不二之选。并不是只有看名胜才叫去旅游，走在不同城市的街头巷尾，感受绝对是不一样的。走在香港的街头，你会发现所有人都行色匆匆，走在成都的街头，你会发现人们都很悠闲，这就是不同的城市不同的文化。其实，有时候品读不同的风景，就是在阅读不同的文化。

根据相关报告显示，最受女性青睐的境外购物旅游目的地为：巴黎、马尔代夫、威尼斯、罗马、伦敦、东京、首尔、巴厘岛；最受女性青睐的境内购物旅游目的地为：香港、三亚、丽江、厦门、杭州、上海、澳门、桂林、苏州、成都、北京。

2．艺术行

如果你是一个热爱艺术的女性，那么你可以去拜访欧洲艺术馆和画廊，钻研各种建筑和设计；可以去东南亚看看手工精湛的工艺品，它既吸纳万物，又独具风采；可以去西藏，用相机记录旅途的风景，让观众在观看一幅幅形象生动的精美摄影作品之余，也能通过影像故事领略藏地之美。在旅行的同时，可以从艺术中领略生活的乐趣，体悟生命的意义，享受创造的欢愉。

3．美食行

一部名为《舌尖上的中国》的纪录片热播，红遍网络。通过纪录片的镜头，又一次大大勾起了女性对美食的追逐和向往。其实，我们并不用立志做一个"顶级吃货"，也很难像纪录片制片人那样追根溯源，但美景相伴，何不来一场舌尖上的旅行。下面介绍几个吃货们的旅行天堂。

(1) 上海。上海传统的餐饮文化可以用两个字概括——"考究"，从就餐环境到就餐工具，从原料火候到菜色菜品，无一不考究。可以毫不夸张地说，上海本身就是一个口福齐天的城市！

(2) 重庆。夜景、火锅、美女，是重庆的 3 大名片。重庆是川菜的发源地，也是川菜的主要代表地区之一。比起传统的川菜，重庆的川菜更是博采全国各大菜系之长，兼收并蓄，妙味无穷。

(3) 南京。俗话说："六朝金粉地，金陵帝王州。"南京不仅历史文化悠久，饮食文化也相当璀璨无比。这里有南京人特别钟情的老鸭粉丝汤和盐水鸭，有寓意吉祥的豆腐捞和状元豆，还有令人一吃就停不下来的尹氏汤包。总之，南京是一座让无数吃货无限向往的城市。

(4) 北京。作为一个吃货，如果你没有去过北京，那实在是一种遗憾。北京不仅会聚了全国各地的风味美食，同时也是世界美食的集散地。到北京随便逛逛，不时出现的百余年的老字号餐厅会不停地挑逗你美食欲望！美食和美景的双重诱惑，是北京独一无二的魅力。

4．冒险行

还有一部分女性个性十足，喜欢冒险、体验刺激，喜欢到西藏、新疆、中东、非洲这样的地方。在她们眼中，那里才是最美的地方。她们跋山涉水，徒步穿梭，在寻找陌生风景的同时感悟和思考。

5．自然行

我们生活在城市的钢筋水泥里，很多时候都感受不到大自然带给我们的那份宁静，可是出去旅游，你还是会得到这样的感受。旅行就是与自然的约会，西藏的天，桂林的水，江南的水乡，塞北的大漠，内蒙古的草原，海南的大海……都能让你充分

感受到自然的无穷魅力。

6. 乐园行

有的女性具有孩子般的童真，或者想带着孩子一起旅行，而各种主题乐园便成了藏在心中对旅途的最大期许。来一场欢乐的游园之旅，为你和孩子的童年增添一抹极富童话色彩的美好记忆！下面介绍几个游乐园的旅行天堂。

(1) 北京欢乐谷。 在欢乐谷中，有 6 大主题板块：峡湾森林、亚特兰蒂斯、爱琴港、失落玛雅、香格里拉、蚂蚁王国都各具特色。现在新开放的欢乐谷二期更加入了全新的游乐设施和丰富多彩的巡游表演，很适合全家人周末时一起走进其中，感受狂欢的氛围。

(2) 美国奥兰多迪士尼世界。 奥兰多迪士尼世界主要包含 4 大迪士尼主题园：魔幻王国、未来世界、动物王国、迪士尼好莱坞影城；两个水上主题乐园：暴风雪海滩、飓风湖。其他还有购物中心、运动中心、高尔夫训练场及 30 多家酒店，基本是一个小城市。

(3) 梦幻世界。 梦幻世界的一切都比真实世界来得更夸张，这里有澳洲最狂放的游乐场，最吸引人的公园及野生动物园区。梦幻世界的尼克中心主题公园则充满了当今最为流行的卡通人物以及形形色色的趣味游戏。

(4) 荷兰马德罗丹小人国。 马德罗丹小人国是一座面积仅为 1.8 平方公里的微型"城市"，数以千计的"居民"都是寸把高的"小人"。此外，还可以欣赏到风车随风徐徐转动，游艇随着河岸的地形上下起伏，以及全世界最长的铁轨模型。

416 节省旅游费用

外出旅游能让我们放松心情，减轻压力，可旅游的费用却是一笔不小的开支。女性朋友如何在享受异地风情的同时还能节省开支呢？下面几个方法可以帮大家其实解决这一问题。

1. 定计划

在出行前，应提前做好出游计划。因为越早预订机票和酒店，享受低价的可能性越高。预订后也要保持好沟通，因为许多航空公司和酒店在你预订之后，如果价格下跌，都会提供一个更低的价格。因此，尽早计划出游时间和路线，在发现降价时要求商家提供折扣，最多可以节省20%左右。

2. 手机订票

网上不仅路线多、产品多，而且单独买飞机票的话也要便宜不少。像携程旅行网、途牛旅行网等都专门设计推出了针对女性群体的旅游产品，而且旅游网能以低价和强大便捷的搜索功能为女性提供便利，价格通常比在门市预订便宜10%左右。

所以女性可以提前在手机上下载一个与旅游相关的软件，进行查询订票。

3. 找免费游

在部分航空公司运力过剩和有些景点急于推广的情况下，女性朋友仍然可以在手机上寻找这种省钱机会。尤其是旅游淡季，这种机会可能会更加普遍。可能的话，应该随时找机会获取免费的旅游赠券。这些新线路一般是以当地旅游局出资，航空公司、旅行社互利的方式共同推出的，对于旅游者来说实在是物超所值。

4. 组团游

如果你想外出旅游，可以先联系身边的同事或亲朋好友，自行组团后再与旅行社谈价钱，可以获得一定幅度的优惠。

5. 淡季游

一般旅游景点的门票价格都有淡季和旺季之分，旺季门票价格最少也要贵一半左右。

真正想要享受假期旅游乐趣的游客，最好选择错峰旅游。游客可以将旅游的时间稍微提前或推后，避开旅游旺季或周末。因为一般来说，在淡季旅游不仅好买票，而且票价也可能下调。这个时候由于游人少，一些宾馆在住宿上一般会有优惠，吃饭也较便宜。

417 做好行程前的准备

出行不要过于匆忙，事先一定要做好以下几个方面的充分准备，这样才能减少旅途中的突发事件，更好地享受旅行程。

1. 游资准备

旅游出行途中要有足够资金作为保障，出行前做个旅游预算是很有必要的。倘若行前无计划，匆忙出游，造成旅游预算超支，旅游回来后则会影响生活，或者旅途过于节俭而影响了旅游质量和享受。

2. 穿戴服饰

夏天时在背包中放一些舒适的衣物，如短裤、T 恤衫等，方便你穿着四处逛。旅游中少不了跋山涉水，女性朋友出门时最好穿双布鞋、旅游鞋或休闲鞋，这类鞋子穿着舒适，能减轻旅行疲劳。细高跟女皮鞋则应避免，以防发生摔伤、扭伤。

女性如果夏天出去游玩还要记得带好防晒用品，在享受旅游的同时也要防止晒黑、晒伤。

冬季旅游穿着宜轻软保暖，羽绒服太空棉衣类最为合适。因为旅游中出汗多，内

衣裤最好是吸汗性能好、无刺激的棉织品，不宜戴涤纶树脂衬的胸罩和穿化纤三角裤，这类面料通透性差，汗水不易蒸发，涤纶纤维刺激乳头和会阴黏膜后，易诱发乳腺管阻塞和外阴瘙痒症。

3．防身工具

在外独行的女生要注意带些特殊道具来防身，如辣椒水、防狼喷雾等，还可以带把削铅笔的折叠小刀在腰包里，以备不时之需。另外，防狼报警器也是现在比较流行的女性贴身保镖，它是一个非常漂亮的装饰物。天黑独行时，如遇可疑人靠近，可以拉出插销，吓阻可疑人，打消其作恶之念。

4．必备药品

旅行当中带些必备的药品，是聪明的办法。谁能保证自己旅行途中不生病呢？一旦身体不适，身边的小药就能救大急。对于一般人，保健药盒中的几种药可以说就是你应该在行囊中必备的药：感冒通、乘晕宁、息思敏、黄连素、创可贴、止泻药等。另外，还可以带一些风油精备用；心脏病人千万别忘了带硝酸甘油；去南方旅游的人，则可以准备藿香正气类药品；如去热带及疟疾流行区旅游者，备一些奎宁片、青蒿素片等可以备不时之需。

5．通信用品

女性长时间旅行，一定要保持电话畅通，随时与家人保持联系，以免亲友担忧。如果遇到紧急情况，可放心拨打当地的 110、119、120 和 122 等紧急特种电话号码。因此，出发前，手机一定要记得充好电，多带几块电板，且交足话费，以备万一。到了住宿的地方就应立即充电，千万不可忘记。

6．必备证件

如果女性在旅游时忘带身份证、护照，必然会举步艰难，因此千万要记得携带这些必备的证件。

418　寻找特色景点

女性到一个地方游玩的时候，一定要选择对当地有一定了解的情况下，筛选出这个景区最具特色的地方，这样旅游就可以玩得更尽兴。

值得注意的是，现在很多景区常常会有许多这"宫"那"洞"来迷惑你，其实这些人造的"景中景"实在没有多大必要去，而且有些收费远远超过景点的门票费。

通常情况下，一些新开辟的旅游线路，为了吸引游客往往会有优惠，能让你节省花费。例如，在旅游线路推广期参团，既看了新景，又节省了开支，绝对的物超所值。

419 旅途中吃住行要讲究

对于一个爱外出旅游的女性来说，昂贵的旅游费可能会让你的钱包干瘪，存款变少。其实，你可以从以下几个方面去省钱，让自己的旅游既有意思，又能充分领略省钱的奥秘。

1．交通工具

出行的交通工具有多种选择，应根据自己的消费能力、当地特色等选择合适的出行工具。

➤ 如果能提前了解各个火车站的班车发出时间，晚宿火车上，也能节约不少时间。在出行前就预订往返的车票，火车一般是 10 天左右、飞机一般可在 1 个月前就开始预订，越早预订越便宜。

➤ 在黄金周出游火车票紧张，而飞机票相对而言提前预订就能买到。

➤ 在合理设计线路的情况下，可以考虑用轮船代替其他交通方式。

➤ 最后，关于交通路线选择，有时不坐直达车，中转一下可以省不少钱。此方法的要点：适当中转加上多种交通工具相结合；多看地图，多看铁路运营线路和公路线路，路线设计合理，少走重复路。

2．住宿地方

旅行中住宿费用是一笔可观的花销，一掷千金奢享豪华酒店，或者精打细算住青年旅舍，都是不同的旅行方式。

女性朋友选择入住旅馆完全不必贪"洋"追"星"，而应从实用、实惠出发，选择价格虽低廉但条件也还可以、服务也不错的招待所为好。

如果在旅途中有朋友，可住在朋友家；如果是自助旅行，可以在出租车上向司机打听一下哪家旅馆比较好；如果有时间的话，可以多和旅馆的服务生交流，他们对当地比较熟悉，会告诉你本地的特色和一些购物省钱的窍门。

3．餐饮美食

出去旅游，没必要进当地的高档饭店，再高级的饭店，也做不出"月球餐"来，我们平常吃的萝卜白菜，到哪去也还是萝卜白菜，只是码在不同的盘里而已。若想在嘴巴上省钱，就尽量多品尝当地的特色小吃。

各个旅游点的地方风味小吃，通常都比较物美价廉。这些东西虽不贵，却是地地道道的本地味，而且所以能流传至今，肯定有诱人的味道。如兰州的拉面，哪儿都有，可只有兰州的汤最香、最浓，任何一个街边小店都能买到。

出行前，可以在网上查询当地的特色餐馆和特色菜。到了旅游目的地后，可以向当地人打听哪里的食物具有地方特色，而且价格公道。也可以在乘坐出租车的时候问

问司机，一般情况下，司机都会很主动地告诉你，而从他们口中得出的饭店都会是不错的选择。

420 谨慎选购纪念品

传统的旅游观念中，有一个旅游购物的习惯，有些女人往往在旅游中"游"的花费不大，却为购物花去一大笔。那么如何才能不花冤枉钱呢？

1．尽量少买

女性在旅游中尽量少买东西，因为买了东西不便旅行，而旅游区一般物价较高，买了东西也并不合算。

另外，一些旅游区针对顾客流动性大的特点，在出售贵重物品时，往往用各种方法出售假冒商品。如果买了这些贵重物品，游客一旦回来后，发现上当了也因为路远而无法理论，只得自认倒霉。

当然，到外地旅游也有必要采购一些物品，一是馈赠亲朋好友，二是留作纪念。那么选购什么好呢？一般只是购买一些本地产的且价格优于自己所在地的物品，这些物品价格既便宜，又有特色。

2．多看多比

目前由于零团费风行，导游和地接社的收入完全靠游客参加自费项目和购物回扣获取，因此景点购物就成了导游或者地接的重要收入。

很多游客初到旅游地时，很多女人都控制不住冲动，买了很多特产物品，当日后却发现还有更便宜的，而懊恼不已。并且，一路转机托运，行动会很不方便，还会有行李超重被罚款的可能。

在旅游时买东西，没有货比三家就千万别在某家店大量购物，因为你可能会吃惊地发现各家店的价格差异很大。因此，切忌一见就买，应货比三家，到达的前两天先别买东西，打听够了，看够了再买不迟。

3．性价比高

在购物旅游当中，某些旅行社与当地的大型超市签署合作协议，导游带领游客前往购物，而超市让利一部分，达到双赢的效果。购物质量和价格一般成正比，只有错买的，没有错卖的。

因此，女性朋友在购物时不要一味只想着讨价还价，而要静下心来想一想，包括产地的自然条件、周围的环境以及当地的物价等情况，如果可以把价格压得很低时，就要当心是否有问题了。请牢记，物有所值，一分钱，一分货的道理。

4．票据维权

通常情况下，大多数政府和旅游局不会指定任何商店为购物地点，不存在"政府指定"或"政府经营"情形。所以，很多打着"权威""官方""专卖"和"政府指定"牌子的商品，多半是假货，或者是以各种方式挂靠的，要特别防范。

因此，消费者旅游购物时，尤其是购买较为昂贵的物品时，一定选择正规百货公司和商场并索要收据，保存好合同和行程表。如果在旅行社指定的购物店购买商品，消费者最好在出游前与旅行社约定好双方责任及权利，便于回来后进行维权。

421 出游需注意的事项

女性旅游出行在放松自己、享受生活的同时，也一定要注意时时刻刻保护自己，毕竟安全才是最重要的。所以，各位女性在旅游出行时要做到以下几点，防止意外发生，做到出行安全。

1．注意身体情况

女性朋友出游，要根据自己的具体状况，提前做好身体准备，保证能够健健康康出游，平平安安回家。如果赶上生理期，也一定要注意卫生安全。

2．保持警惕

对于旅途中的陌生人，我们除了爱与关怀，更要时刻戒备，保持适当警觉性。好人坏人，并不是永远的。所以，作为独行的女生，一定要足够理性，先把所有人当坏人对待，可能更安全。例如，当你在陌生地方遇到驴友时，可以适当交流，但对于自己更多的信息，务必保留。驴友也有好坏，曾经看到有常年漂在路上的驴，对驴友下手，偷钱骗财。

旅途中与陌生人同行，尤其对女孩子而言，危险系数增大，这是女性出游者必须考虑的。年轻女性敢于尝试新鲜事物、适应陌生生活是件好事，但刻意去寻找陌生游伴追求刺激却不可取。

3．不显财

女性朋友出门旅游想要确保安全，最主要的一点就是"财不外露，别人炫富，你就装穷"。在路上装穷才不会让人得红眼病，伤害自己。例如，在户外如果独身一个人，建议不要背单反，最简单的机型是避免伤害的一个小措施。但也有摄友说，拍美丽风景是人生追求之一，必须要拿高档的单反去拍。因此，你可以将单反放到背包里的，要拍照时再掏出来。

切忌将现金全放在背包的钱包内，既要防偷也要防抢。大部分的钱和备用的卡、回程车票应贴身存放。零钱可放在钱包内，少量的大面额现金分几处存放，既要方便

取用，又不要容易被人发现，万一被盗损失也能减至最少。

4．结伴而行

女性在旅游出行时尽量跟熟悉的人结伴而行，如果实在自己一人出行，在旅途中如果有人问你："是一个人吗？"你一定要说："不，好几个人，只是有人先到某处等我。"或者说："我男朋友(或老公)在客栈等我，他懒，不爱动。"你要让探听你消息的人顾忌，你不是孤立无援的，不远处就有人等着你，你一旦失去消息，马上就有人知道并开始寻找你。

如果觉得有危险，就装作与看着是游客的人是一起的，跟他们说几句话，这样就会让跟随的人摸不清状况。

5．注意穿着

独自出游的女性一定要注意安全方面的细节，外出一定要注意着装并切忌裸露。在外面穿得保守点、丑点、穷点，真的没关系，这样骗子很难盯上你，等到安全的环境你再穿得漂亮性感也不迟。

例如，笔者出游时，首先会考虑怎么带衣服最实用最精简，T 恤加外套，牛仔裤，脚上是笨重破旧的登山鞋，背两个脏兮兮的大包，一副流浪汉的样子，别人也许会对你感兴趣，但是基本都不会觉得你很有钱。

6．谨慎搭车

在旅途中搭车，不但好玩、刺激，还能省钱，能遇到感人的事情，如今我国背包客群体流行起来，但安全问题真的是最大的隐患。

(1) **搭便车**。尽量不搭乘空车或全是男性乘客的车，不要在偏僻的地方落脚换乘。上车前最好记下车牌号，有机会可用手机不经意间拍下车上其他人的样子，必要时可付些钱给被搭便车的司机，花钱买心安。

(2) **搭夜车**。女性游客搭乘夜间火车时，尤其要注意妥善保护好自己及随身携带的物品，应尽量选择有其他女性的车厢，并避免走到最后一个车厢去，以免让不法之徒有机可乘。搭乘卧铺火车应尽量选择上铺，因下铺人员流动较大，不注意时易被小偷"顺手牵羊"。

7．不乱吃东西

女性游客在旅途中最好还是吃自己带的东西，尤其是在逛酒吧时，不要轻易喝别人递的水或饮料。只有你确认环境安全、人安全，才可以放心饮用。

另外，外出旅游必须注意饮食饮水卫生，不要购买或食用包装无厂家、无日期、无 QS 食品质量安全认证标志或过期的食品，以防饮食后有不良反应。若有不适，及时报告领队、导游设法就医诊治。

8．意外险护航

最后一点，也是非常重要的一点。出门前记得购买旅游意外保险，它是女性游客强大的安全武器。不少国内的游客往往忽略这一环节，认为自己不会出意外，或是有足够的经验应对各种突发状况。实际上对国外的旅行者来说，保险和机票一样，都是旅行必要的条件，出境时更不应省略这一步。

女性游客可根据情况购买适合自己的保险，确保所购买的保险包括了个人意外伤害和医疗保障、紧急医疗救援、旅程障碍保障和个人财产保障等几大保障范畴。最后记得要把保险单复印一份留给家人，好让家人在紧急情况下知道找保险公司帮忙。

第 17 章

自主创业：做温婉小女人更要做实力女强人

学前提示

理财的终点不是金钱，而是事业。如果女性拥有一间自己的小店，踏踏实实地为自己忙碌，即使小店经营得不好，也没有人来责备你，更不会有人用辞退来威胁你，开开心心，没有压力，自己做自己的老板。

要点提示

➢ 女强人具有的 9 种特性
➢ 讲究方法才能轻松创业
➢ 女性创业可选择的方向

17.1　女强人具有的 9 种特性

　　女性创业成功了，财富就会滚滚而来，名利也会追随你左右，这是任何一个现代女性都梦寐以求的事。有的女人还是拿着微薄的工资，贫困一生；有的女人却能独自在商场闯出一片自己的天地。成功创业的硕果人人都想去摘，但并非人人都能得到。那么女强人具有哪些特性呢？

422　有野心

　　人是贪婪的，可以不夸张地说，人人渴望成功，人之所以失败，除了自身能力欠佳外，还缺乏一种勇气，缺乏狼一样的野心，缺乏不达目的不罢休的毅力。

　　狼的勇气以及团队精神值得女人学习：狼敢于向大自己几倍的敌人发起进攻，就算自己完了，同类也会奋不顾身地发起群攻，最终打败敌人，收获成功。

　　因此，野心是女人迈向成功的第一步。女人要想成就不一样的人生，就要不断地奋斗，不断地向新目标前进。没有野心的女人，不管多么有才华，都无法成就大的事业。

423　有知识

　　俗话说："知识就是力量。"女人要想在这个竞争激烈的社会中立足，就不能放弃学习，放弃了学习，也就等于放弃了自己。女性创业者在工作中不需要面面俱到，但是熟练的专业知识，精湛的专业技能却是保证自己在业内游刃有余的必备条件。

　　同时，女人还要有敏锐的眼光，洞悉市场中的一切。作为一个女性创业者，是带领一个团队打天下的人；是一个事事冲在最前线的人；是一个与形形色色的现象打交道的人；是一个能审时度势，透过现象看本质的人。这些都需要你有敏锐的目光去区别是非、辨别真伪、洞察秋毫、预测未来。

424　有创造力

　　现在想创业但不知道该怎么创业的女人很多！社会在飞速发展，有时我们的观念不能太陈旧。创业要敢于创新，敢为天下先，把握先机才能握住商机。创新是成功的第一要素，女人要想创业就必须有打破常规的创新精神，绝不能拘泥于一格、墨守成规。只有变化，只有创新，才能出奇制胜，让自己立于不败之地。

425　有远见

　　俗话说："机不可失，时不再来"，在变幻莫测的市场中，是否有远见决定了能否把握商机，这直接关系到生意的赔与赚。

女人投资创业要善于发现商机、识别商机、抓住商机，把握住每个稍纵即逝的投资创业机会。牢牢掌握开启创业之门的金钥匙，就等于成功了一半。

426 有资源

"大鹏一日乘风起，扶摇直上九万里"。大鹏之所以能够高飞，是因为能够"乘风"，在创业过程中，借势就是"乘风"的一种形式。借势是指利用他人的优势来弥补自己才智、人力的不足。

一个女人，无论自身的能力多强，也不可能包打天下。要发展、要成功，就要善于借用各种资源，善于利用各种可以利用的力量。特别是在自身条件不足的情况下，一个女人要想创业成功，就必须借助外界资源发展自己。

现代社会中人们的交际越来越宽泛，女性创业经商赚钱更需要与员工、与合作者、与和自己事业有关的每个人建立良好的关系，这样才能使自己左右逢源，创造成功人生。

427 有魄力

创业时要理智、果断，认为自己是对的，就执着地走下去，别回头。有时候，做生意必须要斩断后路，然后才可能置死地而后生。虽然创业也是一种"赌博"，但要理性地"赌"，要有魄力。

428 有自信

从打工者到创业者，转变初期许多女人都会稍有不适，因为打工时一切听从于老板，创业则许多事情取决于自己的决策。从听从指挥到指挥别人，这是一个角色转换的过程，而在这个过程中，女性创业者需要留给自己的应该是更多的自信。

女人的自主创业之路，是困难与机遇并存的路，是一条充满希望和阳光的路。你只有本着"自信、执着、诚信、谦虚"的态度，扬己所长，避己之短，坚定不移地向着梦想奔跑，不服输，不放弃，总能获得一份属于自己的事业。

429 会用钱

在绝大多数女性创业者眼中，最容易被忽略的恰好是创业资金的积累、创业过程中对资金的巧妙运用以及创业资金的合理分配，也就是忽略了创业资金的理财活动。

一味地"人追项目、项目追钱"，结果越追越累，越追越辛苦，甚至被钱远远地抛到后面。因此，女性创业者更需要懂得如何去理财，如何配置极为有限的资金，如何用自己手中的钱帮自己追逐财富。

430 会算计

做生意，谁都想赚钱。但做生意不是你想做就能发财。商场风云变幻，没有三两下功夫是难以在商场立足的，特别是对于一个没有原始积累的女性创业者，要想白手起家，你就得学会算计。

其实，当老板也不难，只要你找好项目，会"算计"，那么你想不赚钱都不可能。例如，创业初期，由于资金等原因，我们在选购办公用品的时候一定要好好算计算计。

俗话说得好："吃不穷，穿不穷，算计不到就受穷"。一听到"做生意要会算计"，很多女人就会认为这不是鼓励人去做奸商吗？其实不然，这并不是教你做生意时使奸，也不是教你做生意时使诈，而是告诉你在做生意时要善于思考，敏于策划，以投资最少的钱获取最大的利润。

17.2 讲究方法才能轻松创业

经营小本生意是一门艺术，要讲究策略技巧，更重要的是要抓住有潜力的市场。对于经济不是很充裕女性朋友们来说，要谨慎从事，选择有市场的行业前景、低风险的投资渠道并且合理运用营销策略，充分发挥自身的优势，方能积少成多。

431 抓住小孩市场

近几年，开始有女性创业者系统化认识和重视儿童消费的潜力，并有意遵循这一消费价值链做投资。显然，"消费国度，孩子至上"，儿童消费成为越来越多中国家庭的重要开支。儿童是中国消费市场中很重要的一个群体，儿童产品的市场大，随机购买性强，容易受广告、情绪和环境的影响，是一个很有朝气的市场。

432 抓住女性市场

随着女性经济收入的提高，让她们在消费市场越来越具有"发言权"。

据另一市场调查机构的调查结果，75%的家庭的购买决定由妻子做出。无论是在服装市场还是在食品市场，女性往往都是顾客的主体。

即使有男性，也往往是女性的跟班，不过是拎拎东西罢了，而挑选东西往往是女人的权利。

433 抓住食品市场

随着生活节奏的加快和经济条件的改善，在外就餐的人越来越多，许多创业者因此瞅准了这一巨大的市场潜力。

食品业投资小、回报高，广受小本投资者的喜爱。俗话说："民以食为天"。食品是人们日常生活的必需品，永远都不会失去消费者。食品行业是一个朝阳行业，当然也成为潜在创业者最感兴趣的行业。

434 抓住销量市场

俗话说得好："三分毛利吃饱饭，七分毛利饿死人"。小本经营资金相当有限，如果只注重高额利润则容易造成商品积压，资金周转不了，影响下一步的经营，长此以往就会形成恶性循环。

女性朋友在小本创业时要奉行薄利多销的原则。"薄利"就是降价，降价就能"多销"，"多销"就能增加总收益。尽管利润微薄，但价格降低了，在竞争中比别人具有优势，就能吸引顾客，照样赚不少钱。

435 经营产品专一

从宏观角度看，多元化投资不但抗风险能力强，而且消费群体更广泛。但多元化需要足够的资源来支撑，适合大型企业；多元化不仅不能降低风险，由于对其他行业不了解，反而会加大风险。

与多元化相比，专业化生产和流通更容易形成技术优势和批量经营优势，能够充分体现自身的优势。

所以，小本创业最好只专注于一个产品，并打出品牌来，等到企业规模发展壮大了，再向多元化发展。

436 创业省钱之道

许多人在创业初期往往求"资"若渴，为了筹集创业启动资金，根本不考虑筹资成本和自己实际的资金需求。但是，如今市场竞争使经营利润率越来越低，除了非法经营以外很难取得超常暴利。因此，广大创业者在融资时一定要考虑成本，掌握创业融资省钱的窍门。

1. 选银行要对比

个人投资创业贷款适用的范围广泛，只要符合一定的贷款条件，能够提供银行认可的担保方式就可以申请投资贷款。

一般情况下，各家银行在发放商业贷款时可以在一定范围内上浮或下浮贷款利率，如许多地方银行的贷款利率可以上浮 30%。其实到银行贷款和去市场买东西一样，挑挑拣拣，货比三家才能选到物美价廉的商品。

2．挪房贷救急

住房贷款是商业贷款中利率最低的品种，女性创业者可办理住房贷款，然后将贷款所得资金用于创业。

(1) 办理住房按揭贷款。如果你有购房意向并且手中有一笔足够的购房款，这时可以将这笔购房款"挪用"于创业，然后向银行申请办理住房按揭贷款。

(2) 办理普通商业贷款。如果创业者已经购买住房，也可以用现房做抵押办理普通商业贷款，这种贷款不限用途，可以当作创业启动资金。

3．选短期贷款

银行贷款一般分为短期贷款和中长期贷款，贷款期限越长利率越高。如果创业者资金使用需求的时间不是太长，应尽量选择短期贷款，如原打算办理四年期贷款可以两年一贷，这样能节省利息支出。

4．找亲友借

创业初期要想方设法降低资金成本，因此可以向比较亲近的、有钱的亲朋好友协商借款，可以按照存款利率支付利息，并可以适当上浮。这样，亲朋好友可以得到比银行略高的利息，而你也可以非常方便快捷地筹集到创业资金。

不过，向亲朋好友借钱需要借款人有良好的信誉，必要时可以找担保人或用房产证、股票以及金银饰品等做抵押，以解除他们的后顾之忧。

5．贷款提前还

创业过程中，如果其他原因导致经营的资金出现闲置期，可以先用这部分钱还贷。首先向贷款银行提出变更贷款方式和年限的申请，银行会根据贷款时间和贷款金额据实收取利息，从而降低贷款人的利息负担，提高资金使用效率。

6．申请政府资助

凡是具有一定生产经营能力或已经从事生产经营活动的个人，因创业或再创业需要，均可以向开办此项业务的银行申请专项创业贷款。

(1) 贷款资金。符合条件的借款人，根据个人的资源状况和偿还能力，最高可获得单笔 50 万元的贷款支持。

(2) 贷款期限。创业贷款的期限一般为 1 年，最长不超过 3 年。

(3) 贷款利率。按照有关规定，创业贷款的利率不得向上浮动，并且可按银行规定的同档次利率下浮 20%。

(4) 其他优惠。许多地区推出的下岗失业人员创业贷款还可以享受 60% 的政府贴息；有的地区对困难职工从事的家政服务、卫生保健、养老服务等微利创业还实行政府全额贴息。

17.3　女性创业可选择的方向

如果你留意就会发现，很多特色小店现在都开得很火，很赚钱。那么，你是否想要开间自己的小店呢？

437　服饰店

女性创业者在决定开服装店之前，需要对店铺所在地周围的人口分布情况、附近聚集的单位性质、本区域消费能力及习惯等因素进行考察。一般来讲，开店之前的市场调查包括以下 4 个方面。

1．店铺环境调查

良好的环境一方面是指店铺周围环境状况良好，远离公共厕所、垃圾堆或臭水沟等。另一方面，店铺环境意味着良好的地段，一般来讲，处于车站附近、商业区域人口密度高的地区的店铺具有较大的优势。

2．交通环境调查

交通条件方便与否对店铺的销售有很大影响，需要考虑顾客停车是否方便、货物运输是否方便、从其他地段到店乘车是否方便等。

3．人流量调查

一般来讲，开店位置附近人口越多，越密集越好，理想区域包括商业区、旅游区、大学区等。

4．消费水平调查

在富人聚集的地段开设首饰店、高档时装店便是瞅准了目标顾客高收入这一特点，拥有高消费能力的人才能为自己带来更多的生意。

438　桌游吧

桌游在欧美国家已盛行多年、经久不衰，如今已在国内蔓延开来，成为家庭休闲、朋友聚会、商务闲暇等多种场合的最佳沟通和娱乐方式。

当我们已经厌倦了每天 8 小时以上对着电脑的生活时，桌面游戏为线下交往的人群提供了多元化的快乐。那么，怎样开桌游吧，开桌游吧有哪些注意点？开桌游吧需要准备什么？

1．地段佳

如学校附近或者人流广的地方、商业休闲区，关键是不要太偏僻，装修最好休闲惬意，能够吸引顾客。

2．产品齐全

现在一般都是一个价格包喝的，时间不限；还有分时间段的，两个时间段，开门时间到晚上六点和六点到关门也是包喝的，关键是桌上的游戏品种一定要齐全。

3．自身擅长

不是每一个游戏客人都会玩，所以自己和服务员都要精通游戏规则，要懂得怎么玩，这样当消费者来玩的时候才能指导他们。

4．店铺宣传

可以到学校等客源多的街上发宣传单，刚开业可以举行一些有奖活动或者降低消费、送食物等活动。服务好、环境好、有了客流，自然名声好，客流就越多。

439　养生馆

随着经济的发展，人们生活水平的提高，人们的生活开始进入快节奏，亚健康开始侵袭人们的身体，众多女性投资者也开始关注养生保健。由于投资小收益快，顾客人群较多，开女子养生馆成了女性创业的首选。决定养生馆生存与发展的关键要素有以下两个。

1．技术好、观念新

把握行业发展趋势，了解最新的养生技术，引进最新养生观念，才能使养生馆在同行中保持技术上的领先。

2．真诚服务

对顾客的真诚服务比技术更能感动顾客。因此，要加强美容师的服务意识，加强养生馆管理，以吸引新顾客、留住老顾客。

440　婴儿用品店

母婴市场在当今社会是很有前景的一个市场，女性创业者也可以考虑开一家婴幼儿用品店。女性如果要开一家宝宝用品店，需要做好以下 3 点。

1．市场调研

很多婴儿用品多是易耗品，流通很快，大部分都属于薄利多销的产品，没有很大的利润空间。因此，在开始时要认真做好市场调研，培养固定的消费群体很重要。

2．靠近客源

女性如果要开一家母婴用品店的话，店面的位置要选在客流量相对集中的地方，比如医疗保健单位附近，或是小区里面。

3．服务周全

婴儿用品商店首先要商品齐全吸引顾客，这样可以免去妈妈们去其他店采购的麻烦。其次，服务态度要好、档次定位要明确、建立婴幼儿档案、多做宣传、多举办活动等都是必不可少的营销技巧。

441　花草店

"桃花一簇开无主，可爱深红映浅红。"自古以来，有许多名家诗句赞美鲜花，可见花草在女性的生活中占据着很重要的位置，所以开一家花草店有着较大的潜在市场。

女性如果要开一家花店的话，那么在前期就要做好以下几方面的准备。

1．店铺位置

花草店的选址应选择交通便利人流大的地方，如商业中心、高档别墅、公寓、写字楼附近等。同时，城市中心区域里的中心医院也是理想地点。

2．店面装修

店内的装修要简洁，色彩以浅色调为主，适当地运用欧式铁艺能提高花店的品位。商品陈设应少而精，以免显得杂乱无章。

3．花草种类多

市面上常见的品种一定要有，如玫瑰、紫罗兰、康乃馨等。同时还可以增加经营范围，如盆花、干花、工艺绢花、花器、婚庆用品等。

4．自身水平

作为经营者要不断地提高花艺水平，以适应鉴赏水平日益提高的消费者，像一些花语经营者必须知道。

442　宠物店

活泼逗人的小狗、小猫人见人爱。现实生活中，很多女人，甚至男人都喜欢养宠物。因此，如果女性喜欢这些小动物的话也可以考虑开一家宠物店，将自己的爱好和事业结合起来。

1．宠物食品

宠物食品除了饼干、饲料、干燥鸡肉以及鱼虾罐头等主粮外，还有给宠物们"换换口味"的休闲食品。

2．宠物美容店

宠物美容店的服务内容丰富多样，一般来说包括以下五大类：

- 毛皮护理类；
- 口腔护理类；
- 头部护理类；
- 修剪类；
- 健康护理类。

3．宠物照养

宠物托儿所主要经营宠物寄养业务，由专职人员对宠物们精心调教喂养，既省去了主人的后顾之忧，又让宠物受到专业训练，当然广受欢迎。

443　餐饮店

很多女性对餐饮业特别有兴趣，开家能赚钱的中餐、快餐、西餐、咖啡馆等的确是件很实惠的事情，自己一家不仅可以在店内不费心思地包下伙食，除去各项开销之后还能创造稳定的效益。那么，如何开一家财源滚滚的餐馆呢？

1．店铺选址

对于餐饮店的选址，主要考虑的问题是客源量，选择人流集中的地方很重要，所以选择写字楼和居民居住密集的地方最好。

2．选好产品

选好门面后，就要对产品进行定位。一种比较保险的做法是跟牢一个城市的美食流行大趋势，既迎合众多美食爱好者，又有自己的特色。

3．店内环境

一个好的就餐环境，有时候可以成为开店成败的关键因素。餐馆的装修和一般的家庭装修不一样，它涉及环保、消防等专业问题，所以装修餐馆最好请专业人士来设计。

4．员工招聘

餐馆开得好不好，人才是关键。小餐馆里的员工分两类，一类厨师，一类服务员，分别负责做菜和前厅服务。

5. 采购设备

厨房设备包括电冰箱、炉灶、打荷台，以及不锈钢碗盆、砧板、锅铲、碗筷等。

444 淘宝店

淘宝购物已成为现在购物的主流方式。女性要开一家自己的淘宝店相对于开实体店来说成本会更低，因此女性开一家属于自己的淘宝店铺也是自主创业中很不错的一个选择。

女性创业者要开设一家淘宝店铺很简单，只要在淘宝平台上按要求注册后就可以了。要想经营好一家淘宝店铺要注重以下 4 个方面的内容。

1. 清楚开业流程

女性创业者要清楚淘宝店铺的开业流程，主要包括以下几个方面。

(1) 装修、优化店铺。装修店铺不仅可以使卖家的店铺更加美观，而且能表现卖家对店铺的重视程度，使买家觉得卖家是在用心经营，从而提升买家对店铺的好感度。店铺的装修与优化主要可以从店铺风格、店铺的基本设置、添加商品分类等方面考虑。

(2) 商品信息的发布。女性淘宝创业者在装修好自己的店铺之后就可以发布商品信息了。淘宝助理是一款功能强大的客户端工具软件，卖家可以使用它编辑宝贝信息，快速地批量上传宝贝，并且还提供了方便的管理页面。

(3) 管理商品。商品上传成功之后需要对商品进行管理。淘宝店铺的商品管理包括发布商品、修改商品信息、修改商品销售属性、修改商品物流费用、商品上下架、橱窗推荐、宝贝体验等。

(4) 交易管理。淘宝店铺的交易管理主要有订单改价、扫描发货、发货处理、物流查询等。

(5) 评价。淘宝买家购物之后，一般会给卖家评价，但这个评价不是立即生效，而是需要卖家回评后才能生效。

(6) 用支付宝管账。使用支付宝的好处是，无须到银行查账，支付宝即时告知您买家付款情况，账目分明，交易管理帮店主清晰地记录每一笔交易的详细信息，更省心。

2. 客户服务

女性创业者要经营好淘宝店铺，给客户提供优质的服务是非常有必要的。要想做好客户服务就要做好以下几点。

(1) 商品知识。客服需要了解的商品知识主要分为专业知识和与商品相关的非专业知识两类。商品的专业知识包括商品的种类、材质、尺寸、用途、注意事项等；与

商品相关的非专业知识如化妆品，有一个皮肤性质的问题，不同的皮肤性质在选择化妆品上会有很大的差别。

(2) 交易规则。 客服需要了解的交易规则有一般规则和支付网关的规则两大类。一般交易规则是指查看交易详情，了解如何付款、修改价格、关闭交易、申请退款等。支付网关规则是指了解支付宝及其他网关交易的规则，指导客户通过支付网关完成交易，查看交易的状况，更改现在的交易状况等。

(3) 物流及付款知识。 物流知识主要指不同的物流及其运作方式的知识。付款知识是指通过支付宝和银行付款方式交易的知识。

(4) 应有的服务态度。 要做好对客服就需要树立端正、积极的态度，以及要有足够的耐心与热情。

3．店铺宣传与推广

女性淘宝创业者需要知道的一点是，做好店铺的宣传与推广才能吸引更多的消费者，才能使自己的店铺获得最大收益。做好店铺的宣传与推广需要做到以下几点。

(1) 设置手机专享价。 淘宝手机专享是指淘宝店铺为了更加优惠出售自己的商品，让消费者获得更多优惠而使用的一种营销模式，使用手机 App 端进行网络购物，V1～V6 淘宝会员享有不同价值的优惠举措。

(2) 店铺活动。 店铺活动可以促进与老客户的互动，增加店铺的曝光度，让新客户能更好地了解店铺的营销模式及主推方向。

店铺活动相当于人体的新陈代谢，好的店铺活动可以帮卖家留住目标客群，同时也是卖家和客户最直接的互动方式。

(3) 店铺收藏。 淘宝的收藏人气是淘宝人气宝贝权重提升的重要因素，是一个店铺热度的衡量标准。人气宝贝的排名制度——人气宝贝=本期售出+累计售出+评价次数+浏览量+收藏人数——也需要看收藏的人数，因此提升淘宝的收藏人数是让店铺生意翻倍的快捷途径。

(4) 淘宝推广。 推广是指以淘宝直通车、贴吧、QQ、微信、微博等平台进行推广将流量引到淘宝店铺，从而将流量化为消费者。

445 微信店铺

众所周知，现在开微信店铺非常方便，只要一部智能手机和一个微店账号就可以。

有人说，如果你几年前错过了淘宝，现在千万不要错过微店了。手机微店时代来临，顺势而为，赶上这股狂热的势头，才能有机会赚钱。

女性创业者要做好微信店铺项目的创业就必须做好以下几个方面。

1．申请微信公众号

微信公众平台是腾讯公司在微信里设置的一个功能模块，借助这个交流平台，个人和企业都可以打造一个微信公众号。对于想在微信开店的商家来说，申请微信公众号是必走的第一步。微信公众号分为三种类型：服务号、订阅号、企业号。

每个个人和企业都可以申请两个平台账号、服务号或者订阅号。女性创业者可以按照自己的情况选择账号。

2．开通微信店铺

选择好微信账号后就可以申请开通微信店铺，女性创业者只要进入"微信公众平台"里"服务"中的"服务中心"页面，单击"微信小店"栏目。就会出现微信店铺申请界面，只要按照系统提示的操作即可完成开通店铺的申请。

3．添加商品

微信小店的类目与微信支付类目需要统一，这样才能够保证商户之间的利益，避免造成混乱。微信店铺添加商品时点击微信公众平台的"功能"菜单，点击"微信小店"选项，进入店铺，点击"添加商品"标签，然后按照系统提示再依据自己的实际情况就可以将商品添加到店铺。

4．商品管理

管理商品主要分为商品分组管理和商品上下架管理两部分。如图 17-1 所示是微信店铺中商品分组管理的页面。

图 17-1 "商品分组管理"页面

如图 17-2 所示是商品的上下架管理页面，女性店家可以在这个界面对商品快速进行上下架操作。

图 17-2　"商品上下架"页面

5．订单管理

用户支付成功后会生成一笔订单，女性商家可以进入"订单管理"页面查询订单，并进行发货等操作，如图 17-3 所示是微信店铺中的"订单管理"页面。

图 17-3　"订单管理"页面

6．营销推广

"微信小店"的上线代表着微信电商时代的到来，大量中小商家通过微信提供的零门槛工具快速开店，打开移动电商的大门。女性微信店家要在微信创业热潮中使得自己的店铺脱颖而出获得好收益，就需要做好店铺的营销推广。以下是几种推广微店的方法。

(1) 朋友圈推广。女性创业者可以在自己的微信朋友圈中宣传自己的店铺。在朋友圈发送动态引导朋友支持自己，购买自己的产品。朋友圈推广是女性微店创业者推广自己店铺的重要平台之一。

(2) 微信群推广。在信息传播方面，微信群有不可小觑的威力。女性商家可以建立一个与微信群主题相关的公共号，名字要起得吸引人，这样每天就会有不少的人关注公共号。另外，公共平台每天需要一定的时间进行内容维护和推送，在推送的内容中添加微信群的信息，这样就会有一定数量的人申请进群。

(2) 其他平台推广。广大女性微信店铺商家还可以通过微博、社区、贴吧、QQ群等平台去推广自己的店铺。只要将自己店铺的链接或者自己的微信二维码、微信号通过一种大家比较容易接受的方式在这些平台传播开来，就可收获一定的流量，实现推广店铺的目标。

第 18 章
健康财产：健康的身体才是女人最大的财富

看病、教育、住房被称为新的"三座大山"。生病对于女性来说不仅是花钱的问题，还关系到生命健康问题。所以，从理财的角度来讲，女性如果能够保持自己的身体健康，为健康投资，不但可以保持心情开朗、享受长寿，还可以省下一大笔钱。

学前提示

要点提示

➤ 威胁女性健康的 7 个因素
➤ 健康的身体是女人最大的财富
➤ 威胁女性身体健康的 5 个方面
➤ 4 个步骤让女性变得更美丽
➤ 心理健康是身体健康的前提

18.1　威胁女性健康的 8 个因素

高尔基说："健康就是金子一样的东西。"保持健康，这是对自己的义务，也是对社会的义务。除了要认识到健康的重要性，女性朋友还要了解影响健康的因素，尽量选择健康的生活方式。

446　病痛、意外事故

如今，感染性疾病、交通事故、意外伤害等越来越常见，这些都不断伤害着女性的身体健康。

1．感染性疾病

感染性疾病是病人在治病期间，由于体质和抵抗病菌能力较差，而被感染其他疾病。像刚做过手术的人，不注意对刀口消毒和保护，容易被感染而不易愈合。

2．意外伤害

意外伤害是指外来的、突发的、非本意的、非疾病的使身体受到伤害的客观事件。意外伤害在极短时间内发生，来不及预防，如行人被汽车突然撞倒。因此，女性朋友可以通过购买保险来降低意外伤害带来的损失。

447　压力大

在现代快节奏的生活中，工作紧张、知识更新速度快、信息过量容易引起女性的精神压力。精神焦虑容易引起头痛，主要是由女性体内的激素变化引起的。经常头痛的女性应该到正规的医疗机构检查血压。

要减少头痛的发作应该在平时多注意，要尽量妥善地安排工作和休息，避免精神和体力上的过度疲劳，消除不良的精神刺激，还有各种声、光、化学气味等环境刺激。均衡日常饮食、适当地进行运动，这样可以预防和减少头痛的发作。

448　太过劳累

劳累过度，过分透支体力，免疫力下降，亚健康人群明显增多，甚至占职业人群的 60%～70%。久而久之，疾病也就从量变转变为质变，甚至酝酿成重疾、绝症。过度疲劳最大的隐患是引起身体潜藏的疾病急速恶化，如导致高血压等基础疾病恶化引发脑血管病或者心血管病等急性循环器官障碍，甚至出现致命的症状。这种长期慢性疲劳后诱发的猝死也就是"过劳死"。

在过度疲劳的早期，只要调整工作条件，减低工作强度，注意休息，增加睡眠，即可得到纠正。如果未能在早期表现，病情有了进一步发展，必要时应减轻工作或停止工作，调整生活作息，进行温水浴、按摩和医疗体育，如太极拳、气功等，并根据病情进行药物治疗。

449　精神心理失衡

在市场经济条件下，竞争加剧，导致相当一部分人心态浮躁、心理扭曲，另一部分人呈弱者心态、阿 Q 精神，致使女性朋友的精神心理失衡。

很多女性早上起床或者在洗头的时候感觉自己掉了很多头发，其实正常头皮的新陈代谢是 16～25 天，而我们每天正常的掉发量在 40～100 根。但是一旦出现头发大量脱落，你就要重视了！那可能是由于心理压力所致。

女性要正确认识自己与社会的关系：要根据社会的要求，随时调整自己的意识和行为，使之更符合社会规范；要摆正个人与集体、个人与社会的关系，正确对待个人得失、成功与失败。这样，就可以减少心理失衡。

450　遗传性因素

据相关调查发现，现代医学发现有 7000 多种遗传性疾病。另外，女人的性格、体形、生活习惯等致病因素也都有遗传倾向。

那么，该如何降低遗传病的发病概率呢？

1．禁止近亲结婚

近亲结婚所生育的子女智力比非近亲子女差得很多，而且发病率很高。所以，一定要避免近亲结婚。

2．婚前体检

婚前体检，是指结婚前对男女双方进行常规体格检查和生殖器检查，以便发现疾病，保证婚后的婚姻幸福。

3．合适的年龄生育

生育年龄最好不要超过 35 岁，因为高龄产妇的细胞老化，易受外界病毒感染，受精后形成的个体易产生染色体病。

4．孕期咨询

例如，向医生咨询妇女在孕期患过病、服过某些药物、接触过化学毒物或在有放射线污染的岗位上工作过，是否会影响胎儿等。通过咨询，医生对夫妇双方进行必要检查，会给出处理的方法和准确的建议。

451　食品中毒

如今，各种药物滥用、食品添加剂、农药残留物等直接摄入人体消化系统，严重威胁女性的身体健康。变质食品、污染水源是主要传染源，不洁手、餐具和带菌苍蝇是主要传播途径。全国频频发生各类食品中毒事件，隐患数不胜数。

因此，女性朋友要认真学习食品卫生知识，掌握一些预防方法，提高自我卫生意识：养成良好的卫生习惯，食品在食用前要彻底清洁；选择新鲜和安全的食品，尽量不吃剩饭菜，不吃霉变的粮食，警惕误食有毒有害物质引起中毒；不到没有卫生许可证的小摊贩处购买食物，饮用符合卫生要求的饮用水；经常进行体育锻炼，增强机体免疫力，抵御细菌的侵袭。

只要做到这些，就能最大限度减少食物中毒的风险，从而预防食物中毒，保证我们的身体健康。

452　生活环境差

生活环境差是指人类直接或间接地向环境排放超过其自净能力的物质或能量，从而使环境的质量降低，对人类的生存与发展、生态系统和财产造成不利影响，使得生活环境质量差。环境污染包括：水污染、大气污染、噪声污染、放射性污染等。例如，大气污染中的二氧化硫，会对人体的结膜和上呼吸道黏膜有强烈刺激性，可损伤呼吸道引起支气管炎、肺炎，甚至肺水肿呼吸麻痹。

环境污染对人体健康的影响是极其巨大而复杂的，它从多种途径直接或间接危害人类健康，所有女性都应该关注环境与健康问题，而不只关心卫生保健等方面的问题，这样我们的健康才能得到真正的保障。

因此，女性朋友要学会维护自然环境，从我做起，从现在做起，从小事做起。

18.2　健康的身体是女人最大的财富

现代女性的身体很多处于亚健康状态，在你努力赚钱的时候，是否注意到了你的身体健康指数呢？是否注意到这个革命的本钱是正数还是负数？

453　爱护身体就是省钱

现代女性的收入虽然在不断增加，但还是赶不上看病住院的花费涨得快。俗话说"健康是福"，只要你的身体健康，自然就能省下一大笔钱。女性的健康观念应该逐步转变，如果不懂得爱惜身体而节省，什么都不舍得吃，什么都不舍得花，无疑步入一种贪小失大的误区。

减少生病住院的概率，实际上也是一种科学理财。因此，女性朋友要在健康上多做些投资，唯有健康才是最大的节约。女性朋友可以将部分花费投资于外出旅游、购买健身器材、合理饮食等方面，这些投资都有益于你的健康。

454 平安是人生的财富

"平安当大赚"是广泛流行于潮汕地区的一句俗语，其意是：一个人如果平安无事就等于赚了大钱，也就是说，健康是人生最大的财富。

因此，女性理财应该把安全放在重要位置上。从居家到出门，从大人到小孩，从用电到用火，从骑车到走路等等都应该做好安全工作。自行车、热水器、高压锅、电线，如果发现破损、陈旧、过期等情况，就应及时更换，不能为了省钱而不顾安全。

455 有健康才能获得一切

从前有一个身体很健康的年轻人，他每天都辛苦地为钱忙碌。有一天，有个自称神仙的老人对他说："年轻人，我想用我仅有的 100 万，来买你一样你身上的东西，你卖还是不卖？"年轻人听了感到很奇怪，于是他开口问老人："我身上到底是哪一样东西这样值钱啊？"老人回答道："我要向你买的，就是你的健康，100 万，你卖我还是不卖？""那怎么能行？"年轻人答道。"是啊，就算你有 100 万，如果你没有健康、没有生命，钱对你来说又有什么意义呢？记住：如果你有 100 万，那么你的健康就是前面的'1'，没有它，后面再多的'0'也没有意义。"

有健康即有希望，有希望即有一切。拥有健康，就是拥有世间最宝贵的财富，取之不尽，用之不竭，快乐也因此而生。

18.3 女性不健康的生活方式和习惯

生活中，一些不健康的生活方式正在吞噬着女性的健康，特此提醒爱美女性朋友们注意。

456 不正确的减肥方法

俗话说"爱美之心，人皆有之"，时髦女性尤其如此。减肥对女性来说，似乎是永久不衰的话题。

特别是很多年轻女性，把纤细身材作为美的象征，对甩掉脂肪的期望值非常高。但过犹不及，现在有很多不该减肥的人正在努力减肥，减肥茶、减肥餐、运动健身等各种各样的减肥措施令人眼花缭乱。

还有的减肥者想快速看到效果，于是拼命节食，最后体重是减轻了，但身体也跟

着垮了，最终惹病上身。

女性追求完美体形的愿望是可以理解的，但不可盲目为了减肥而过量运动。人的身体是需要适应和调整的，关键不在于你运动了多少，而是贵在坚持。每天抽出 5 分钟锻炼也比一个月或几个月疯狂运动一次好，而且运动过量还容易使肌肉损伤。

457 不健康的生活习惯

在当今社会的发展，使得人们越来越过于放纵自己，有些女人存在一些不良的生活习惯，可以说是"五毒俱全"。

1．坏的饮食习惯

有的女性在吃的问题时上不太注意，导致吃很多出问题，营养不均衡，暴饮暴食或无节制减肥，都容易引起消化系统的疾病。另外，经常过量饮酒，很容易养成依赖性，甚至酗酒。

2．私生活杂乱

有的女性对于自己的私生活不太注重，性生活杂乱，玩乐过度，容易导致某些疾病传播。

3．过度吸烟

现在的社会竞争比较激烈，以至于有部分的女性承受的压力过大，所以会想要寻求一些刺激，缓解自己的压力，便染上吸烟，然而大焦油量的香烟泛滥，几乎与毒品的危害相同。

458 亚健康的生活状态

职场女性是亚健康高危人群，面临很大的健康隐患，她们白天工作风风火火，晚上也是越夜越美丽，透支着青春，也透支着健康，然而，还有很多人面临着危险的健康隐患而浑然不知。现在的职场女性都存在以下几个健康隐患。

1．经常化浓妆

化妆品中的化学成分会严重刺激皮肤，粉状颗粒物容易阻塞毛孔，减弱皮肤的呼吸功能，产生粉刺、黑头等皮肤问题。不少女性把美容的希望寄托于层出不穷的化妆品上，而忽略了自身的健康。

2．常喝浓茶

茶有很多好处，但茶中的茶碱是一种有效的胃酸分泌刺激物，长期胃酸分泌过多，可导致胃溃疡。

3．营养不良

现在，很多职业女性在工作中经常买快餐食品充饥，如方便面、面包、各种糕点饼干等。这种做法可称得上是快省，但身体却会受到很大伤害，时间久了会导致营养不良。

459　孤独引起的心理疾病

对于现代单身女性来说，各种类型的独身生活，不再是一种身份，而是一种精神状态。有专家认为：当今形形色色的单身女性，代表了一种"新型后现代享乐主义"。虽然她们的单身生活已不再是缺陷，甚至成为流行的一种贵族时尚，但是她们的单身性情，却令其产生了不同程度的心理疾病。

美国心理学家林奇说："孤寂生活本身会慢慢而必然地伤害人的肌体，向着人的心脏冲刺……"孤独对死亡率的影响，同吸烟、高血压、高胆固醇、肥胖和缺乏体育锻炼一样大。

据统计，美国某州两年内每 10 万人中死于心脏病的共有 775 人，其中结婚的为 176 人，而独身者(指未婚和离婚者)却有 599 人，后者是前者的 3 倍多；在 122 个自杀者中，17 人是有家眷的，105 人是独身者，后者是前者的 6 倍多。这说明，孤独在一定程度上已成为人类健康的杀手。

460　寒冷季节穿着单薄

在寒冷的冬季，很多人都已穿上棉服、羽绒服，而一些爱美女性却仍然身着短裙，里面一条水晶长筒丝袜，俨然一副夏天的打扮。其实，这些穿裙子的女性不是不怕冷，而是为了"美"才这样。这样的打扮确实时髦，却给健康带来了隐患。

在寒冷季节，穿裙子使膝盖的温度过低，膝关节受到刺激就容易引发关节炎，使膝关节的关节软骨代谢能力减弱，免疫能力降低，还会造成对关节软骨的损害，形成创伤性关节炎，引起膝关节肿胀和膝关节滑囊炎。

另外，冬季天气寒冷，女人的生殖系统是最怕冷的，下半身着凉直接导致女性宫寒，除了手脚冰凉痛经以外，还会造成性欲淡薄，缺乏欲望。宫寒造成的淤血，导致白带增多，阴道内卫生环境下降，从而引发盆腔炎、子宫内膜异位症等。因此，冬季女性要特别注意保暖，预防冻出来的疾病。

461　长期穿着不舒适的服装

爱美是女人的天性，但若为了外表的光鲜亮丽，在穿戴上"虐待"自己，迷恋又细又高的高跟鞋、又小又紧的内裤和胸衣以及质量低劣的首饰等，长此以往，美丽的

背后将付出健康的代价。

例如，长时间穿高跟鞋，会导致关节炎、趾骨变粗、跟腱和脊椎骨变形等疾病；穿着又小又紧的内裤会影响到血液流通，并会使局部肌肉因为不透气、汗渍而发炎；收腹裤长时间穿在身上会引起心口灼热、心跳加快、头晕、气短等不适现象，甚至会出现心口疼痛；长时间地穿着又紧又窄的内衣，则会影响乳房及其周围的血液循环，使有毒物质滞留在乳房组织内，增加患乳癌的可能。

另外，除了纯金(24K)以外的各类金属首饰，在制作过程中一般都要添加一定量的铬、镍、铜等，特别是那些价格较为低廉的合金制品，其成分则更为复杂，女性细嫩的皮肤戴上这类材料的首饰很容易受到伤害。

18.4 4 个步骤让女性变得更美丽

如果从今天开发，你发现以前太忽视你的身体了，那么从现在开始，呵护你的身体，就像呵护一个孩子一样的精心、温柔。呵护身体，分为 4 个步骤：吃好、锻炼、休息、保养。

462 吃的健康

女性要呵护好自己的身体，就要从给予营养开始，也就是说要吃好，当然也包括喝好。

1. 营养充足、全面

不要挑食、不要节食、不要费尽心机地去吃那些反季节蔬菜，无论是维生素还是其他的微量元素，都要充足。

2. 常吃粗粮

主食包括面、米饭、粗粮等。特别是粗粮，身体需要的微量元素很多都是从这些粗粮中摄取的。

3. 多吃新鲜水果

女性要经常吃水果，水果不仅能为身体补充水分，还能为身体提供很大一部分蔬菜中没有的维生素。

4. 饮食规律

不能让自己的身体饥一顿、饱一顿，这是在折磨自己的身体。另外，吃饭时应该从容缓和，细嚼慢咽。这样既有利于各种消化液的分泌，食物易被消化吸收，又能稳定情绪，避免急食暴食，保护肠胃。

463　经常运动

俗话说："水流动所以不腐，树摇曳所以不枯，生命在于运动。"锻炼是生命的充电站，是打开健康城堡的钥匙。锻炼既是我们投资自我的方式之一，也是身体健康的依托。

呵护自己的身体，除了要吃好，还要积极进行锻炼。这种锻炼不是"三天打鱼，两天晒网"，讲究的是一个有规律的坚持。如果每周能坚持至少三次锻炼，你的体质就会大大地增强，锻炼还能减少脂肪、预防疾病、缓解压力和紧张感。

资料显示，不经常锻炼的人在晚年得病的概率远远超过经常锻炼的人，如果你经常锻炼，那么你得病的概率将下降 30%。

464　保证睡眠质量

休息对于身体来说不仅是一件好事情，更是一件必要的事情。人就像机器，无休止地运动只会死机。休息是为了获得更好的状态，掌握了有效休息的方法，你的工作效率也将大大提高。因此，优秀的人会挣钱，爱工作，更要会休息。

说到休息，自然离不开睡眠。良好的睡眠，不但可以给第二天的活动"充电"，而且还是确保身心健康所必不可少的一个重要基础。只有高质量的睡眠，才可以使人迅速恢复消耗的体力，让人重放光彩。

人的身体在劳作中会产生有害废物，如不能及时通过休息来排解就会影响健康。因此，无论从事何种活动，女性朋友都要合理安排时间，要学会休息，以确保自己能有充足的精力去工作。

465　定期体检

越来越多的女性不注意保养自己的身体，甚至连最基本的例行检查都没有，等到发现疾病时已经是病入膏肓了，即便医学再发达，也挽回不了了。因此，在日常生活中，保养是女性维持健康必不可少的一个步骤。

身体其实并不需要很好的保养，但这个前提是你一直以来都善待它。就像一台机器一样，只有平时善待它，它才能将自己的效率提高到最大，并且尽可能地不出现故障。所以，女性朋友要关注健康，拥有健康，才能享受幸福美好的生活。

18.5　心理健康是身体健康的前提

心理健康才有身体健康，如果女人的心理健康存在问题，不仅对自己影响巨大，而且还会影响到整个家庭的幸福。

466　适应生产环境

人是自然和环境的共同产物，人对生存环境适应良好是心理健康的重要标志。

心理健康的女性总是能与现实保持良好的接触，她们能发挥自己最大的能力去改造环境，以求外界现实符合自己的主观意愿；在力不能及的情况下，她们又能另择目标或重选方法以适应现实环境。

467　乐于与人交往

仅就心理健康而言，女人也是需要朋友的。因此，乐于与他人交往，和他人建立良好的关系，是女性心理健康的必备条件。与其他人一起不但可得到帮助和获得信息，还可使我们的苦、乐和能力得到宣泄、分享和体现，从而促使自己不断进步，保持心理平衡和健康。

468　合理安排休息时间

工作的最大意义不限于由此获得物质生活的报酬，还能表现出个人的价值，获得心理上的满足；另外，还能使人在团体中表现自己，以提高个人的社会地位。

现代社会生活节奏紧张、工作忙碌而机械，不少人情绪长期紧张而又不善于休闲调剂，于是也成了心理异常的一个原因。

因此，女性朋友应该合理地安排休闲时间，经常改换方式，或郊游、或聚会、或访友、或参观展览等，也可参加一些职业性的活动或社会性的活动。要使休闲日更为丰富多彩，真正成为恢复体力、调剂脑力、增长知识，获得健康的时机。

女人之所以感到疲劳，首先是情绪使我们的身体紧张，因此要学会善待压力，让自我从紧张疲劳中解脱出来。

1．正确对待压力

你可以把压力看作是生活不可分割的一部分，做好抗压的心理准备。遇到突如其来的困难和压力，不要惊慌失措，要静下心来，审时度势，理顺思绪，从困境中找出解决问题、缓解压力的办法。

2．培养兴趣爱好

如果说压力是必需品，那么兴趣就是奢侈品。女性朋友培养广泛的兴趣爱好，会使自己受益无穷。

它可以增加你的活力和情趣，使生活更加充实，使娱乐活动更加丰富多彩。另外，有益的活动不仅可以修身养性，而且能够辅助治疗一些心理疾病。